2023年度高校哲学社会科学研究一般项目"教育数字化转型下高校构建模式与方法研究"（项目号：2023SJSZ0742）
2024年度江苏高校"青蓝工程"优秀教学团队项目资助

"行浸式思政课"实践教学研究

张晨晓　曹圣军　蒋星星　著

东北大学出版社

·沈　阳·

图书在版编目（CIP）数据

"行浸式思政课"实践教学研究 / 张晨晓，曹圣军，蒋星星著. -- 沈阳：东北大学出版社，2024. 10.
ISBN 978-7-5517-3579-7

Ⅰ. G641

中国国家版本馆 CIP 数据核字第 2024WR7378 号

出　版　者：东北大学出版社
　　　　　　地址：沈阳市和平区文化路三号巷 11 号
　　　　　　邮编：110819
　　　　　　电话：024-83683655（总编室）
　　　　　　　　　024-83687331（营销部）
　　　　　　网址：http://press.neu.edu.cn
印　刷　者：辽宁一诺广告印务有限公司
发　行　者：东北大学出版社
幅面尺寸：170 mm × 240 mm
印　　张：14
字　　数：267 千字
出版时间：2024 年 10 月第 1 版
印刷时间：2024 年 10 月第 1 次印刷
策划编辑：周文婷
责任编辑：刘　莹
责任校对：周文婷
封面设计：潘正一
责任出版：初　苕

ISBN 978-7-5517-3579-7　　　　　　　　　　定价：42.00 元

前　言

习近平总书记指出，"'大思政课'我们要善用之"。"思政课不仅应该在课堂上讲，也应该在社会生活中来讲。"以"大思政课"拓展全面育人新格局，把思政小课堂和社会大课堂结合起来，讲深讲活讲透党的创新理论最新成果，推动青年学生更好了解国情民情，坚定理想信念，是推进新时代思政课高质量建设和内涵式发展的关键路径。

近年来，常州工程职业技术学院马克思主义学院以"大思政课"建设为重要抓手，创新开展"行浸式思政课"，把思政课搬到田间地头、村社广场、工厂车间，让思想照进现实，打造出理论阐释与时代故事一体化呈现的行浸式体验。先后带领学生走进常州湟里镇西鲁村、荷花池街道、王诤将军纪念馆、戚墅堰机厂、"两湖"创新区规划展示馆、太湖湾耕读大学堂等地，开展"行浸式思政课"共20余次，在思政小课堂和社会大课堂的联动中，营造出"人人学理论，处处是课堂"的浓厚氛围，使青年学生在"行浸式"实践中读好国情书、基层书、群众书，自觉把实现个人价值同党和国家前途命运紧紧联系在一起，自觉融入实现中华民族伟大复兴的奋斗征程。常州工程职业技术学院马克思主义学院第一党支部"行浸式思政课"作品《师生同行　三线并进　学深做实党的二十大精神》获江苏省最佳党日活动表彰。本书著者张晨晓的"行浸式思政课"作品《开天辟地新实践　改天换地初飞跃》获江苏省职业院校教学能力比赛二等奖，作品《青春出彩　劳动筑梦》获江苏省高校微课教学比赛三等奖、江苏省高校网络思政"金微课"（党的二十大精神学习专题）征集评选活动二等奖，作品《"行浸式思政大课堂"——党的二十大精神宣讲》获江苏省"社会主义核心价值观'精品教育项目'案例（2023年）"三等奖。

在此基础上，本书结合近年来的实践积累和教学体会，对系统构建"行浸式思政课"实践教学范式进行了探索和研究，立足革命文化、中华传统文化、工业文化、社会主义先进文化、职业文化、社区文化、科学精神、乡村振兴、美丽中国、脱贫攻坚、党史新中国史、优秀校友等专题板块，从实践项目导引、实践准备、实践过程、教学成效、实践教案等方面对"行浸式思政课"实践教学路径进行了阐述，同时梳理了一些实践教学过程中的教学案例，以期为增强思政课的思想性、理论性、针对性、亲和力，推动思政课建设内涵式发展提供一定的参考。

在本书撰写过程中，著者借鉴和吸收了众多专家思政课教学研究的最新成果以及实践教学的最新资料，在此表示衷心的感谢。本书共十二个项目，其中项目一至项目四由常州工程职业技术学院曹圣军撰写，项目五至项目八由常州工程职业技术学院蒋星星撰写，项目九至项目十二由常州工程职业技术学院张晨晓撰写。由于时间、水平所限，本书中不足与疏漏之处在所难免，恳请专家同行和广大读者多提宝贵意见，以便改进和提高。

著　者

2024 年 6 月

目　录

项目一　中华优秀传统文化篇：体验非遗魅力　弘扬传统文化

一、项目导引

中华优秀传统文化是中华民族发展之根脉，是中华民族在长期的历史发展过程中积淀的宝贵民族财富。中华优秀传统文化突出反映了中华文明的特质，既是中华民族古代文明的成就表征和核心基础，也是建设中华民族现代文明的重要前提和珍贵资源。开展中华优秀传统文化教育是思政课的基本要求，是思政课实践的重要组成部分，是"行浸式思政课"实践教学的重要内容。进行中华优秀传统文化教育，使学生能够感受中华优秀传统文化的强大生命力，领略中华文化的源远流长和博大精深，感悟中华优秀传统文化的无穷魅力，体悟中华民族自强不息、锐意改革、善于创新的品格，品味中国人民独特而恒久的精神世界、价值取向、人格特质、气质神韵、审美情趣。非物质文化遗产是中华优秀传统文化不可或缺的重要组成部分，非物质文化遗产具有鲜明的生活性，充分展示了人们在长期的日常生活中积淀的文化气息。

本项目所选取的梳篦是重要的非物质文化遗产。梳篦及其所蕴含的各类文化形式是中华文化的瑰宝，是中华文明的缩影。梳篦，古称"栉"，是中国古代女子八大发饰（钗、簪、栉、胜、步摇、珠花、金钿、勒子）之一。

从历史演变看，梳篦的最基础功能是为人们梳理头发，扫除头发中的污垢。然而，梳篦的发展不仅是其基础功能的延续，而且有梳篦制作技术和工艺的流变，以及制作材料的更迭，更形成了绚烂多姿、体系复杂的梳篦文化。在梳篦业漫长的发展过程中，在人们与梳篦的互动中，一系列与梳篦相关的民俗、民歌、民谣、诗句、词句、曲艺、传说、仪式等得以产生，构筑起梳篦文化的骨骼和血肉。这些既复杂又朴素的梳篦文化形式，充分体现了人类的文化创造力和精神创造能量，彰显了人们对发饰审美的特殊情愫，诠释了人们一定的文化价值认同。

历代文人骚客留下了对梳篦的赞美。唐代元稹所作《梦游春七十韵》中的"丛梳百叶髻，金蹙重台屦"、所作《恨妆成》中的"满头行小梳，当面施圆靥"，唐代白居易所作《花酒》中的"香醅浅酌浮如蚁，雪鬓新梳薄似蝉"、所作《妇人苦》中的"蝉鬓加意梳，蛾眉用心扫"，唐代张碧所作《美人梳头》中的"皓指高低寸黛愁，水精梳滑参差坠"，唐代温庭筠所作《南歌子·倭堕低梳髻》中的"倭堕低梳髻，连娟细扫眉"，唐代李珣所作《浣溪沙》中的"镂玉梳斜云鬓腻，缕金衣透雪肌香，暗思何事立残阳"，宋代苏轼所作《蝶恋花·京口得乡书》中的"碧琼梳拥青螺髻"、所作《于潜令刁同年野翁亭》中的"山人醉后铁冠落，溪女笑时银栉低"，宋代周邦彦所作《醉落魄·一斛珠》中的"一枝云鬓巧梳掠"，宋代周紫芝所作《鹧鸪天》中的"袅袅云梳晓髻堆"等诗句、词句，充分地展示了中国古代梳篦的绚丽多彩、精巧绝美、制作精良和无限魅力。总之，梳篦历经商周时期的质朴、秦汉时期的大气、唐宋时期的靡华、明清时期的醇厚，在制作材料、装饰工艺、技术文化等的历史性变化中，呈现出一幅恢宏壮丽的文化画卷。

常州梳篦是梳篦中之上品，素有"宫梳名篦"之美誉，名冠天下。江南一带至今流传着"扬州胭脂苏州花，常州梳篦第一家"的说法。常州梳篦业的发展经历千年时光，充分展现了中华民族古代文化的辉煌。常州梳篦的工艺手法精良、工艺造型雅致、表现形式多样、呈现内容丰富，作为源自地方的民间工艺创造，充满着乡土韵味，在悠久的历史岁月中，描绘出一幅精美绝伦的梳篦文化长卷。

今天，令世人惊叹不已的不仅有常州梳篦不断彰显着文化气息和创造精神的独特技艺，而且有关于常州梳篦文化的各种地方传说、乡土故事、地域信仰和民间习俗。

追溯历史渊源，常州梳篦发端于晋代，距今已经1600多年。隋朝，随着大运河开通，运河漕运日益发达。得益于漕运的繁荣，南北经济交往频繁，推动了梳篦贸易的发展和兴盛。在运河两岸，一大批梳篦作坊布满街巷，形成了专事梳篦生产和销售的木梳街和篦箕巷，梳篦交易规模不断扩大，日益兴旺。

明天启年间（1621—1627），篦箕巷卜氏创办了常州现存历史最久远的梳篦店——卜恒顺梳篦店。卜恒顺梳篦店的生产与销售根据实际需要，采用前店后作坊的方式，门前的过街棚立有13根檩子，作为标记，颇有形制。卜恒顺梳篦店的梳篦产品制作精细，很快便小有名气。迨至明朝末年，常州梳篦业已闻名南北，驰名全国，这从诸多史籍记载中可见一斑。清代，常州梳篦业继续发展，形成规模效应，成为常州的支柱产业。从清乾隆五十九年（1794）开始，继王勘如开办梳篦店，唐煜昌、陈信顺、陈正兴等人创办梳篦作坊，更多的梳篦店铺和作坊如雨后春笋般出现，可谓店铺林立、作坊充街，繁盛一时。《常州赋》中"削竹成篦，朝京门内比户皆为"一句，真实地反映了清乾隆年间（1736—1795）常州梳篦业发展的繁盛之状。更多的材料记载，当时，在常州的一些村庄，尤其是常州西门和南门附近村庄，几乎家家户户投身梳篦行业，或从事梳篦生产，或经营梳篦店铺售卖产品，或从事行业上下游相关工作，从业人数竟达数万人之多，铸就了常州梳篦业的辉煌。清光绪年间（1875—1908），常州梳篦屡有进贡宫廷，成为皇室御品，被誉为"宫梳名篦"，由此常州梳篦声名大噪。

清末民初，常州梳篦业进一步发展，声誉日隆。从质量上看，常州梳篦的品质进一步得到提高；从品类上看，常州梳篦的产品更加丰富。尤其是生漆胶合篦箕的出现，使得常州梳篦不断走向艺术化发展之路。当时，常州梳篦除了在国内销售，还热销到海外，尤其是在东南亚诸国，大受欢迎。抗日战争时期，常州梳篦业遭受重大摧残，特别是1937年全面抗战爆发以后，因常州沦陷，木梳街、篦箕巷等在战火中被全部烧光，卜恒顺等大型梳篦工场和诸多梳篦店均付之一炬。新中国成立后，在社会主义改造过程中，常州梳篦业获得了新生，实现了行业命运的历史性转折。梳篦匠人成为梳篦业发展的主人。事实证明，非物质文化遗产在中国共产党领导下，重新焕发光彩，铸就新的辉煌。

常州梳篦能够很好地反映中华文明的突出风采，既有雅文化的典丽，又有俗文化的素朴，作为具有丰富文化内涵的传统手工艺品，可谓雅俗共赏、老少咸宜。常州梳篦的制作工序复杂。木梳制作完成需要经过二十八道工序，篦箕制作完成需要经过七十二道半工序。其中，描、雕、刻、烫、磨等工序尤其讲究，需要经过传统工艺的制作方可完成。这些工序的制作过程，不仅依赖描、雕、刻、烫、磨等传统工艺的技术方法，而且需要加入留青刻竹、掐丝珐琅等独特的常州本土工艺。常州梳篦的制作精良，在七十二道半工序中，体现得淋漓尽致。如制作篦箕环节，包含锯竹筒、开竹片、劈竹黄、开篦丝等多道工序；制作篦梁坯环节，包含锯竹筒、开梁坯、倒梁角等诸多工序；制骨档环节，包含断骨料、煮料、开骨条、斩坯、矾骨档等多道复杂工序；漆篦梁环节，包含染色、印花、着色、漆篦梁等诸多工序；制楂环节，包括煮篦、拉蔑、铡蔑、吊黄、拗齿、绕线盒、掐楂子等多重工序；胶工环节，包含调漆、齐口、断梁、腰梁等多个工艺；打磨环节，包含抽线、剪档、拉磨圆头、刮齿等诸多工艺；挫草环节，包括挫齿、打草、换破齿等诸多工艺；镶头环节，细分为剪磨骨条、锯头、镶头、嵌头等多层工艺；抨括环节，少不了整修圆头、抨括、上蜡着光等多个工序与工艺。

目前，常州梳篦是常州最具代表性的国家非物质文化遗产之一，集中展现了常州的优秀传统文化风采，是常州文脉的重要传承载体，是厚实常州城市文化底蕴的重要基础性资源。常州在文化软实力提升过程中，不断增强文化自信，积极对外传播梳篦文化，向世界生动阐释梳篦文化的中国特色和精神气韵，向他国积极推介具有常州地域文化特点的梳篦艺术，展现自信开放的中华优秀传统文化风采。常州在讲好梳篦故事、传播好中国声音过程中，纵深推进中华优秀传统文化的创造性转化、创新性发展。

二、实践准备

（一）实践基地介绍

1. 常州梳篦博物馆基本情况

为了全景式地展示常州梳篦工艺文化，2001年9月18日，常州园林局和常州梳篦厂合作，开始建设常州梳篦博物馆。初始选址在环境优美的常州市红梅公园，面积达到450 ㎡，共有五个布局紧密的陈列展览室。当时为全国唯一的综合性的梳篦博物馆。

2009年4月28日，为了更加充分地展现常州梳篦的丰富文化和悠久历史，更加有效地利用常州历史文化资源，更好地进行常州非物质文化遗产保护，常州市启动了非物质文化遗产保护项目——常州梳篦博物馆的搬迁与重建。经过近6个月的努力，通过更精细的设计和建造，一座全新的梳篦博物馆呈现在世人面前。2009年12月，经江苏省文物局批准，位于常州市勤业路17号的全新的常州梳篦博物馆正式全面对外开放。

从总体结构看，常州梳篦博物馆的展馆由两大部分构成：一是梳篦历史文化的展示区；二是梳篦工艺制作的展示区。梳篦历史文化的展示区面积达650 ㎡，由五个板块构成：第一板块"梳篦的历史与传说"、第二板块"梳篦制作工具与原材料"、第三板块"各个历史时期制作的各式梳篦"、第四板块"梳篦的发展与传承"、第五板块"梳篦历年曾获荣誉"。五个板块主题明确，衔接有序，以一件件精巧的实物为载体，用图文并茂的方式集中展示常州梳篦的发展历史、制作技术、工艺演变和辉煌成就。梳篦展示总数有 560 件左右，其中不乏精品，如"檀香雕刻凤梳"展现了常州梳篦的厚重，"檀香雕刻双龙戏珠"展现了常州梳篦的灵动，"象牙浅刻静瓶梳"展现了常州梳篦的娴雅，"方骨镂空胡篦"展现了常州梳篦的空灵，"竹节雕刻工艺篦"展现了常州梳篦的皓洁，"象牙梁大丁篦"展现了常州梳篦的雄阔，"黄杨工艺梳"展现了常州梳篦的素雅等。20 世纪 20 年代在国内外得奖的梳篦展品，彰显了常州梳篦的品牌魅力。除了梳篦实物，常州梳篦博物馆还展示了梳篦文化藏书和历代名人关于梳篦的题字，生动地反映了常州梳篦的文化格调。

另外，除了常州梳篦博物馆，在常州档案馆还可以欣赏到珍藏于此的两份极其珍贵的世界博览会奖牌原件：其一，1915 年，在美国旧金山巴拿马国际和平博览会上，与国酒茅台一起获得银奖的还有常州梳篦。在这次博览会上，常州梳篦大放异彩，博得国际文化界和工商界人士的高度认可。其二，1926年，在美国费城举办的国际博览会上，常州梳篦更是一举夺得金奖，轰动全场。从此，常州梳篦，驰名国际，扬名海外，成为名副其实的"中华梳篦之宗"。2010 年上海世博会，在江苏馆展出了极其精美的檀香雕刻"双龙戏珠"梳篦，这一完美诠释出双龙戏珠场景的常州精品梳篦，充分绽放出"中华梳篦之宗"新的时代光彩。

2. 常州市非物质文化遗产示范基地——邢粮梳篦有限公司基本情况

常州市非物质文化遗产示范基地邢粮梳篦有限公司由邢粮先生于 2011 年创办。该公司致力于继承、传播和弘扬常州梳篦文化和梳篦行业精神，坚持梳篦工艺传承创新，积极推动常州传统梳篦文化融入现代文明，浸入现代生活。邢粮梳篦有限公司秉持"传承、创新、手工、时尚"的文化价值理念，大力弘扬中华工匠精神。目前，该公司成为常州市重要的非物质文化遗产示范基地，成为宣传常州梳篦文化的窗口，是常州中华优秀传统文化传承特色的创造者，是常州城市新亮点的打造者。

邢粮深耕常州梳篦领域，技艺精湛，技能高超，是江苏省工艺美术大师，国家一级技师和江苏省首席技师，是梳篦文化和工匠精神的代言人，被评为江苏工匠。邢粮是在常州梳篦文化熏染中长大的，20 世纪 60 年代出生的他，不到 20 岁就开始专门从事梳篦行业。2015 年，为了更加精深地传承创新常州梳篦工艺，他拜入常州梳篦非物质文化遗产第八代传人卜仲宽先生的门下，精研常州梳篦技艺和文化，并正式成为常州梳篦非物质文化遗产第九代传人。在邢粮看来，"小梳篦"可以彰显"大文化"。梳篦既具有基本的实用性，也可以凸显艺术欣赏性和审美性。邢粮梳篦有限公司将传统梳篦文化与现代文艺时尚有机结合起来，开发了多款新产品，深受年轻人欢迎。例如，结合传统文化经典，开发工艺类产品，红楼梦工艺梳就是沿着这个方向开发的产品；结合传统艺术形式，开发旅游类产品，京剧脸谱工艺梳就是代表性产品之一；结合民族服饰，开发装饰型产品，旗袍套梳就是这个方向的新产品。在销售渠道上，邢粮梳篦有限公司也与时俱进，积极应用互联网技术和数字技术，开设网上店铺，进行直播带货，极大地突破了销售的时空限制。在全时空销售过程中，梳篦文化也从家族手艺人向学校学生、向社会大众进行传播。

（二）实践教学主题

本项目紧紧围绕"习近平新时代中国特色社会主义思想概论"课程第十章"建设社会主义文化强国"第四节"铸就社会主义文化新辉煌"的相关内容，聚焦传承与创新发展中华优秀传统文化、推动社会主义文化大发展大繁荣、促进文化事业发展、提升中华文化影响力等核心内容，突出中华民族现代文明建设的内涵、价值和路径。

（三）实践教学目的

在实践教学中，进一步拓宽学生对文化的深层次把握，加强对社会主义文化强国建设的学习，引导学生深刻理解中华文明的突出特性，提升学生中华民族文化认同感，提高学生民族文化素养。

（四）实践教学设计

①组织学生做好实践工具准备。一是准备访谈所需工具设备。本次访谈为个别访谈，结合访谈环境、地点、主题、内容，按照访谈流程所需，提前准备记录本、签字笔、照相机、录音笔等。二是准备梳篦制作所需工具。制作梳篦需要一些基本工具。结合本次实践课需要，提前准备锯子、砂纸、锉刀、台钳、胶水等。

②组织学生参观常州梳篦博物馆和常州市非物质文化遗产示范基地——邢粮梳篦有限公司。

③组织学生展开议题讨论，学生代表发言，教师总结。

④访谈非物质文化遗产传承人和劳动模范。

⑤设计推动常州梳篦文化传承和产业发展的方案。

三、实施过程

（一）教学分析

1. 教学目标分析

通过走访参观常州梳篦博物馆和常州市非物质文化遗产传承示范基地——邢粮梳篦有限公司，以及开展鉴赏、访谈等活动，学习梳篦的制作方法，围绕常州梳篦艺术演变史、梳篦业生产史、梳篦技术发展史、梳篦民俗流变史，以非物质文化遗产知识为切入口，以设计艺术专业为结合点，理论结合实际解答学生对于"建设社会主义文化强国"篇章的学习困惑，引导学生科学认识中华优秀传统文化的价值，致力于推动中华优秀传统文化融入现代文明，以实现创造性转化、创新性发展，引导学生立志运用所学设计艺术专业知识和文化知识来推动中国特色社会主义文化大发展大繁荣，建设文化强国，为建设中华民族现代文明贡献自己的青春和力量。

（1）知识目标。结合中华传统艺术史诠释中华优秀传统文化的时代价值，讲述中华文明突出特性的基本内涵。

（2）能力目标。灵活运用马克思主义文艺理论分析中华优秀传统文化的创造性转化、创新性发展问题，灵活运用文化创新思维，创造性地开展设计艺术专业技能学习。

（3）素质目标。增强运用所学专业技术知识和科学文化知识投身文化强国建设的历史使命感和现实责任感。

2. 教学内容分析

"建设社会主义文化强国"作为习近平新时代中国特色社会主义思想的重要组成部分，是习近平文化思想的核心内容，在引导学生科学认识文化繁荣兴盛对中华民族伟大复兴的作用、坚定中国特色社会主义文化自信、始终坚持中国特色社会主义文化发展道路等方面，具有不可取代的教育教学价值。本项目通过实践活动的开展，推动学生深刻把握中华文明的突出特性，致力于传承并发展中华文化，投身中华民族现代文明建设。

3. 教学重难点分析

（1）教学重点。解决学生对于传承和保护中华民族文化遗产的认知困惑。

（2）教学难点。如何运用设计艺术专业知识帮助学生解决关于传承并发展中华优秀传统文化的认知困惑。

（二）教学策略

1. 课前实践导学

通过智慧平台推送课前实践导学资料，包括视频学习资料《常州梳篦——篦梁灯火处 华梳理云鬓》《听国家级非物质文化遗产传承人讲常州梳篦》《常州非遗纪录片——宫梳名篦》、文本学习资料《习近平关于社会主义文化建设论述摘编》《非物质文化遗产保护研究》《常州梳篦》等，预热课堂实践主题，激发学生实践热情。

2. 课中实践开展

（1）走进常州梳篦博物馆。在教师带领下，学生跟随讲解员，全方位参观常州梳篦博物馆。

（2）走向议题。

议题一：从常州历代梳篦业发展的延续看中华文明的连续性

学生通过多种方式，尤其是视觉沉浸方式、听觉沉浸方式、触觉沉浸方式，全面、立体地观察常州梳篦博物馆，重点观察常州历代梳篦产品的发展延续特点。

教师发布议题任务，指导学生思考"常州历代梳篦业发展存在怎样的传承关系？"学生开展思维碰撞，并进行小组讨论发言。

教师在点评小组代表发言的基础上，引导学生认识到中华文明如同一条长河，在波澜壮阔的奔涌中一路向前，任何时候从未断流，中华文明之河浇灌的华夏大地始终充满勃勃生机。

议题二：从不同历史时期常州梳篦的工艺革新看中华文明的创新性

学生有序开展梳篦工艺欣赏，在专业讲解员带领下，了解常州梳篦工艺的历史流变。

教师发布议题任务，指导学生思考"历代常州梳篦工艺的创新品质是什么？"学生积极探讨，思维碰撞，进行小组讨论，并推选小组代表发言。

教师在点评小组代表发言的基础上，引导学生认识中华文明虽历经磨难和挑战，但有能力应对并不断发展壮大为绵延5000多年从未断绝的具有突出连续性的伟大文明，与中华文明所具有的突出的创新性是密不可分的。

议题三：从常州梳篦纹饰图案内容看中华文明的统一性

学生在讲解员指引下，鉴赏梳篦纹饰图案。

教师发布议题任务，指导学生深入思考"梳篦纹饰图案中哪些内容诠释了对国家统一的期望？"学生积极投入探讨，开展思维碰撞，开展小组讨论，并推选小组代表发言。

教师在点评小组代表发言的基础上，引导学生认识统一性是中华文明彰显文明连续性、文明创新性、文明包容性、文明和平性的前提。丧失了统一性的根本前提，中华文明就无法生成含蕴文化连续发展、持续创新的载体。统一性是中华民族历史主体性的突出体现，从根本上决定了中华民族历史发展的主体方向和主流核心。

议题四：从常州梳篦的多彩民俗看中华文明的包容性

在讲解员示范下，学生体验常州梳篦一系列饱含多元文化色彩的特色民俗活动。

教师发布议题任务，指导学生深入思考"常州梳篦的多彩民俗是如何形成的？"学生认真思考，进行思维碰撞，小组成员交流探讨，并推荐代表发言。

教师在点评小组代表发言的基础上，引导学生认识中华文明在历史长河中呈现繁荣发展之势，其重要基石在于中华文明展现的开放性与包容性。中华文明在奔流不息的历史演进长河中，构筑了丰富绚烂、多元发展的文明气象。

议题五：从常州梳篦的国际交流看中华文明的和平性

教师布置探索发现任务：在常州梳篦博物馆中找到历代梳篦对外交流的案例。随后，学生分组活动，开展案例收集。

教师发布议题任务，指导学生深入思考"常州梳篦产品对外交流彰显出怎样的价值理念？"学生认真思考，进行思维碰撞，小组成员交流探讨，并推荐代表发言。

教师在点评小组代表发言的基础上，引导学生认识中华民族自古以来重视信义、讲究友善、推崇仁道、注重和睦、讲信修睦的交往之理，亲仁善邻的相处之道，从理论和实践两方面，全面塑造了中华文明的和平性。

（3）走进常州市非物质文化遗产示范基地——邢粮梳篦有限公司。在教师带领下，在该公司讲解员的讲解中，学生参观邢粮梳篦有限公司，了解梳篦制作工艺。

议题六：从梳篦制作体验中感悟中华工匠文化

学生开展梳篦制作体验，在邢粮梳篦有限公司师傅示范后，进行梳篦制作。

教师发布议题任务，指导学生深入思考：常州梳篦制作的"开齿、抛齿、划样、锯背、打磨、抛光、剔齿、描绘"等八道基础工序体现了怎样的工匠精神？学生积极进行思考，相互开展思维碰撞，小组成员交流探讨，并推荐代表发言。

教师在点评小组代表发言的基础上，引导学生认识中华瑰宝的匠心独运，不仅仅体现在产品的精巧上，更体现在工匠精神的凝结上。工匠精神的传承与发展根植于中华文明的创新创造，在制器中彰显"如切如磋"，在成器中凸显"如琢如磨"。中华工匠在守正中承载中华民族精神，在创新中体现中华民族气象，在追求中实现中华民族品格，是中华民族精神传承与发展的典范。

议题七：从对邢粮先生的采访中体悟劳模文化

学生开展名人采访，多角度采访国家非物质文化遗产传承人邢粮先生。

教师发布议题任务，指导学生深入思考：邢粮先生的创业历程和创新成果展现了怎样的劳模精神？

教师在点评小组代表发言的基础上，引导学生认识非遗劳模长期奋战在文化遗产保护工作第一线，是做好做优做强非物质文化遗产保护和传承创新的典范。在坚守文化遗产保护的初心中，非遗劳模维护着民族文化的血脉，守护着民族精神的家园。

3. 课后实践拓展

结合常州梳篦业发展现状，从专业角度设计一份推动常州梳篦文化传承和产业发展的方案。

科学运用所学设计艺术专业知识，因地制宜解决文化传承创新的现实问题。

四、教学成效

（一）学生从内心深处生发出最持久、最深层、最坚定的文化自信

只有不忘本民族的历史文化传统，才能从根本上确立精神的主体性，才能更好地面向未来、开辟未来、创造未来。学生通过全面细致了解常州梳篦的发展历史、艺术特色、制作流程、成型工艺、文化习俗等，从内心深处勾起最深

层的民族文化记忆。这种深层的历史文化记忆，唤醒了学生对自己作为中华民族一分子身份的精神确认，激发了学生对中华民族根和魂的认同，催生了学生对中华文化智慧和精华的自豪。

只有深刻洞察中华文明固有的突出特性，才能更好地传承中华优秀传统文化。在漫长的历史发展长河中，中华民族创造了璀璨夺目的中华文明，走出了一条独具特色、异于世界其他类型文明的文明发展之路。在中华文明演进过程中，中华优秀传统文化不断孕育、发展，呈现出博大精深、蔚为壮观之势。中华优秀传统文化内蕴的多重元素，协同铸就了中华文明的五大突出特性。

（1）通过对常州梳篦始于晋代并延绵至今的连续性发展的观察，学生深刻认识到中华文明连续性的突出特性，深刻感悟到中华文明作为世界上唯一延续至今，且以国家制度塑形文明实体的未曾断流式文明之伟大。

（2）通过对常州梳篦在发展长河中不断创新的工艺技术、艺术手法、文化内涵的了解，学生能够领略中华文明创新性的突出特性，感悟中华文明在"苟日新、日日新、又日新"的创新中实现守正不守旧的宝贵进取思想，体悟中华民族在不断地革故鼎新中实现尊古而不复古的宝贵与时俱进精神，品味中华儿女从来不惧挑战、勇于创造新事物、敢于推动新事物发展的宝贵品格。

（3）通过对常州历代梳篦纹饰上展现的维护国家统一的绘图内容的欣赏，学生深刻认识到中华文明统一性的突出特性，能够感悟国家统一一直是中华民族核心利益之中的核心、一直是各族人民生存发展的命脉所系，领悟中华民族国土不可分的共同意志、国家不可乱的共同期盼、民族不可散的共同诉求、文明不可断的共同信念。

（4）通过对常州梳篦多流派艺术手法的解读，学生深刻认识到中华文明在多元文化融汇中形成无与伦比的吸纳能力和无可比拟的包容性的突出特性，感受中华文化在兼收并蓄中彰显的"海纳百川，有容乃大"的胸襟，体会中华文化体系内部、中华文化与域外文化交往的取向、交流的灵动、交融的魅力。

（5）通过对常州梳篦经销海外，梳篦文化流播他国，充当经济交流、文化互动、和平交往媒介的考察，学生深刻认识到中华文明和平性的突出特性，认同"以和为贵"的价值理念、"以和邦国"的交往思维、"和而不同"的哲学思想。

只有保护好本民族文化遗产，才能传承好国家文脉。非物质文化遗产承载着灿烂辉煌的中华文明，传承着悠久的历史文化传统，是维系中华民族精神的重要滋养，是推进中国特色社会主义文化建设的重要资源，是提升社会主义精神文明建设水平的重要能量。长期以来，常州不仅注重在物质形式方面保护好传承好文化遗产，而且注重推动市民在心底里保护好传承好文化遗产。非物质文化遗产保护形成了常州经验，在遵循非物质文化遗产保护工作规律的基础上，探索出文化遗产保护新路径，凝练成常州方案，为全国其他城市提供借鉴。常州先后进行了一批非物质文化遗产的抢救性记录工作，并且高质量地实现，推进了一批非物质文化遗产"记忆工程"的实施。特别是在保护和传承梳篦文化方面，常州市非遗保护中心充分调动各方资源，充分利用现代数字技术，推动实施了常州梳篦数字化保护工作。

在参观常州梳篦博物馆和常州市非物质文化传承基地——邢粮梳篦有限公司的过程中，学生全面了解到常州对梳篦遗产的保护与传承状况。在此基础上，学生深刻认识到，把非物质文化遗产保护和传承工作摆在重要位置是从守护好民族血脉的高度出发所推行的必然举措，是对历史高度负责、对人民高度负责的必然要求。普遍增强了学生对历史文化遗产的敬畏之情，立志像保护自己的眼睛一样保护好非物质文化遗产、像珍爱自己的生命一样守护好中华历史文化根脉。

（二）学生受到中华工匠文化的积极熏陶，立志传承中华优秀传统文化，投身中华民族现代文明建设之中

通过全面了解常州梳篦制作技术的发展历史，学生在欣赏充满心血的梳篦成果时，充分感受到梳篦工匠身上所蕴藏的卓越匠人精神。在参观常州梳篦博物馆过程中，走进每一个展厅，感受着扑鼻的、弥散在空气之中的古木幽香，学生仿佛打开了一扇扇氤氲着厚重文化气息的工匠之家的大门。每一个小巧的木梳、精巧的篦箕，无一不是经过梳篦匠人的耐心打磨而成；每一个细巧的纹饰、精美的图案，无一不是经过梳篦制作者的精心绘制而成。它们静静地陈列在展柜里，充满劳动美学地述说着常州一代代梳篦匠人的勤劳与智慧。

通过参与梳篦制作，学生完成了具身性体验，从身体到心理，全面受到工匠精神教育。在实际动手过程中，学生切实感悟到执着专注的可贵、精益求精的至善、一丝不苟的严谨、追求卓越的完美等品质。

通过采访常州梳篦非物质文化遗产传承人邢粮先生，学生从邢粮先生身上真实感受到工匠精神突出表现在力求精良的专业品格上、追求卓越的价值追求上、善求创新的精神境界上、勇求改进的可贵行动上。

五、实践教案

课程名称	习近平新时代中国特色社会主义思想概论	实践基地	常州梳篦博物馆
教材章节	建设社会主义文化强国	授课专业	设计艺术专业

<table>
<tr><td rowspan="3">教学分析</td><td>教学内容分析</td><td colspan="4">通过走访参观常州梳篦博物馆和常州市非物质文化遗产示范基地——邢粮梳篦有限公司，学习梳篦制作，围绕常州梳篦艺术演变史、梳篦业生产史、梳篦技术发展史、梳篦民俗流变史，以非物质文化遗产知识为切入口，理论结合实际解答学生对于文化强国建设篇章的学习困惑，引导学生科学认识中华优秀传统文化的价值，致力于推动中华优秀传统文化融入现代文明，以实现创造性转化、创新性发展；立志运用所学设计艺术专业知识和文化知识为推动中国特色社会主义文化大发展大繁荣、建设文化强国、建设中华民族现代文明贡献自己的青春力量</td></tr>
<tr><td rowspan="2">学生情况分析</td><td>知识和技能基础</td><td>认知和实践能力</td><td>学习特点</td><td>评估结果</td></tr>
<tr><td>通过对建设社会主义文化强国篇章的理论知识的学习，基本掌握了中国特色社会主义文化建设的理论要义，但主要局限于抽象化的理论认识，现实观照度不够，尤其是对中华优秀传统文化现代转化的分析能力不够</td><td>认同个人文化意识与国家文化发展、中华文明现代文明建设紧密相连，但缺乏将个人所学设计艺术专业技能与文化强国建设及文化繁荣发展相融合的实际行动</td><td>相对于课堂理论知识传授和单向教学，学生投身课外实践活动的积极性较高，热衷于开展具体性体验，在体验中深入理解学习内容</td><td>既要注重文化理论知识教学内容的深度阐述，又要紧密结合学生日常文化生活的实际，使学生在分析和认识非物质文化保护实际问题过程中，加深对文化理论的理解，实现思政课学习理论性和实践性的有机统一</td></tr>
</table>

教学重难点及解决措施	教学重点：解决学生对于保护和传承中华民族文化遗产的认知困惑
	教学难点：如何运用设计艺术专业技术知识帮助学生解决关于传承发展中华优秀传统文化的认知困惑
	解决措施：以设计艺术专业知识为基本切入口，以常州梳篦发展为实践主题，领悟文化强国建设的民族文化依托，观照现实，为中国特色社会主义文化建设贡献青春力量，实现知行合一

教学目标	知识目标：结合传统艺术史和设计艺术知识，诠释中华优秀传统文化的时代价值，讲述中华文明突出特性的基本内涵
	能力目标：灵活运用马克思主义文艺理论分析中华优秀传统文化的创造性转化、创新性发展问题；灵活运用文化创新思维创造性开展设计艺术专业技能学习
	素质目标：增强运用所学专业技术知识和文化知识投身文化强国建设的历史使命感和现实责任感

教学方法	①"问题链"教学法；②体验法；③理论讲授法；④归纳法；⑤理实一体化教学法			
教学过程				
教学环节	教学内容	实践活动		设计意图
		学生（主体）	教师（主导）	
实践准备	走近文化记忆：观看视频《常州梳篦——篦梁灯火处 华梳理云鬓》	聚焦常州梳篦发展历史； 关注非物质文化遗产	提供相关学习书目； 指导开展深度阅读	以了解千年梳篦发展历史为起点，徜徉在常州梳篦的多彩艺术世界，增加学习和认知乐趣，点燃开展博物馆实践的热情
实践开展	走进常州梳篦博物馆	穿梭于梳篦历史流变的时空； 跟随讲解员讲解参观梳篦博物馆	组织学生有序参观博物馆； 引导学生积极进行梳篦文化与艺术审美的共情	以追寻常州梳篦业的历史为基本路径，感受常州梳篦文化的魅力，感悟常州梳篦发展成果，感叹常州梳篦作为非物质文化遗产对中华优秀传统文化发展作出的积极贡献，推进实践探索
	走向实践议题：确立教学议题；完成认知升华	进行议题探讨； 关切认知困惑	启发观察视角； 引发问题意识	以教学议题为桥梁，构筑对话平台，产生认知疑问，深化实践主题
	议题一：从常州历代梳篦业发展的延续中，看中华文明的连续性	沉浸式体验：通过视觉沉浸方式、听觉沉浸方式、触觉沉浸方式，立体、全面地体验常州梳篦博物馆，观察常州历代梳篦产品； 思维碰撞：常州历代梳篦业发展存在怎样的传承关系？ 收获新知：历史反复证明，中华文明如同一条长河，在波澜壮阔的奔涌中一路向前，任何时候从未发生断流，中华文明之河浇灌的华夏大地始终充满勃勃生机	① 总结各小组观点； ② 诠证：中华文明具有突出的连续性，在历史发展长河中一脉贯通	通过对常州历代梳篦业发展延续的探讨，思考中华文明的连续性，引导学生理论联系实际，坚定中华文明一脉相承的思想认同，立志在紧紧把握中华文明突出的连续性的基础上，赓续传承伟大的中华文化

	议题二：从不同历史时期常州梳篦的工艺革新看中华文明的创新性	工艺欣赏：在专业讲解员带领下，了解常州梳篦的工艺流变； 思维碰撞：围读历代常州梳篦工艺的创新品质； 收获新知：中华文明虽历经磨难和挑战，但有能力应对并不断发展壮大为绵延5000多年从未断绝的、具有突出连续性的伟大文明，与中华文明所具有的突出的创新性是密不可分的	① 总结各小组观点； ② 诠证：中华文明具有无可比拟的、突出的创新性； ③ 论证中华文明突出的创新性是在强调尊重传统有益价值并合理吸收传统有益成果基础上的创造性革新，不是抛却传统、割断历史的"无本之木、无源之水"式的创新	通过对常州历代梳篦业工艺革新的探讨，思考中华文明的创新性，引导学生理论联系实际，坚定中华文明永葆创新活力的思想认同，科学理解和掌握旧与新之间的辩证性思维，在深刻把握中华文明"守正不守旧"改革精神、"尊古不复古"创造品质的基础上，立志推动中华民族现代文明的创新发展，以自身的实际行动实现对中华文明历史的最好礼赞
实践开展	议题三：从常州梳篦纹饰图案内容看中华文明的统一性	图案鉴赏：鉴赏梳篦纹饰图案； 思维碰撞：梳篦纹饰图案中哪些内容诠释了对国家统一的期望？ 收获新知：统一性是中华文明彰显文明连续性、文明创新性、文明包容性、文明和平性的前提。丧失了统一性的根本前提，中华文明就无法生成含蕴文化连续发展、持续创新的载体。统一性是中华民族历史主体性的突出体现，从根本上决定了中华民族历史发展的主体方向和主流核心	① 总结各小组观点； ② 诠证：中华文明突出的统一性的产生有着深厚的社会历史原因，并不是凭空出现的。中华文明的统一性是勤劳勇敢、自强不息的中华儿女在创造伟大的中华文明实践中累积的各种经济因素、政治制度、文化养料所综合形成的不可逆转的历史大势，是5000多年中华文化不断发展的必然结果。一部辉煌的中华文明演进史，就是一部中华文明不断与时俱进、以新的更高文明形态走向更加巩固的统一图景的历史	通过对梳篦纹饰图案呈现的国家统一内容的探讨，结合设计艺术专业创作的特点，引导学生认识中华民族历来有着追求统一的价值诉求和精神动力，各族人民以内在的统一性理念共同开拓了祖国的秀美河山，共同打造了民族的精神血脉，共同创造了绚烂多彩的博大中华文化

实践开展	议题四：从常州梳篦的多彩民俗看中华文明的包容性	体验民俗：体验常州梳篦的一系列包含多元文化色彩的特色民俗活动； 思维碰撞：常州梳篦的多彩民俗是如何形成的？ 收获新知：中华文明在历史长河中呈现繁荣发展之态，其重要基石在于中华文明展现的开放性与包容性。中华文明在奔流不息的历史演进长河中，构筑了丰富绚烂、多元发展的文明气象	①总结各小组观点； ②诠证：中华文明之所以在世界历史长河中巍然耸立、屹立不倒，历经5000多年岁月洗礼变迁而弦歌不断，一个重要原因在于中华文明始终在包容性和开放性中透射出其厚重的精神底蕴、悠远的文化情愫、别样的哲学智慧。中华文明的开放性和包容性不仅创造了发达的中华民族古代文明，而且成为建设中华民族现代文明的重要根基，并为人类文明的创新发展开辟了新的路径，为世界的繁荣稳定注入了新的正能量	通过分析常州梳篦一系列饱含多元文化色彩的民俗活动的特色，论证中华文明具有的突出的包容性，引导学生坚持开放性思维，坚定不移地在开放包容中致力于建设中华民族现代文明
	议题五：从常州梳篦的国际交流看中华文明的和平性	探索发现：在常州梳篦博物馆中找到历代梳篦对外交流的案例； 思维碰撞：围读常州梳篦产品对外交流彰显出的价值理念； 收获新知：中华民族自古以来重视信义、讲究友善、推崇仁道、注重和睦、讲信修睦的交往之理，亲仁善邻的相处之道，从理论和实践两方面全面塑造了中华文明的和平性	①总结各小组观点； ②诠证：中华文明作为一种"和"的文明，其文明理想理且平和，文明精神平顺且坚毅，文明胸襟开阔且宽广，文明情怀深切且博大	通过对历代梳篦开展对外交流的分析，论证中华文明和平性的突出特性，引导学生深刻领悟中华文明的和平性的丰富内涵，启发学生成长为崇尚和平的时代新人，立志做维护世界和平的建设者

	走进常州市非物质文化遗产示范基地——邢粮梳篦有限公司	穿越于梳篦制作工艺的大观园；跟随公司讲解员讲解参观邢粮梳篦有限公司	①组织学生有序参观常州市非物质文化遗产示范基地；②引导学生积极进行梳篦文化创新与现代传播的共情	以探究常州梳篦业的创新发展为基本路径，感受常州梳篦文化的现实生命力，感悟社会主义市场经济条件下常州梳篦产业现代化发展的成果，感叹常州梳篦作为中华优秀传统文化创造性转化、创新性发展作出的积极贡献，推进实践探索
实践开展	议题六：从梳篦制作体验中感悟中华工匠文化	制作体验：在邢粮梳篦有限公司师傅示范带领下，进行梳篦制作；思维碰撞：常州梳篦制作的"开齿、抛齿、划样、锯背、打磨、抛光、剔齿、描绘"等八道基础工序体现了怎样的工匠精神？收获新知：中华瑰宝的匠心独运，不仅体现在产品的精巧上，而且体现在工匠精神的凝结上。工匠精神的传承与发展根植于中华文明的创新创造，在制器中彰显"如切如磋"，在成器中凸显"如琢如磨"。中华工匠在守正中承载中华民族精神，在创新中体现中华民族气象，在追求中实现中华民族品格，是中华民族精神传承与发展的典范	①组织各小组代表分享体会；②引导并诠证：中华工匠的伟大精神铸就了辉煌的中华工匠史。中华工匠是中华文明的重要创造者，不仅为中华物质文明的创造贡献了力量，而且为中华民族精神的丰富提供了重要精神元素	通过体验常州梳篦制作的基础性工序，在全身性参与中，真正读懂一系列饱含中华工匠精神底色的中华文化遗产内涵，论证中华工匠精神的历史传承性，引导学生坚持本体性思维，坚定不移地以主人翁姿态传承发展中华工匠文化

	议题七：从对邢粮先生的采访中体悟劳模文化	名人采访：多角度采访国家非物质文化遗产传承人邢粮先生； 思维碰撞：邢粮先生的创业历程和创新成果展现了怎样的劳模精神？ 收获新知：非遗劳模长期奋战在文化遗产保护工作第一线，是做好做优做强非物质文化遗产保护和传承创新的典范。非遗劳模在坚守文化遗产保护的初心中，维护着民族文化的血脉，守护着民族精神的家园	组织采访代表分享采访成果； 引导并诠证：在中华优秀传统文化体系中，劳动文化占有重要位置。一直以来，中华民族推崇劳动模范，传播劳动文化，倡导在劳动实践中认同伟大的劳动精神，传承发展劳动精神文化	通过采访常州梳篦国家级非物质文化遗产传承人，在感受名人事迹过程中，真正读透中华工匠身上彰显的非遗劳模精神，论证劳动文化在中华优秀传统文化体系中的历史和现实价值，引导学生坚持实践性品格，坚定不移地在劳动实践中传承和发展中华文化
实践升华	走入更广阔的实践：实现文化理论学习与实际生活联系；知行合一	反思所学观点； 反哺奋斗人生	指点人生实践； 观照现实生活	以奋进中的人生实践为路径，运用实践成果感悟和指导具体生活，实现实践教学的升华
课后环节				
笃行	结合常州梳篦业发展现状，从专业角度设计一份推动常州梳篦文化传承和产业发展的方案	融会贯通		科学运用所学设计艺术专业知识，因地制宜地解决文化传承创新的现实问题，勇于投身奋斗历程，开展社会实践，注重知识的实际应用与价值发挥
教学反思				

通过带领学生实地参观常州梳篦博物馆和学习考察常州市非物质文化遗产示范基地——邢粮梳篦有限公司，结合沉浸式参观、具身性体验、工匠采访、动手制作、欣赏鉴定等活动，系统解答了学生对于中华文明的突出特性、中华优秀传统文化的重要价值、中华优秀传统文化的创造性转化和创新性发展、文化遗产的保护和传承、提高文化软实力、增强文化自信等内容的学习困惑。本堂实践课注重将思政课堂与博物馆课堂相联系，注重文化理论与文化事业发展实际相结合，突出文化理论与非物质文化遗产保护实践相融合，寓文化理论于文化实践，以行动践行思想，凸显理实一体，博物馆实践课堂进展顺利。通过课前对常州梳篦前置化的知识准备、课中有序化的文化实践开展、课后专思结合的任务式实践升华，三大部分有机衔接，环环相扣，总体达到了课前预设的博物馆现场教学目标。

但仍存在如下问题：博物馆现场教学与学校课堂教学情境不同，学生在物件欣赏中，容易脱离教学主要议题的实践探讨，甚至出现个人私自化行动，这在一定程度上削弱了"行浸式思政课"实践教学的有效性。在以后的实践教学中，要进一步地注重实践教学的任务化目标设置，加大实践教学的显性评价力度，推动学生高度聚焦实践教学议题，形成深刻的实践记忆，实现实践教学效能和质量的提升，推动生发思政课实践文化

项目二 革命文化篇：
追溯红色足迹 赓续红色基因

一、项目导引

党的二十大报告明确提出，"发展社会主义先进文化，弘扬革命文化，传承中华优秀传统文化"。在5000多年源远流长、博大精深、灿烂辉煌、举世无双的中华文明发展过程中孕育并发展的中华优秀传统文化，在中国共产党团结带领人民为实现中华民族伟大复兴而开展的一切斗争、一切牺牲过程中孕育并发展的革命文化，在中国共产党带领中国人民以奋进之姿不断推进中国特色社会主义的伟大实践过程中创造并发展的社会主义先进文化，表征着中华文明的精神密钥，镌刻着中华儿女独特的精神品格，展现着中华民族最深层的精神基因。

中华优秀传统文化、革命文化和社会主义先进文化都是伟大的中华民族在数千年的生存、开拓、发展过程中的伟大民族性创造，承载着中华儿女自古以来为创立独特文明、建设富强国家、创造美好生活、建设温馨家园而进行的精神文化活动、创造的丰富精神谱系、铸就的辉煌文化成果。这三种文化都是中华民族的独特民族禀赋、坚强民族意志、伟大民族精神在漫长的历史斗争实践中的真实表达、真切诠释、真情流露，是中华民族得以创造从未中断的中华文明的强大依托，是中华民族在一次次的凤凰涅槃中浴火重生、在一场场的惊心动魄中生生不息、在一回回的伟大胜利中发展壮大的不可取代的重要资源。从结构组成看，中华优秀传统文化、革命文化和社会主义先进文化这三者共同构成中国特色社会主义文化的丰厚滋养。

其中，革命文化是中华民族近代以来尤其是五四新文化运动以来，在中国共产党带领下中国人民在伟大的斗争实践中孕育、创造和发展的思想精华、理论精髓、民族追求、价值体系、精神品质、文化品格，突出表现在一系列革命精神（如伟大建党精神、井冈山精神、苏区精神、长征精神、遵义会议精神、延安精神、抗战精神、红岩精神、西柏坡精神、抗美援朝精神、"两弹一星"精神、改革开放精神、特区精神、抗洪精神、抗震救灾精神、脱贫攻坚精神、抗疫精神等）的凝结。革命文化以马克思主义为指导，实现了对中国封建主义道德的批判和超越。集中展现了敢于筑梦、勤于追梦、善于圆梦的中国人民在不畏困难、不惧强敌、不怯挑战的过程中绽放出的英勇顽强、坚毅刚卓、坚韧不拔的斗争精神、国家气节、民族气质、英雄气概。从文化价值取向上看，革命文化既是中华儿女波澜壮阔的革命斗争实践的历史抽象和文化凝聚，也是伟大的中华民族精神在革命斗争年代的核心表现形式。

革命文化是对中华优秀传统文化的历史性传承和创造性发展。革命文化传承了中华优秀传统文化的优秀基因。"苟利国家生死以，岂因祸福避趋之"的爱国精神，"先天下之忧而忧，后天下之乐而乐"的天下情怀，"千磨万击还坚劲，任尔东西南北风"的刚毅品质，"男儿何不带吴钩，收取关山五十州"的担当意识，"无求生以害仁，有杀身以成仁"的牺牲境界，"天变不足畏，祖宗不足法，人言不足恤"的创新追求，"落红不是无情物，化作春泥更护花"的奉献热情，等等，在5000多年的文明长河奔涌中积淀为中华优秀传统文化的厚重基因。

这些厚重的优秀基因被革命文化所吸收，融入中国共产党人和革命群众的精神世界之中，成为中国共产党人和革命群众精神血液的丰厚滋养。革命文化充分升华了中华优秀传统文化的合理性精神内核，并以马克思主义为指导，结合时代需要，创造性发展了中华优秀传统文化的民族精神特色，形成了集中反映中国共产党人和革命群众价值追求的、以伟大建党精神为核心的精神谱系。

革命文化充分汲取了中华优秀传统文化的精神文化养料。中国共产党人和革命群众在中华民族遭遇内忧外患、中华文明遭受空前劫难、中华大地遭逢千年变局、中华儿女遭到外敌凌辱的历史背景下，开始了艰苦卓绝的伟大革命斗争，其所创造的革命文化自然受到历史传承中的中华优秀传统文化精神养料的滋养。从"为天地立心，为生民立命，为往圣继绝学，为万世开太平"到"官兵一致同甘苦，革命理想高于天"，从"民惟邦本，本固邦宁""民为贵，君为轻，社稷次之""君，舟也；民，水也；水能载舟，亦能覆舟"到"全心全意为人民服务"，从"富贵不能淫，贫贱不能移，威武不能屈"到"红军不怕远征难，万水千山只等闲"，从"人生自古谁无死，留取丹心照汗青"到"为有牺牲多壮志，敢教日月换新天"，从"自强不息、厚德载物"到"自力更生、艰苦奋斗""自己动手、丰衣足食"，等等，这些都生动地诠释了革命文化从中华优秀传统文化中汲取精神养分，并在此基础上，对中华优秀传统文化的精神文化内核进行创造性转化、创新性发展，更通过马克思主义的理论观照，赋予其新的思想境界和时代光辉。

革命文化是社会主义先进文化的重要源头。革命文化鲜明的民族性赋能社会主义先进文化蕴生更多中国特色。革命文化作为中华民族精神在特定的战争环境中的精神创造、在战争革命语境下独特精神表达，不管是实现民族独立和人民解放，还是开展社会主义建设，都是强有力的精神武器。因此，传承红色基因，传续革命传统，不断回望和重温中国共产党人在伟大斗争中铸就的革命精神，成为社会主义先进文化凝聚中华儿女蓬勃力量的精神媒介，成为社会主义先进文化回应现实问题的坚实精神底气，成为社会主义先进文化战胜外部意识形态侵蚀的强大武器，成为激发亿万人民精神世界价值觉醒的力量源泉。革命文化滋润了社会主义先进文化的精神品格。革命文化刻录着波澜壮阔的革命史诗，为社会主义先进文化供给源源不断的精神资源。革命文化完整见证了"没有共产党就没有新中国""没有共产党就没有社会主义中国"的壮阔历史，提供了弘扬社会主义先进文化历史印证的价值导向功能。

开展革命文化教育，是思政课教学不可或缺的重要内容。革命文化内涵丰富，主要包括革命理想、革命道德、革命精神、革命传统、革命遗产等方面。因此，开展革命文化教育，主要包含革命理想教育、革命道德教育、革命精神教育、革命传统教育、革命遗产教育、革命人生观教育等内容。其中，革命道德教育是塑造学生道德灵魂的重要资源。

中国革命道德是新民主主义革命和社会主义革命、建设、改革等时期由光荣的中国共产党人、英勇的人民军队、追求光明与进步的先进分子、伟大的人民群众所创造的优秀道德。从形成渊源来看，中国革命道德是马克思主义与中国新民主主义革命和社会主义革命、建设、改革伟大实践相结合的产物，是马克思主义道德思想中国化时代化的结晶，是中华民族珍贵的道德和伦理财富。从民族历史传承来看，中国革命道德是对中华传统美德在新的历史条件和历史环境下的继承性延续和发展，实现了对中华民族优秀传统道德的创造性转化、创新性发展。从起源的历史时间脉络看，中国革命道德萌芽于伟大的五四运动前后，肇始于1921年以后伟大的中国共产党领导的轰轰烈烈的工人运动和蓬勃发展的农民运动。从发展过程看，中国革命道德呈现出与中国社会发展大势同频共振的发展特点，中国革命道德历经第二次国内革命战争、抗日战争、第三次国内革命战争、社会主义革命和建设，逐渐形成、不断发展并持续发扬光大。

中国革命道德的形成与发展，从根本上诠释了红色政权来之不易，诠证了新中国来之不易。中国革命道德作为一种穿越时空的无比强大的精神力量,对中国的新民主主义革命事业,对新中国的社会主义革命和建设事业,对中国特色社会主义事业持久性地发挥着无可取代的巨大作用。在新民主主义革命时期,先进的中国共产党人正是有了崇高的革命理想、坚定的革命信念、顽强的革命意志、强大的革命精神、高尚的革命情操,才能在国家蒙辱、民族蒙羞、人民蒙难、文明蒙尘的艰难困苦中,打败腐朽没落的封建主义势力、负隅顽抗的国民党反动势力、穷凶极恶的帝国主义侵略势力,涤荡一切旧势力,"敢教日月换新天"。"一五"计划期间,广大党员干部和人民群众正是继承和发扬了为人民群众服务、为人民大众谋幸福、为人民群众利益献身的革命道德传统,普遍讲奉献、讲理想、讲为人民服务、讲纪律,才能在一穷二白的基础上,战天斗地,取得震惊寰宇的辉煌成绩。

历史反复证明,中国革命道德传统是先进的中国共产党人和伟大的人民群众战胜前进道路上一切艰难险阻的强大精神力量。不管面临多少困境,不管遭遇多少艰险,不管经历多少困难,有中国革命道德传统提供的精神能量,中国人民就能无畏艰难、一往无前。因此,传承和发扬中国革命道德传统,是每一个中华儿女的必修课。无论时光如何流转,每一个中国人都可以从烙印着中华民族精神血脉的中国革命道德中汲取前行的力量和智慧。

中国革命道德具有超越时空的恒久精神魅力,对于新时代走好以中国式现代化推进中华民族伟大复兴新征程具有极其重要的现实价值和意义。中国革命道德有助于人民在社会生活实践中形成正确的道德观。中国革命的历史以铁的事实告诉人们,一个革命者之所以能在烽火连天的艰苦岁月中仍然以大无畏的牺牲精神勇往直前,之所以能在革命遭遇挫折时仍然保持坚韧不拔,之所以能在险境来临时仍然保持镇定从容,之所以能将国家和民族的前途命运时刻装在心中,之所以能时时刻刻为实现人民的利益最大化而不懈奋斗,一个重要的原因在于革命道德观的引领。

在新时代,继续传承和发扬革命道德,能够引导人们正确看待个人和国家、社会、集体的关系,正确处理个人利益与国家利益、社会利益、集体利益之间的关系;能够引导人们用正确的价值标准审视历史和现实,进一步提升精神状态,以昂扬向上的精神风貌投身中国式现代化建设。中国革命道德有助于净化社会道德风气,推动形成良好道德风尚。新中国成立特别是改革开放以来,中国取得了全球瞩目的巨大发展成就,在物质文明进步的同时,人们的精神文明面貌也有了很大改变。从总体来看,我国道德文化领域表现出积极向上发展的态势,但不可否认,也存在着一些不容忽视的道德问题,如拜金主义、享乐主义、奢靡主义、精致利己主义、诚信缺乏、铺张浪费、腐化堕落等，严重侵蚀了人们的精神世界，破坏了向上的社会风气，诱发了社会道德风险，侵害了人民群众的利益。解决这些问题，中国革命道德可以发挥重要作用。中国革命道德以强大的道德力量和精神能量教育人、感染人、震撼人，引导人们坚决抵制各种丑陋道德思想，积极树立正确道德观念，共同维护良好社会道德风尚，不断凝聚社会主义道德的正能量。

中国革命道德有助于引领人们践行社会主义核心价值观。中国革命道德是对中华传统美德的创造性继承和创新性发展，蕴含着社会主义核心价值观的历史性、民族性思想道德资源。中国革命道德是中国共产党人和先进分子所创造的先进价值观在思想道德领域的集中性体现，内蕴着社会主义核心价值观的先进性思想道德资源。在新时代，继承和发扬中国革命道德，有助于人们深入理解社会主义核心价值观的历史传承和文化底蕴，进一步地夯实社会主义道德的文化认同、价值认同，在树立革命道德价值观基础上，引领人们广泛践行社会主义核心价值观；有助于人们更加深刻地把握社会主义核心价值观的科学内涵和核心要义，将革命道德传承的势能转化为践行社会主义核心价值观的动能。

本项目聚焦常州三杰的革命道德精神，通过开展实践活动，将瞿秋白精神、张太雷精神、恽代英精神中的革命道德精神充分挖掘出来，借助相关实践议题的探讨，浸润式进入学生的头脑和精神世界，让学生在心灵震撼中接受潜移默化的中国革命道德教育。

二、实践准备

（一）实践基地介绍

1. 瞿秋白同志纪念馆的基本情况

瞿秋白同志纪念馆位于江苏省常州市钟楼区延陵西路188号。从整体布局来看，瞿秋白同志纪念馆由两部分组成：一是瞿秋白故居；二是瞿秋白纪念馆。瞿秋白故居原本是瞿氏祠堂。清光绪二十四年（1898），瞿赓甫等人捐资建造了瞿氏祠堂，祠堂分为东西两院，共前后四进。瞿秋白故居于1985年正式对外开放，后被批准为全国重点文物保护单位。瞿秋白纪念馆于1999年建造，形制为仿古建筑，样式是四合院式，共两层，占地面积有1065米²。瞿秋白纪念馆通过文字、图片、实物、多媒体等大量材料充分展示了瞿秋白同志作为无产阶级革命家的光辉一生和感人事迹。

瞿秋白同志纪念馆是开展爱国主义教育和革命精神教育的重要基地。瞿秋白同志纪念馆除开展各类展览、进行各类教育活动，还非常重视瞿秋白生平和思想的研究工作，编写出版多部关于瞿秋白研究的图书，如《江南一燕——瞿秋白画册》《瞿秋白研究信息》等，成为研究、传播瞿秋白革命思想和精神的重要资料。

2. 张太雷纪念馆的基本情况

张太雷纪念馆位于江苏省常州市天宁区子和里清凉路3号。张太雷纪念馆由三大部分构成，即张太雷故居、张太雷生平事迹陈列室、书画陈列室。张太雷纪念馆总建筑面积为900米²，其中陈展面积有500米²。

张太雷故居是一座木结构建筑，总体风格为江南民居形制建筑，共二进三开间。这座老式江南民居建筑，迄今历史已达百余年，整体保存较为完好。1918年夏天，张太雷与陆静华结婚之时一度借居在这里，他们和家人一起在这里共生活了7年时间。张太雷的大女儿张西屏、二女儿张西蕾和大儿子张一阳三人均出生在这里。这座既充满革命气息又清朴雅致的江南民居见证了一个伟大的革命家庭的革命气概和高尚追求，为中国革命贡献了两位英勇的革命英雄（张太雷和张一阳）。两代英烈忧国忧民，不畏艰难，为民族独立和中国人民的解放事业浴血奋战，注解了这座故居的庄严。"张太雷故居"的金字匾额即镶嵌在故居的前进门楼上方。"张太雷故居"这五个字由邓小平同志亲笔书写。今天，这座故居以充满浓厚生活气息的高度复原性陈列，生动再现了张太雷及其家人在此7年生活的点滴。

张太雷生平事迹陈列室以一大批珍贵的史料，全景式地展现了张太雷作为伟大革命家战斗的一生。张太雷生平事迹陈列室丰富的文字材料、图片、照片、实物、油画等，让人们能够沉浸式地感受张太雷的英雄人生。

3. 恽代英纪念馆的基本情况

恽代英纪念馆位于江苏常州市天宁区晋陵中路500号，占地面积共738米²，建筑面积共544米²。恽代英纪念馆整体建筑风格为清代传统式样，有着典型的江南风韵。1920年，恽代英的姑父汪仲涵及家人曾经赁居在这里。恽代英在江苏地区开展火热的革命活动期间，曾在由上海去南京的途中，回故乡常州探望姑父及姑母，与姑父一家温叙亲情。20世纪80年代，常州市有关部门明确将这里列为常州市文物控制单位。2015年，在中共常州市委、常州市政府的关心支持和部署下，在常州市文广新局的直接落实推动下，恽代英住地修缮及陈展工程全面启动，至2015年8月恽代英同志诞辰120周年之际，全面完成，并正式向社会公众开放。

恽代英纪念馆室内的陈展面积共360米^2，共划分为5个展室。南路前厅，"代英立像"雕塑置于其中；北路前厅，"代英讲堂"场景置于其中；南路后楼厅，"起义前夜"组雕置于其中；北路后楼厅，"代英寝室"场景置于其中；辅房，"江南厨间"场景置于其中。

恽代英纪念馆是重要的爱国主义教育基地。恽代英纪念馆以"青年的楷模恽代英"为教育主题，通过一批珍贵的文字、图片、照片、实物资料，全面生动地展示了恽代英的生平和壮阔的革命生涯。在一段段翔实的文字、一张张生动的图片、一个个珍贵的文物、一张张鲜活的照片中，公众可以具象化地走近恽代英，在了解其英勇的革命事迹的基础上，深刻领悟他的精神和思想，接受厚重的爱国主义教育和革命传统教育。

（二）实践教学主题

本项目紧紧围绕"思想道德与法治"课程第五章"遵守道德规范　锤炼道德品格"第四节"发扬中国革命道德"的相关内容，聚焦中国革命道德的产生背景与发展轨迹、推动中国革命道德的传承、促进道德文化发展、中国革命道德的当代价值等核心内容，突出社会主义道德建设的目标、导向、任务与价值，揭示践行社会主义核心价值观的路径。

（三）实践教学目的

在实践教学中，进一步拓宽学生对道德文化的深层次领悟、对优秀道德成果的全方位把握，加深对中国革命道德的系统化学习，引导学生深刻理解中国革命道德的产生机理，提升学生革命道德文化认同感，涵养学生革命文化精神，提高学生道德素养。

（四）实践教学设计

①组织学生了解实践基地。
②组织学生参观瞿秋白同志纪念馆、张太雷纪念馆、恽代英纪念馆。
③组织学生展开议题讨论，学生代表发言，教师进行总结。

④ 组织学生进行红色作品鉴赏和听取红色宣讲员宣讲。

⑤ 设计关爱社区孤寡老人的活动方案。

三、实施过程

（一）教学分析

1. 教学目标分析

通过参观瞿秋白同志纪念馆、张太雷纪念馆、恽代英纪念馆，围绕常州三杰生平、常州三杰精神及常州三杰红色文化，以社会救助专业知识为结合点，理论联系实际回应学生对于革命理想和革命道德及道德品格的学习困惑，带动学生积极学习革命文化，引导学生树立革命理想，发扬革命道德，传承红色基因，成为社会主义道德的坚定认同者、拥护者、支持者、践行者，积极投身社会主义道德实践，运用所学社会救助专业知识为实现强国建设和推进社会和谐、为中国式现代化建设不懈努力，贡献炙热的力量。

2. 教学内容分析

"发扬中国革命道德"是"思想道德与法治"课程第五章"遵守道德规范锤炼道德品格"的重要内容，在引导学生传承和发扬中国革命道德传统、树立社会主义道德观、践行社会主义核心价值观等方面具有重要的教育价值。本项目通过开展相关实践活动，增强学生对中国革命道德的情感认同、思想认同、精神认同，示范学生在社会生活实践特别是道德实践中积极发挥中国革命道德的时代价值。

3. 教学重难点分析

（1）教学重点。解决学生对于中国革命道德形成的阶段性特点、中国革命道德的当代价值等内容的认知困惑。

（2）教学难点。如何运用社会救助专业知识联系实际生活场景，在应用专业知识过程中帮助学生解决关于中国革命道德和社会主义道德的认知困惑。

（二）教学策略

1. 课前实践导学

通过智慧教学平台推送课前实践导学资料，包括视频学习资料《国家记忆——常州三杰》《瞿秋白——为大家开辟一条光明的路》《走近青年榜样张太雷》《中国革命青年的楷模——恽代英》、文本学习资料《瞿秋白与中共党史研究》《乐之秋白——瞿秋白红色歌曲赏析》《常州三杰革命精神简明读本》等，预热课堂实践主题，激发学生实践热情。

2. 课中实践开展

（1）走进瞿秋白同志纪念馆。在教师带领下，学生跟随讲解员，全面参观瞿秋白同志纪念馆。

（2）走向议题。

议题一：瞿秋白的人生历程彰显了怎样的革命追求？

在讲解员带领下，学生通过在视觉中沉浸、在听觉中感悟、在触觉中思索等方式参观瞿秋白故居，认真听取讲解员的介绍与讲解。

教师发布议题任务，指导学生思考"瞿秋白的一生是如何全心全意为人民服务的？结合社会救助专业，谈谈如何践行秋白精神。"学生认真思考，进行思维碰撞，小组成员交流探讨，并推荐代表发言。

在点评小组代表发言的基础上，教师引导学生认识到中国革命道德从产生之初，就强调为人民群众服务，就明确为人民大众谋幸福，就指向为人民群众利益而奋斗。

议题二：瞿秋白的人生理想体现了怎样的革命信仰？

学生在讲解员引导下欣赏诗乐作品《赤潮曲》："赤潮澎湃，晓霞飞动，惊醒了，五千余年的沉梦。远东古国，四万万同胞，同声歌颂，神圣的劳动。猛攻，猛攻，捶碎这帝国主义万恶丛！奋勇，奋勇，解放我殖民世界之劳工，何论黑、白、黄，无复奴隶种！从今后，福音遍天下，文明只待共产大同。看！光华万丈涌。"

讲解员介绍《赤潮曲》的创作情况和艺术特点：

1923年1月，饱受无产阶级革命思想浸润的瞿秋白从苏联莫斯科回到阔别两年的祖国。他回到北京后，先暂时住在了北京一位亲戚家。他的心情久久不能平静，因为在旅访苏俄的两年时间里，他被苏俄大地上充溢的革命热情所震撼，被空气中洋溢着的革命气息所感染。两年间，瞿秋白所到之处、所见之景、所听之语，皆是先进的无产阶级改天换地的伟大革命力量和轰轰烈烈的宏大革命气象。在这样的革命环境中，天资聪颖、勤奋好学而又心怀理想的瞿秋白深深地被革命文化所震撼，被革命著作所吸引，他如饥似渴地大量研读了马克思列宁主义著作，详细参阅了大量俄共（布）的文稿、文献。由此，瞿秋白在无产阶级崇高理想信念的树立中成为坚定的马克思主义者、坚强的共产主义者，他的思想烙印上战斗的印记，他的行为充满了无产阶级的革命激情。一回到北京，瞿秋白再也抑制不住心中的如火激情，他要将绽放着真理光芒的无产阶级思想传播给他的骨肉同胞，于是，他立即开始了从俄文翻译《国际歌》的工作，同时创作了这首洋溢着革命光辉的《赤潮曲》。

瞿秋白创作的这首《赤潮曲》，富含哲理、充满诗情，是哲理和诗理的完美结合，彰显革命的精神和信仰的光芒。在革命真理的诗化中，瞿秋白以科学的无产阶级世界观和方法论，以坚定的革命信仰和充沛的革命激情，以博大的革命胸襟和深邃的洞察力，抽象了中华大地的岁月和步履，贯穿了中国的历史、现实和未来。在激烈的情感表达中，勾画出历史的足印，擘画出未来的走向。这首《赤潮曲》内容博大，思想深刻，信仰真挚，情感真切，具有震撼人心灵的艺术力量。

这首《赤潮曲》创作完成后，由许地山作曲，首次发表于《新青年》季刊创刊号上，产生了巨大影响。

教师发布思考问题："赤潮"体现了怎样的形象？在学生回答的基础上，抛出议题任务，指导学生深入思考：《赤潮曲》表现了瞿秋白怎样的人生信仰？

学生认真进行思考，相互进行思维碰撞，小组成员交流探讨，并推荐代表发言。

教师在点评小组代表发言的基础上，引导学生认识到：为实现社会主义和共产主义的崇高理想、坚定信念而不懈奋斗是中国革命道德的重要内容。马克思主义的信仰、共产主义的远大理想为中国革命道德绘制了鲜亮的底色。

议题三：瞿秋白心系穷苦百姓表现了怎样的革命道德情操？

学生听取讲解员宣讲《瞿秋白送褂子》。

教师发布议题任务，指导学生思考"瞿秋白送褂子的事迹表现出怎样的道德品质？结合社会救助专业知识，谈谈如何心系弱势群体。"学生认真思考，并在小组内交流探讨，小组推荐代表发言。

教师在点评小组代表发言的基础上，引导学生认识到：共产党人和革命群众对提升自身人格修养和道德情操的重视，是中国革命道德的重要组成部分。对于革命者而言，只有拥有高尚的道德灵魂，才能完成伟大的革命任务。

（3）走进张太雷纪念馆。在教师带领下，学生跟随讲解员，全面参观张太雷纪念馆。

议题四：为什么说中国革命道德是对中华传统美德的传承和升华？

学生在工作人员引导下，观赏锡剧《烛光在前》。

教师发布议题任务，指导学生思考"张太雷在处理家庭伦理关系过程中展现出怎样的革命道德风范？"学生认真进行思考，并相互交流探讨，小组推荐代表发言。

教师在点评小组代表发言的基础上，引导学生认识到：中华传统美德在历史延续中发展为中国革命道德的重要历史渊源之一。从承继关系看，正是有了中华传统美德的长期积淀和持续发展，才有了中国革命道德的孕育和形成。中国革命道德是中华民族优秀道德传统的历史性延续和创造性发展。

议题五：为什么中国革命道德强调自始至终把革命利益摆在首位？

学生在工作人员引导下，观看视频《广州起义总指挥张太雷》，了解张太雷牺牲过程。

教师发布议题任务，指导学生思考："张太雷是如何处理个人利益和革命利益之间关系的？"学生认真进行思考，进行思维碰撞，小组成员交流探讨，并推荐代表发言。

教师在点评小组代表发言的基础上，引导学生认识到：先进的中国共产党人和伟大的革命者坚定投身革命活动的目的指向是为革命利益奋斗到底。在先进的中国共产党人和伟大的革命者的利益考量中，自觉将革命利益作为永恒的第一生命，一切个人利益首先服从于集体利益。

（4）走进恽代英纪念馆。

议题六：传扬中国革命道德对于树立社会新风有怎样的意义？

话剧观赏：学生在工作人员引导下，观赏话剧《你好，恽代英》。

教师发布议题任务，指导学生思考："恽代英倡导新生活方式发挥了哪些作用？"学生认真进行思考，并相互开展交流与探讨，推荐小组代表发言。

教师在点评小组代表发言的基础上进行总结，引导学生认识到：没有脱离鲜活生活实践的道德原则和道德规范，任何道德形态只有融入具体生活中，才能获得真正的生命力。中国革命道德面向社会生活实践，通过树立社会文明新风、构建全新化的新型人际关系引领生活实践，彰显了巨大的生机与活力。

议题七：中国革命道德有着怎样的当代价值？

学生在工作人员引导下，观看电影《觅渡》片段，在具象化的电影场景中领略常州三杰精神。

教师发布议题任务，指导学生思考："常州三杰精神发挥着什么样的时代价值？"学生认真思考，相互进行思维碰撞，小组成员交流探讨，并推荐代表发言。

教师在点评小组代表发言的基础上进行总结，引导学生认识到：中国革命道德是伟大的中国共产党团结带领全体中国人民奋勇实现民族独立、人民解放、国家富强的重要精神力量和强大精神支撑，对于我们在新时代推进以中国式现代化实现中华民族伟大复兴中国梦具有重大且深远的现实意义。

3. 课后实践拓展

深入学校周围的社区，从社会救助专业角度设计一份关爱社区孤寡老人的活动方案。

四、教学成效

（一）学生深刻认同中国革命道德的精神价值，立志成为道德高尚的时代新人

中国革命道德区别于一切过往的旧道德，其道德标尺在于全心全意为人民服务。从起源维度看，革命道德是在为人民群众服务、为人民群众争权益、为人民大众谋幸福、为人民大众辟光明的牺牲过程和献身行动中孕育并产生的，因此，全心全意为人民服务成为革命道德产生的精神原点和逻辑起点。从比较维度看，奴隶制社会道德为奴隶主阶级服务，封建社会道德为地主阶级代言，资本主义社会道德为资本家张目，不同于这些旧道德为剥削阶级服务的道德原则，革命道德将真心实意为广大人民群众谋利益作为自觉性价值追求和持久性精神高地，实现了对奴隶制社会道德、封建社会道德、资本主义社会道德的历史性超越。本项目通过对瞿秋白、张太雷、恽代英三位革命家身上彰显的高尚革命道德的分析和感悟，使学生理解革命道德的历史超越性，把握革命道德的本质特点，认同革命道德的精神价值。在活动中，通过对瞿秋白、张太雷、恽代英三位革命家人格特征的分析，学生真正体悟"毫不利己、专门利人"的高尚精神人格，立志在道德水准上不断提升，成为"一个高尚的人"；在精神境

界上不断升华，成为"一个纯粹的人"；在审美情趣上不断雅化，成为"一个脱离了低级趣味的人"；在人生目标上不断追求，成为"一个有益于人民的人"。

（二）学生积极传承和发扬中国革命道德，努力创造青春辉煌

中国革命道德内涵丰富，恒久弥新。开展革命道德教育对于引导当代大学生积极传承红色基因，在道德实践中发扬革命道德本质，具有重要的价值和意义。本项目的开展，使学生充分学习了常州三杰的革命奋斗历史，以此为扩展，学生深入开展中国革命历史全过程的学习，深入了解先进的中国共产党人团结带领广大人民群众开展英勇的革命斗争的艰苦历程，真正感悟蕴藏在这艰苦历程中的中国革命道德，深刻理解了中国革命道德的产生背景、价值底色、本质内涵和现实意义。学生纷纷表示，要增强历史责任感，自觉勇敢地与各种歪曲史实、扭曲历史的历史虚无主义、历史戏说主义思潮作坚决的斗争，与各种污蔑英雄、诋毁榜样的现象和行为作坚决的斗争，立志继承革命道德传统，在推进中国式现代化的伟大进程中奋勇争先、不懈努力，争取创造无愧于先辈、无愧于历史、无愧于人民、无愧于时代、无愧于社会的辉煌人生业绩。

五、实践教案

课程名称	思想道德与法治		实践基地	瞿秋白同志纪念馆、张太雷纪念馆、恽代英纪念馆
教材章节	遵守道德规范 锤炼道德品格		授课专业	社会救助专业
教学分析	教学内容分析	通过走访、参观瞿秋白同志纪念馆、张太雷纪念馆、恽代英纪念馆，围绕常州三杰生平、常州三杰精神及常州三杰红色文化，以社会救助专业知识为结点，理论联系实际回应学生对于革命理想和革命道德及道德品格的学习困惑，带动学生积极学习革命文化，引导学生树立革命理想，发扬革命道德，传承红色基因，成为社会主义道德的坚定认同者、拥护者、支持者、践行者，积极投身社会主义道德实践，运用所学社会救助专业知识为实现强国建设和推进社会和谐、为中国式现代化建设不懈努力，贡献炙热的力量		
	学生情况分析	知识和技能基础	认知和实践能力	学习特点	评估结果

		通过对"遵守道德规范 锤炼道德品格"篇章的理论学习，基本掌握了中华传统美德、社会主义道德的核心与原则等知识，但局限于孤立化的理论认识，尤其是对中国革命道德的特点和内容缺乏深刻把握与现实观照的能力	认同个人的成长成才与树立高尚的道德理念、传承中华传统美德、践行社会主义道德观等紧密相连，但行动力还不够，缺乏将中国革命道德的传统融入人生实践的实际行动，缺乏运用个人所学社会救助专业知识发挥中国革命道德当代价值的切实行动	相对于在课堂讲述马克思主义道德观和中国革命道德的相关理论知识，学生更希望能参与课外学习实践活动，通过活动提高自身道德认知水平，提升自身道德境界，但对实践活动的认真态度还有待提升	既要注重社会主义道德的类型特点、中国革命道德的形成背景与本质要求等教学内容本身的理论阐释，又要紧密联系学生所处社会道德环境和日常道德实践，紧密结合学生所学社会救助专业和专业服务对象，使学生在科学分析和认识当前道德环境、道德文化，解决社会救助问题的实际过程中，加深对中国革命道德的发扬意义和价值等内容的理解与把握，实现思政课教学理论性和实践性的有机统一
教学重难点及解决措施	教学重点：解决学生对于中国革命道德形成的阶段性特点、中国革命道德的当代价值等内容的认知困惑				
	教学难点：如何运用社会救助专业知识联系实际生活场景，在应用专业知识过程中帮助学生解决关于中国革命道德和社会主义道德的认知困惑				
	解决措施：以社会救助专业知识为结合点，以常州三杰生平、常州三杰精神及常州三杰红色文化为主线，以中国革命道德为主题，领悟中国革命精神是引领道德建设、文化发展、社会进步的重要资源，透过革命精神和道德文化观照现实，增强贡献于社会救助事业的青春力量，在实际行动中实现知行合一				
教学目标	知识目标：结合社会救助专业知识的应用场景，讲述中国革命道德的基本内涵，梳理中国革命道德发展历程，阐释中国革命道德的主要内容，论证中国革命道德的当代价值				
	能力目标：系统发挥革命道德精神进行社会救助专业知识学习，运用马克思主义道德理论分析和解决现实道德问题				
	素质目标：增强运用所学社会救助专业知识投身社会工作、社区工作事业的使命感，坚定不移在社会救助工作中发扬中国革命精神，全心全意为人民服务				
教学方法	①"问题链"教学法；②现场教学法；③议题教学法；④理论归纳法；⑤理实一体化教学法				

教学过程				
教学环节	教学内容	实践活动		设计意图
		学生（主体）	教师（主导）	
实践准备	走近英雄记忆：观看视频《国家记忆——常州三杰》	聚焦常州三杰；关注革命文化	提供相关学习书目； 指导开展深度阅读	以重温常州三杰的壮阔人生为起点，沉浸于中国革命的发展历程之中，增加学习和认知兴趣，点燃开展纪念馆现场实践的热情
实践开展	走进瞿秋白同志纪念馆	穿越改革开放发展的历史时空； 参观瞿秋白同志纪念馆	组织学生有序参观； 引导学生积极共情	以了解瞿秋白的人生历史为路径，感受瞿秋白的英雄人生，感受瞿秋白对民族独立、人民解放，对中国革命事业，对马克思主义传播的突出贡献，推进瞿秋白纪念馆实践教学和现场探索
	走向实践议题：确立教学议题；完成认知升华	议题探讨； 关切困惑	启发观察问题的视角； 引发问题探讨意识	以教学议题为桥梁，构筑对话平台，产生学习疑问，深化实践主题
	议题一：瞿秋白的人生历程彰显了怎样的革命追求？	沉浸体验：在讲解员带领下，通过在视觉中沉浸、在听觉中感悟、在触觉中思索等方式参观瞿秋白故居，认真听取讲解员的介绍与讲解； 思维碰撞：瞿秋白的一生是如何全心全意为人民服务的？结合社会救助专业，谈谈如何践行秋白精神。 收获新知：中国革命道德从产生之初，就强调为人民群众服务，就明确为人民大众谋幸福，就指向为人民群众利益而奋斗	① 总结各小组观点； ② 诠证：全心全意为人民服务是先进的中国共产党人在波澜壮阔的伟大革命实践中，在为人民群众开辟一条光明道路过程中的伟大创造。全心全意为人民服务彰显了中国革命道德的本质内涵和价值指向，对新民主主义革命事业，对社会主义革命、建设、改革事业都产生了不可估量的巨大推动作用	通过对瞿秋白故居的沉浸式参观学习，在理解瞿秋白人生历程的基础上，探究瞿秋白的一生是如何全心全意为人民服务的，引导学生深入思考瞿秋白的人生历程彰显了怎样的价值追求，坚定认同全心全意为人民服务是从始至终贯穿中国革命道德的一根主线，启发学生在学习瞿秋白精神过程中坚持中国革命道德的主线，将为人民群众服务扛在肩上，把为人民大众谋幸福装在心中，立志为实现人民群众的利益而顽强奋斗

实践开展	议题二：瞿秋白的人生理想体现了怎样的革命信仰？	诗乐鉴赏：在工作人员引导下，欣赏诗乐作品《赤潮曲》； 思维碰撞：《赤潮曲》表现了瞿秋白怎样的人生信仰？ 收获新知：为实现社会主义和共产主义的崇高理想、坚定信念而不懈奋斗是中国革命道德的重要内容。马克思主义的信仰、共产主义的远大理想为中国革命道德绘制了鲜亮的底色	① 总结各小组代表的观点； ② 诠证：共产主义道德的基础存在于为追求、完成和巩固共产主义事业而进行的伟大斗争实践之中。至死不渝地坚持社会主义和共产主义的崇高理想、坚定信念，是中国革命道德不可磨灭的核心灵魂。共产党人的革命道德哲学就是为共产主义事业鞠躬尽瘁、死而后已	通过对诗乐作品《赤潮曲》的鉴赏与感悟，在理解瞿秋白创作《赤潮曲》背景和初心的基础上，探究《赤潮曲》诠释出瞿秋白怎样的革命信仰，引导学生深入思考瞿秋白的人生理想与坚定的革命信仰之间的关系，明确认同对绽放着真理光芒的马克思主义的信仰是中国共产党人的革命道德灵魂，启发学生在人生实践中坚守中国革命道德的灵魂，勇做胸怀共产主义远大理想的社会主义建设者和接班人，切实增强以中国式现代化实现中华民族伟大复兴的信心
	议题三：瞿秋白心系穷苦百姓表现了怎样的革命道德情操？	红色宣讲：听取讲解员宣讲《瞿秋白送裤子》； 思维碰撞：瞿秋白送裤子的事迹表现出怎样的道德品质？结合社会救助专业，谈谈如何心系弱势群体； 收获新知：共产党人和革命群众对提升自身人格修养和道德情操的重视，是中国革命道德的重要组成部分。对于革命者而言，只有拥有高尚的道德灵魂，才能完成伟大的革命任务	① 总结各小组代表的观点； ② 诠证：共产党人加强道德修养、言行自律，提升人格境界、行为节操，是践履中国革命道德的重要表现和基础环节。共产党人和革命群众在推进革命事业的过程中往往展现出高尚的人格风采	通过对红色故事《瞿秋白送裤子》的感悟，在理解瞿秋白送裤子行为的背景和原因的基础上，探究送裤子这一事迹诠释出瞿秋白怎样的人格形象，引导学生深入思考瞿秋白的人格特点与革命道德之间的内在关系，明确高雅的人格修养和强大的人格力量是中国革命道德的重要体现，启发学生在人生实践中注重提升道德修养和生命境界，在严于律己中不断成长为拥有高尚道德人格的优秀人才，切实以社会救助工作的实际行动为百姓谋幸福

	走进张太雷纪念馆	走近张太雷的人生历史时空； 在讲解员带领下参观张太雷纪念馆	组织学生有序参观； 引导学生积极共情	以了解张太雷的人生历史为路径，感受张太雷的英雄人生，感受张太雷对民族独立、人民解放，中国革命事业、对中国共青团发展的突出贡献，推进张太雷纪念馆的实践教学和现场探索
实践开展	议题四：为什么说中国革命道德是对中华传统美德的传承和升华？	锡剧观赏： 在工作人员引导下，观赏锡剧《烛光在前》； 思维碰撞：张太雷在处理家庭伦理关系过程中展现出怎样的革命道德风范？ 收获新知：中华传统美德在历史延续性中发展为中国革命道德的重要历史渊源之一。从承继关系看，正是有了中华传统美德的持续发展和长期积淀，才有了中国革命道德的孕育和形成。中国革命道德是中华民族优秀道德传统的历史性延续和创造性发展	① 总结各小组代表的观点； ② 诠证：中国革命道德是一种崭新的道德形态。中国革命道德摒弃了中国传统道德中的落后成分和糟粕部分，超越了特定时代环境原因造成的中华传统美德的历史局限，传承和发展了中国传统道德的固有精华，在革命斗争实践中，升华了中华传统美德的民族性内核	通过对锡剧作品《烛光在前》的观赏与感悟，在理解张太雷在献身革命的信念下处理夫妻、父子、父女关系而做出的行为的基础上，探究张太雷在处理家庭伦理关系过程中展现出怎样的革命道德风范，引导学生深入思考中国革命道德与中华传统美德之间的关系，坚定认同中国革命道德是对中华传统美德的创造性传承和升华，启发学生在道德实践中将弘扬中国革命道德与发扬中华传统美德有机结合起来，争做既具有中国革命道德品质又具有中华传统美德修养的时代新人，切实涵养能够服务于民族复兴伟业的优秀道德和精神品格

实践开展	议题五：为什么中国革命道德强调自始至终把革命利益摆在首位？	视频观看：在工作人员引导下，观看视频《广州起义总指挥张太雷》，了解张太雷牺牲过程； 思维碰撞：张太雷是如何处理个人利益和革命利益之间关系的？ 收获新知：先进的中国共产党人和伟大的革命者坚定投身革命活动的目的指向是为革命利益奋斗到底。在先进的中国共产党人和伟大的革命者的利益考量中，自觉将革命利益作为永恒的第一生命，一切个人利益首先服从于集体利益	① 总结各小组代表的观点； ② 诠证：自始至终将革命利益摆在首位是中国革命道德的重要内容。革命利益高于个人利益，个人利益服从革命利益，诠释了中国革命道德的义利观和伦理观。以革命利益为先的利益观，极大地增强了革命者的革命斗争精神，激发了革命热情，厚实了革命力量，推动革命事业走向胜利	通过对视频作品《广州起义总指挥张太雷》的学习与体悟，在理解张太雷投身广州起义战斗第一线的基础上，探究张太雷怎样处理个人利益和革命利益之间的关系，引导学生深入思考为什么中国革命道德强调把革命利益摆在首位，明确认同中国革命道德的利益观，启发学生在道德生活中坚守集体利益和人民的整体利益，积极做把集体利益和人民的整体利益放在首位的社会主义公民
	走进恽代英纪念馆	走近恽代英的人生历史时空； 在讲解员带领下，参观恽代英纪念馆	组织学生有序参观； 引导学生积极共情	以了解恽代英的人生历史为路径，感受恽代英的英雄人生，感受恽代英对民族独立、人民解放，对中国革命事业，对中国青年工作的突出贡献，推进恽代英纪念馆实践教学和现场探索
	议题六：传扬中国革命道德对于树立社会新风有怎样的意义？	话剧观赏：在工作人员引导下，观赏话剧《你好，恽代英》； 思维碰撞：恽代英倡导新生活方式发挥了哪些作用？	① 总结各小组代表发言观点； ② 诠证：中国革命道德从根本上冲击了封建等级观念，从最深处打破了封建特权思想，摒弃了封建社会鄙视劳动人民的腐朽观念。	通过对话剧《你好，恽代英》的观赏与品悟，在理解恽代英倡导新生活方式的行为基础上，探究恽代英引领新生活风尚的作用，引导学生深入思考传扬中国革命道德对于树立社会新

		收获新知：没有脱离鲜活生活实践的道德原则和道德规范，任何道德形态只有融入具体生活中，才能获得真正的生命力。中国革命道德面向社会生活实践，通过树立社会文明新风、构建全新化的新型人际关系引领生活实践，彰显了巨大的生机与活力	中国革命道德以生活化的实践确立平等思想，对于保护弱势群体的权益，构建新型人际关系，树立良好家风家教，和谐家庭关系，发挥了不可取代的积极作用。传扬中国革命道德，有利于提升社会文明水平和全民道德水准	风有怎样的意义，坚定认同中国革命道德的要义之一是树立社会文明新风，启发学生在日常生活实践中传扬中国革命道德，勇做社会文明新风尚的创造者、维护者、践行者、引领者，为社会主义道德建设和精神文明建设积极贡献力量
实践开展	议题七：中国革命道德有着怎样的当代价值？	影片欣赏：在工作人员引导下，观看电影《觅渡》片段，在具象化的电影场景中领略常州三杰精神。 思维碰撞：常州三杰精神发挥着什么样的时代价值？ 收获新知：中国革命道德是伟大的中国共产党团结带领全体中国人民奋勇实现民族独立、人民解放、国家富强的重要精神力量和强大精神支撑，对于我们在新时代推进以中国式现代化实现中华民族伟大复兴具有重大且深远的现实意义	① 总结各小组代表发言观点； ② 论证：中国革命道德是先进的中国共产党人和先进分子在伟大斗争实践中创造的先进价值观在道德领域的有力彰显，内蕴着引导人们认同、培育、践行社会主义道德和社会主义核心价值观的宝贵道德资源和思想精神养分。在新时代的历史背景下，用心传承和发扬中国革命道德，有利于从精神层面为人们深刻把握社会主义道德的核心原则和社会主义核心价值观的本质内涵提供深厚的历史底蕴，促进人们在投身中国特色社会主义伟大事业实践中获取战胜一切艰难险阻和惊涛骇浪的强大精神力量	通过对电影《觅渡》片段的欣赏与解读，在追寻常州三杰革命生涯重要节点的基础上，探讨常州三杰精神发挥的重要时代价值，引导学生思考中国革命道德的当代价值和现实作用，并坚定认同。 中国革命道德有助于人们开展理想信念教育，树立社会主义道德观，启发学生将中国革命道德发扬光大，不畏困难，不惧逆境，勇敢迎接挑战，在新时代新征程中创造无悔人生

实践升华	走入更广阔的实践:实现中国革命道德理论学习与道德生活联系;完成知行合一	反思所学观点;反哺奋斗人生	指点人生实践;观照现实生活	以社会生活中的道德实践为路径,运用实践成果感悟和指导具体生活实践,实现实践教学的升华
课后环节				
笃行	深入学校周围的社区,从社会救助专业角度设计一份关爱社区孤寡老人的活动方案		**融会贯通**	科学运用所学社会救助专业知识,因地制宜解决社会道德领域的现实问题,勇于投身奋斗历程,开展社会实践,注重所学知识的实际应用与价值发挥
教学反思				

通过带领学生参观瞿秋白同志纪念馆、张太雷纪念馆、恽代英纪念馆,结合具身参访、沉浸体验、馆长采访、红色讲解员讲堂、音乐党课、话剧欣赏、影片欣赏等多项活动,解答学生对于道德的本质与功能、马克思主义道德观、中国革命道德的历史源流、革命文化的表现形态、中国革命道德的本质内涵等内容的一系列学习困惑。本项目注重将思政课堂与纪念馆课堂联系在一起,注重理论学习与多样化活动相结合,突出马克思主义道德理论与革命家的人生实践相融合。本项目将理论要点转化到纪念馆实践之中,注重实现知行合一,达成理实一体,实践教学进展流畅。通过课前资料的详细准备、课中议题化的实践活动开展、课后有针对性的实践任务完成,三大部分的具体活动一体贯穿呈现实践主题,有序推进,分阶段展开,比较顺利地取得了课前教学目的预设的纪念馆现场教学的若干成果。

当然,教学是一门遗憾的艺术,本项目仍存在如下问题:纪念馆实践教学与企业实践教学的场域背景不同、场馆条件不同、文化色调不同、场地氛围不同,实施路径自然要有所差异。本项目在设计思路上,还是保留了较为浓厚的企业现场教学的思维定式,没有真正从博物馆的实际出发来开展更加契合纪念馆现场教学的具有特色的活动项目。今后,要根据实践基地的属性特征,进行类型化的区分,依据不同类型基地的特点,设计更有嵌合性的活动项目和任务,从而精准化地提升思政课实践教学质量,增强现场教学效果

项目三 党史新中国史篇：
追寻"四史"印记 坚守初心使命

一、项目导引

历史是最好的教科书。历史是一个民族形成与发展、一个国家兴起与强盛、一个政党勃兴与成熟、一个文明诞生与演进的真实记录。历史层累地积淀起丰厚的文化遗产和知识宝库，形成一本本厚重的教科书。阅读这一本本教科书，可以充盈人们的头脑，促进科学文化知识的吸收，带动人文素养、综合素质的提升。历史是锻造人的最佳营养剂。历史演进贯通着过去、现在和未来，囊括大典，包举宇内，形成教育人、锻造人的丰厚素材。历史资政素材能够资政育人，提升人的政治判断力；历史情感素材能够感染人，丰沛人的情感和价值世界；历史精神素材能够激励人，充实人的人生境界；历史经验素材能够启迪人，提升人的洞察力，使人更有远见；历史成就素材可以鼓舞人，调动人的创造性、积极性，增强人提升主观世界和改造客观世界的力量。

历史是启发人的最优清醒剂。历史风云变幻，总是在一定的时代背景下演绎出一幕幕历史大剧，历史大剧中活动着各类人物，上演着各类事件，给人提供参照和镜鉴。历史发展是合目的性与合规律性相统一的过程，总是遵循着人类社会经济、政治、文化、社会、生态环境发展的特定规律。对历史规律的发现、把握和运用，可以有效地提升历史活动主体的主动性，在清醒的历史自觉中把准历史发展方向，拨正历史发展航向，适应历史发展大势，谋定历史发展战略，擘画历史发展未来，创造历史发展辉煌。"前事不忘，后事之师"，历史在发展演进过程中会形成一系列的经验和教训，总结、提炼、运用历史经验，可以提高人们有效处理历史活动的能力和水平；汲取历史教训，可以促进人们开展具有迁移价值的历史自省，提示并警示人们规避历史陷阱，不再重蹈历史覆辙。

开展"四史"教育，是思政课不可或缺的重要组成部分。从整体上看，能够促进学生全面认识中国共产党为中国人民谋幸福、为中华民族谋复兴的伟大奋斗历程，全面认识新中国日新月异、"当惊世界殊"的伟大发展奇迹，全面认识新时期中国改革开放创造伟大辉煌，全面认识科学社会主义的历史光芒和真理魅力。

具体而言，通过党史教育，学生能够深刻理解中国共产党团结带领中国人民打破旧世界、创立新世界、建设新世界的伟大实践过程，深刻把握在中国共产党领导下，中国人民实现从"站起来""富起来"到"强起来"伟大飞跃的历史规律；深刻认同中国共产党的性质、宗旨、初心和使命。通过新中国史教育，学生能够深刻理解当代中国发展的基本轨迹和阶段性特征，深刻把握新中国发展历程的基本规律，在领略当代中国震惊寰宇的发展奇迹和震撼全球的巨大成就过程中增强做中国人的坚强志气、坚实底气和坚硬骨气。通过改革开放史教育，学生可以深刻认识当代中国社会蓬勃生机和强大活力的释放之源在于伟大的改革开放，深刻理解改革开放作为"关键抉择"对于当代中国发展无可比拟的价值意义，深刻认同新时代全面深化改革开放的战略举措。通过社会主义发展史教育，学生可以深刻洞察科学社会主义产生的时代背景和历史必然性，深刻把握共产主义运动的本质属性和历史走向，深刻认同马克思主义认识世界和改造世界的巨大真理价值。在"四史"教育推动下，学生贯通历史和现实，真正在史实了解、理论习得、逻辑演绎与实践印证中弄清楚中国共产党为什么能，弄明白中国特色社会主义为什么好，弄透彻马克思主义为什么行。

改革开放史以中国共产党和中国人民的伟大觉醒性实践，呈现当代中国社会最壮阔的气象，凝结当代中国社会发展最显著的特征。1978年是一个极不寻常的年份，是在新中国历史、中国共产党历史、中华民族历史上具有里程碑意义的重要年份。以擘画中国历史发展新航向的党的十一届三中全会为核心标志，再度扬帆起航的伟大中国开启了改革开放的壮阔历史征程。毫无疑问，对于当代中国的命运而言，改革开放是一次至关重要的正确历史抉择。无论是从广度而言，还是从深度来看，改革开放都是一场无可取代的新的伟大革命。这场在关键时刻适时而启的伟大革命激荡全国，影响世界，具有不可磨灭的深远历史意义和重大现实意义。改革开放启动以后，无论是乡村还是城市，无论是经济领域还是政治、文化、社会、生态环境领域，都经历了一场又一场深刻的变革。从一次次试点到一次次推广、从一次次局部变革到一次次整体重塑，伟大中国人民用激情和汗水，在创新奋进中勾画出极不平凡的壮阔历程，谱写了党和国家事业发展的壮丽诗篇。从总体来看，1978年以来的改革开放历程可以大抵分为五个阶段。

第一阶段，改革开放的启动阶段。1976年，随着"文化大革命"结束，中国该向何处去成为摆在中国人民面前的重大历史课题。这一历史课题的回答关系中国的前途命运，关系中华民族的未来。彼时，科技革命和改革的大潮激荡全球。国内外大势的变化需要中国共产党迅速做出具有科学性和前瞻性的正确政治决断与合理战略抉择。1978年5月，《实践是检验真理的唯一标准》一文在《光明日报》重磅刊发，如春雷般轰响全国，关于真理标准问题的大讨论旋即展开，奏响了改革开放的伟大先声。关于真理标准问题的大讨论，本质上是要不要进行思想解放。思想解放了，而不是思想僵化，就能扭转迷信盛行的局面，一个政党、一个民族、一个国家就能永不停步、不断前行，就能永葆生机和活力，就能避免发生亡党亡国的历史悲剧。真理标准问题的大讨论发挥了巨大作用，彻底地冲破了虚幻化的个人迷信和崇拜，彻底地打破了"两个凡是"对人们的思想束缚，在理论上为解放思想、实事求是思想路线的重新确立奠定了扎实的基础和支撑。这一场关乎大局的关键舆论战以《实践是检验真理的唯一标准》在全国范围内的成功再确认奏响了改革开放的思想先声。1978年12月，具有伟大转折意义的党的十一届三中全会胜利召开，正式拉开了波澜壮阔的改革开放的历史帷幕。

第二阶段，改革开放的全面展开阶段。在党中央的坚强领导下，党的十一届三中全会作出了正确的历史性决定，坚定不移地把党和国家的工作中心战略性地转移到经济建设上来，推行顺应时代、合乎民意的改革开放政策。以党的十一届三中全会为标志，中国正式迈入改革开放和社会主义建设新时期。党的十一届三中全会后，改革率先在广袤的农村取得突破，渴望突围的农民通过农村土地经营权问题的解决，以家庭联产承包责任制为制度依托，实现了生产积极性的解放。农村经济改革给城市经济体制改革带来了很好的示范效应，城市经济体制改革如火如荼地展开。围绕着扩大企业自主权、推行经济责任制、改革所有制结构等问题，城市经济体制改革不断打开新的突破口。通过兴办深圳、珠海、汕头、厦门、海南等经济特区，对外开放也迎来新突破。政治体制改革在革除原有体制弊端的基础上，渐进展开。

为了保障各项改革措施的顺利推进，党中央还有序平反了一系列冤假错案，实现了拨乱反正。1982年，党的十二大召开，明确了要走自己的路，提出"建设有中国特色的社会主义"。党的十二大以后，农村经济体制改革进一步深入，城市经济体制改革持续推进，改革的重点逐步从农村转向城市。改革的领域和范围进一步扩大，从经济、政治领域向教育、科技、文化等多领域扩展。对外开放的范围和领域也进一步扩大。1987年，党的十三大召开，大会明确提出党在社会主义初级阶段必须坚持的"一个中心，两个基本点"的基本路线，完整阐述社会主义初级阶段理论，制定具有指导性的社会主义现代化建设"三步走"战略部署。改革开放理论和实践的不断推进，有力地推动了我国经济社会走上活跃发展的快车道。

第三阶段，改革开放的加快发展阶段。20世纪80年代末，随着改革开放的不断深化和经济体制的转轨，一些历史上积累下来的矛盾与深层次问题暴露出来。此时，国际风云突变，东欧剧变、苏联解体等重大国际事件相继发生，国际共产主义运动遭受严重挫折。在国内外形势的叠加影响下，中国的改革开放事业遭到冲击。1992年初，面对严峻的国内外局势，邓小平同志不惧风雨，毅然视察南方，发表南方谈话。邓小平在南方谈话中提出一系列重要观点，廓清了人们在改革开放问题上的重重迷雾，打破了束缚人们头脑和思想的一些认识问题。在邓小平南方谈话指引下，人们认识到，市场并不具备制度属性，不属于意识形态范畴，社会主义可以有市场，形成了对发展社会主义市场经济的共识。思想的解放为改革开放的加快推进奠定了基础。

第四阶段，改革开放的深入推进阶段。21世纪初，中国开启了全面建设小康社会的历史新阶段。鉴于社会主义市场经济体制初步建立，但仍需调整的基本现状，经济体制改革进一步加快。我国经济体制改革步入完善社会主义市场经济体制的历史新时期。基本经济制度完善、现代产权制度建立、现代市场体系建设、投融资体制改革、宏观经济调控政策体系完善、对外经济贸易体制改革等一系列社会主义市场经济体制完善的重大实践逐步展开并持续推进。

第五阶段，改革开放的全面深化阶段。党的十八大以来，面对改革开放进入战略攻坚期的新形势，以习近平同志为核心的党中央以敢闯难关、敢涉险滩的巨大政治勇气，打响全面深化改革攻坚战。全面深化改革开放是在以前历经多年改革开放基础上的进一步深化，是一场在多个领域实现全面性历史变革、在多个系统层面实现全方位重塑的整体的理论创新、制度创新与实践创新。全面深化改革开放是一场冲破旧有思想观念束缚的思想理论层面的深刻性变革，是一场突破原有利益固化藩篱的社会组织结构和方式的深刻性变革，是一场摒除落后体制机制弊端的国家治理体系和治理能力现代化的深刻性变革，是一场破除单一主体力量的广大人民群众广泛参与的深刻性变革。新时代推进全面深化改革开放，其艰巨性难度、复杂性程度、系统性深度等前所未有，可谓一场深刻的伟大革命。新时代的全面深化改革开放是全方位的，涉及深化经济体制改革、政治体制改革、文化体制改革、社会体制改革、生态文明体制改革、党的建设制度改革等各个方面，是一项巨大的系统性工程。

学习"四史"，既需要从经典原著和史料入手，开展系统的文献学习和理论学习，更需要从实践中学习，深入中国共产党领导人民开展的伟大实践之中去感悟、去体验、去行动。本项目聚焦"四史"中的改革开放史，以红豆集团为实践活动基地开展系列实践活动。本项目所选取的实践基地——红豆集团，其创立与发展是改革开放史的生动缩影。乡镇企业的崛起与发展历史既是中国改革开放史的生动内容，又有力展现了中国在改革开放政策推动下取得的辉煌成就。乡镇企业作为中国共产党领导下的基层农民的伟大创造，成为改革开放和社会主义现代化建设新时期的一道壮美风景，为农民脱贫和农村致富、为全面建成小康社会、为乡村工业发展和经济现代化作出了重要贡献，成为中国特色社会主义现代化建设道路探索的重要构成和基本内容之一。从制度变迁的角度看，乡镇企业是一项伟大的制度创新，这项制度创新受到地方政府和社会力量的广泛支持。乡镇企业的产生与发展折射出在改革开放的时代背景下中国社会爆发性变革的基层动力和制度密码。红豆集团见证了中国改革开放波澜壮阔的进程，通过在红豆集团的参观学习，可以从红豆集团的创办史来深刻理解改革开放推进的社会动力机制，进而全面把握改革开放发展史的阶段特征和伟大成就。

二、实践准备

（一）实践基地介绍

1. 红豆集团的基本情况

"红豆生南国，春来发几枝。"王维的这一名句力透纸背，诠释了南方红豆向春而生的旺盛生命力。红豆集团以"红豆"命名，彰显着创业者的历久初心，预示着浩荡向前发展的企业前景，昭示着不断向上生长的企业精神。

红豆集团的发展历史可谓波澜壮阔。一部红豆集团的创业发展史，就是中国改革开放历史的生动缩影。红豆集团的前身要追溯到1957年周林森等三个棉花匠创立的小手工作坊。在当地小有名气的棉花匠人周林森为了积极响应党和国家"把手工业者组织起来"的国计民生发展政策和号召，和其他两个棉花匠人合作办起了一家弹棉花合作社，兼带扎扎扫帚、做做草席。谁也没有想到，就是这样一个当时毫不起眼的小手工作坊，日后居然在时代的发展大潮中、在苏南的改革创新沃土上，崛起为展现大国民营企业担当、彰显民族品牌风采的拥有硬核实力的大型企业集团。弹棉花的小手工作坊成立不久，即改名为港下针织厂。

1983年，改革开放的时代春风吹满苏南大地，周林森的儿子周耀庭被调到港下针织厂担任负责人，开始了乡镇企业建制发展的大胆探索。1987年，周耀庭的儿子周海江，受到改革创业的时代风潮感染，毅然辞去大学教师的工作，回到家乡创业。在周耀庭、周海江父子带领下，企业紧紧抓住改革开放的利好政策，不断引领苏南乡镇企业创新探索，成为"苏南模式"的佼佼者。1992年，企业正式改制成立红豆集团，从传统的乡镇企业一跃转型为大型民营企业集团。这一历史性蜕变，使得红豆从"苏南模式"下的众多乡镇企业中脱颖而出，茁壮成长。

当前，红豆集团紧紧抓住新质生产力的发展机遇，加快转型发展，在把握时代潮流中引领先进纺织工业发展，示范民营企业创新变革。新质生产力是信息时代、智能时代、数字时代更加具有创新性和创造性、更加具有交互性和融合性、更加体现新科技革命和产业革命特点的先进生产力。谁第一时间抓住了生产力的跃迁契机，谁就能在未来的竞争中立于不败之地。谁下好了发展新质生产力这盘先手棋，谁就能赢得未来。

面对巨大的历史新机遇和新挑战，红豆集团迅速进行战略谋划，在新产业、新技术、新业态、新业务、新项目等方面做出新布局，抢占未来发展制高点。在持续多年工业互联网建设的基础上，红豆集团扩大"智转数改"的范围和领域，进一步调整优化工业互联网平台的结构，增强纺织服装工业互联网的自主创新能力。通过新投入独立研发工业互联网超融合云平台，集成运用大数据、云计算、人工智能、区块链等技术，大幅提升集团信息化、智能化、数字化的发展质量。通过与科大讯飞开展战略合作，开发建立纺织服装大模型，形成集团的核心创新能力。在追赶潮流的进程中，红豆集团积极融入全球纺织行业发展链条，通过不断提高企业自主创新能力和关键技术竞争力，在打造"红"在海外的民族品牌过程中，提出更好的愿景和更伟大的目标。

回首峥嵘岁月，红豆集团向党和国家交出了一份优秀答卷。这份优秀答卷述说着在不断突围中薪火相传的创业故事，绽放着在创新发展中接续拼搏的奋斗精神。红豆集团紧跟党走，坚守服务社会的初心，在贡献国家、造福人民中书写了民族品牌的传奇。对于即将开启的新征程和充满希望的全新未来，红豆集团积极贯彻党的决策部署，认真落实国家的产业政策和民营企业发展政策，顺应新时代发展大势，积极融入国家和地区战略，在对中国经济发展的巨大信心中不断践行新发展理念，嵌入新发展格局。面对机遇，红豆集团在苦练内功的基础上，勇敢迎接挑战；面对困难，红豆集团在永葆忧患意识的基础上，理性应对。中国经济发展有着无穷的潜力和巨大的韧性，红豆集团坚持初心不改，坚定目标不动摇，有底气、有信心、有能力再铸民族品牌的辉煌。

红豆集团的成功创造积累了一系列民营企业发展的重要经验。

一是始终坚持以党建为发展的引领，通过党建促改革，不断将党建的思想优势、政治优势、组织优势有机转化为企业持续发展的动力优势、人才优势、资源优势。红豆集团通过一系列政策设计，积极发挥党员的先锋模范作用。在红豆人眼中，"党员示范岗"是红豆集团最亮的牌子，"党员责任区"是红豆集团最具有担当精神的团队。从数据来看，红豆集团每年评选出的企业优秀工作者，党员占比在三分之二以上；在企业重要管理岗位中，党员占比超过90%。集团通过"六个双向"机制，积极把优秀分子吸纳到党组织中，具体而言，通过领导班子成员双向进入、企业人才双向培养、业务工作双向联动、企业文化双向渗透、运营制度双向发力、企业文化双向交流，许多高层次人才、高级工程师、大国工匠、技术能手、优秀管理人才、基层优秀员工等先后光荣加入党组织，成为集团发展的中流砥柱。

二是始终紧跟党和国家的重大方针政策。红豆集团的每一次重大决策的酝酿与出台、每一个困难的克服与战胜、每一回发展的调速与飞跃，都是在认真学习研究并贯彻落实党和国家的方针政策中实现的，都是在将企业发展积极融入国家发展战略过程中实现的，都是在坚持以人民为中心、服务人民群众的需要中实现的。红豆集团科学贯彻党中央发展民营经济的基本政策，在中国式现代化建设中坚决扛起民营企业的责任。在国家高度重视民营企业发展环境的合理优化、民营企业产权的依法保护、民营企业家权益的积极维护、助力民营经济的发展壮大等利好政策背景下，红豆集团秉持初心，勇担使命，发扬奋斗精神，努力开拓，积极变革，致力主业，不断走向更广阔的舞台。

三是聚力创新。红豆集团直面企业发展中出现的科技自主创新能力不强、产业结构布局不合理、发展方式不协调、管理模式粗放、动力机制不可持续等突出问题，向改革创新寻方法、要突破、谋未来，积极推动企业党建创新、科技创新、文化创新、管理创新、业务创新、机制创新。

2. 中国乡镇企业博物馆的基本情况

中国乡镇企业博物馆是全国唯一一座以乡镇企业发展为主题的博物馆，博物馆收藏了大量乡镇企业发展的史料和文物，展现了各个历史时期乡镇企业的发展状况。中国乡镇企业博物馆位于无锡锡山区春雷造船厂旧址。无锡锡山是近代中国民族工商业的重要发祥地，也是现代中国乡镇企业的起源地。敢为天下先的"四千四万"精神在这里孕育,异军突起的"苏南模式"在这里发端,一系列辉煌的改革发展成就在这里创造。春雷造船厂是新中国最早成立的社队企业之一,将中国乡镇企业博物馆建于春雷造船厂旧址,体现出一种历史的联系。中国乡镇企业博物馆建筑风格别致,粉墙黛瓦中散发着绵柔优雅的江南民居之风。1400余件新征集到的珍贵文物图片、实物、文献分布在4000多 m^2 的展区内,全景式展现了中国乡镇企业栉风沐雨的发展历程。主展区共有七个篇章,布满各种展品资料,极大地丰富了1.01万 m^2 的建筑面积空间。从总体占地面积看,中国乡镇企业博物馆约有4.5万 m^2。经过认真布局建设和升级改造,2010年7月28日,中国乡镇企业博物馆正式对公众开放。

近年来,中国乡镇企业博物馆通过展项的调整和展陈的创新设计,更加立体地展现出中国乡镇企业风雨兼程的前行历程、星火燎原的发展轨迹、敢立潮头的开拓精神,全面彰显中国乡镇企业发展的历史成就和重要经验。目前,中国乡镇企业博物馆展厅焕然一新。在序厅,习近平总书记关于乡镇企业的重要论述——"中国乡镇企业的'异军突起',曾经是许多国家学习借鉴的样板"一句被列为标语。序厅还以《潮起江南》的视频生动地呈现了改革大潮的风起云涌、时代激荡,并用"星火燎原"地图生动展示了乡镇企业如雨后春笋般在中华大地崛起的勃然景象。主展区设计七个篇章:第一篇章"异军突起"、第二篇章"创业之路"、第三篇章"名动华夏"、第四篇章"风起云涌"、第五篇章"四千四万"、第六篇章"大江大河"和第七篇章"乡村振兴"。七个篇章主题明确,衔接有序,既全面回顾了中国乡镇企业的发展历史,又深刻总结了中国乡镇企业崛起的基本规律,给人启迪,催人奋进。

(二) 实践教学主题

本项目紧紧围绕"习近平新时代中国特色社会主义思想概论"课程第五章"全面深化改革开放"第一节"改革开放是决定当代中国命运的关键一招"和第二节"统筹推进各领域各方面改革开放"的相关内容,聚焦改革开放的历史演进与发展轨迹、改革开放的历史意义、乡镇企业崛起历程、企业家的改革创新精神等核心内容,突出全面深化改革开放的目标、立场与价值,揭示全面深化改革开放的基本路径与战略举措。

（三）实践教学目的

在实践教学中，进一步拓宽学生对中国改革开放战略的深层次理解，增强对改革开放历史的全方位认识，加深对全面深化改革开放的系统性学习，引导学生深刻领悟改革开放的政策机理，提升学生对推进全面深化改革开放的时代认同，涵养学生改革创新精神，提高学生勇于投身改革开放事业的本领。

（四）实践教学设计

① 组织学生了解实践基地。

② 组织学生进行背景知识准备，全面了解改革开放史的基本进程。

③ 组织学生参观红豆集团和中国乡镇企业博物馆。

④ 组织学生展开议题讨论，学生代表发言，教师进行总结。

⑤ 组织学生进行政策访谈、史料收集与听取企业家演讲。

⑥ 布置学生寻访榜样人物，讲述改革者的奋进故事。

三、实施过程

（一）教学分析

1. 教学目标分析

通过参观红豆集团和中国乡镇企业博物馆，围绕红豆集团改革发展史、企业对外贸易史及乡镇企业发展史，以现代纺织技术专业知识为切入点，理论结合实际，回应学生对于全面深化改革开放篇章和改革开放史的学习困惑，带动学生积极学习"四史"，引导学生与改革创新的时代潮流同呼吸、与祖国的繁荣进步共命运，运用所学现代纺织技术专业知识为实现纺织强国建设和推进全面深化改革开放、为中华民族伟大复兴不懈努力，贡献青春力量。

2. 教学内容分析

"改革开放是决定当代中国命运的关键一招"是"习近平新时代中国特色

社会主义思想概论"课程第五章"全面深化改革开放"的重要内容，在引导学生全面认识改革开放的作用、全面了解改革开放的历史进程、科学把握改革开放的阶段性特征、正确理解全面深化改革开放的目标任务等方面具有重要的教育教学价值。本项目通过在实践基地——红豆集团开展系列实践活动，推动学生形成对改革开放政策的认同，涵养学生的改革思维和开放胸襟，激励学生积极投身全面深化改革开放的伟大实践之中。

3. 教学重难点分析

（1）教学重点。解决学生对于改革开放历史进程的阶段性特点、全面深化改革开放的方法论等认知困惑。

（2）教学难点。如何运用现代纺织技术专业知识帮助学生解决关于全面深化改革开放的认知困惑。

（二）教学策略

1. 课前实践导学

通过智慧教学平台推送课前实践导学资料，包括视频学习资料《学"四史"，守初心》《中国改革开放的故事》《改革开放，关键抉择》《红豆集团——传承工匠之心》、文本学习资料《学好"四史"，永葆初心、永担使命》《论中国共产党历史》《改革开放简史》等，预热课堂实践主题，激发学生实践热情。

2. 课中实践开展

（1）走进红豆集团。在教师带领下，学生跟随红豆集团讲解员，参观红豆集团。

（2）走进议题。

议题一：从红豆集团的创业史看改革开放政策的巨大作用

在红豆集团讲解员带领下，学生通过视觉沉浸、听觉沉浸、触觉沉浸等方式体验红豆集团的工作场景，并参观红豆集团档案馆。

教师在云课堂发布议题研讨任务：红豆集团的创业成功与改革开放政策有着怎样的关系？

学生分组研讨，推荐小组代表发言。教师总结并引导学生认识到：改革开放推动当代中国社会释放出巨大的生机、活力和能量，使得中国仅以几十年的时间就创造性地走完了西方发达国家用几百年时间才走完的工业化历程，既促进了经济快速发展，又保证了社会长期稳定和谐，铸就了人类社会发展史上的伟大奇迹。

议题二：从红豆集团党建看坚持全面深化改革开放原则立场和正确方向的重要性

学生参观红豆集团党建馆，听取红豆集团讲解员介绍红豆集团党建特色。

教师在云课堂发布议题研讨任务：红豆集团是如何通过党建促改革的？

学生进行讨论，推荐小组代表发言。教师在学生发言基础上，引导学生感悟到：改革牵一发而动全身，对于改革这样的大事、要事，必须全面坚持党的领导。推进全面深化改革开放，必须牢牢把握正确方向。全面深化改革，改什么、怎么改，其根本标准在于是否有利于坚持和加强党的领导。

议题三：从红豆集团的对外发展战略看高水平对外开放

学生访谈红豆集团海外项目经理，了解红豆集团参与"一带一路"建设的项目情况。

教师在学生访谈成果的基础上，发布对应的议题研讨任务：红豆集团是如何实施"走出去"战略的？

学生展开小组内交流讨论，小组代表发言。教师总结并引导学生体悟到：要推动高质量发展，就必须推进高水平对外开放。高水平对外开放有利于充分释放国内国际资源活力，在高水平对外开放过程中，企业可以全面融入全球贸易链、产业链、技术链、价值链、创新链、人才链，获得发展动能。

议题四：从红豆集团的未来发展战略看全面深化改革开放的方法论与具体举措

学生在工作人员引导下，认真听取红豆集团战略顾问的演讲。

根据演讲内容，教师发布相应的议题研讨任务：红豆集团的未来发展战略体现了怎样的改革开放方法论？

学生进行思考讨论，推选小组代表发言。教师总结并引导学生认识到：全面深化改革开放是一项极其复杂的庞大的系统性工程，必须坚持正确的方法论，科学的方法对于成功推进改革开放事业发挥着至关重要的作用。要在改革开放的实践中，不断探索与总结全面深化改革开放的正确方法论。

（3）走进中国乡镇企业博物馆。学生在中国乡镇企业博物馆讲解员带领下，穿越乡镇企业崛起与发展的历史时空，全面参观中国乡镇企业博物馆。

议题五：从苏南乡镇企业的创办看解放思想对全面深化改革开放的意义

教师布置史料收集任务：收集中国乡镇企业博物馆中苏南乡镇企业创办时期的史料。

学生在中国乡镇企业博物馆内进行史料收集，在此基础上，教师发布议题研讨任务：解放思想对苏南乡镇企业创办发挥了怎样的作用？

学生在小组内进行讨论，在总结学生观点的基础上，教师总结：改革开放是一场伟大的觉醒，而觉醒首先来自伟大的思想解放。思想解放，冲破了人们头脑中的思想禁锢，打破了束缚实践开展的思想禁区，打开了新思维的闸门，释放了人民的改革激情，激活了全社会的创造活力，为改革开放的理论创新和实践创造扫除了思想障碍和观念阻碍。思想解放，使得实事求是得以重新确立并蔚然成风，推动党和国家从实际出发把握历史命运，精准洞察时代发展大势和历史发展潮流，精细总结社会主义建设经验和规律；推动人民群众积极正视自己对美好生活的向往、对经济社会发展进步的期盼，科学观察历史发展大势，勇于抓住历史发展机遇，努力创造条件推动历史变革进步。思想解放为改革开放的开启和推进提供了不可缺少的思想条件和精神准备，是改革开放的逻辑原点和牵引力量。

议题六：从苏南乡镇企业的成长看"四千四万"精神的践行、传承和弘扬

教师发布探索发现任务：寻找中国乡镇企业博物馆中蕴藏的苏南乡镇企业快速成长的典型案例。

学生在中国乡镇企业博物馆内寻找案例，在此基础上，教师发布议题研讨任务：苏南乡镇企业的群体性成长如何体现"四千四万"精神的精髓？

学生进行交流讨论，推选小组代表发言。教师总结并引导学生认同"四千四万"精神是改革开放精神的重要体现，成为民营企业发展的重要精神动力。

3. 课后实践拓展

寻找纺织业技术改革与商业模式创新的典型事迹，展示改革开放的力量，讲述改革者的奋进故事。

四、教学成效

（一）学生在实践教学中普遍提升了历史自信

历史自信是学生确认中华民族身份认同和中华儿女身份意识的重要基础，是学生提升民族自信心和自豪感的重要前提，是学生增强中国特色社会主义道路自信的历史根据、提升中国特色社会主义理论自信的历史依据、确立中国特色社会主义制度自信的历史养分、涵养中国特色社会主义文化自信的历史根由。坚定的历史自信建立在完整的历史认识基础上。全面、完整的历史认识，而不是局部的、细枝末节的甚至片面化的历史认识，能够使学生深刻把握历史前进的主流，厘清历史发展的主线，把准历史向前的大势，读懂历史创造的成就，提升历史自信。

本项目通过对红豆集团创业史、发展史的探讨，管窥乡镇企业发展史，并延伸学习改革开放全史，从整体上把握了改革开放历史的发展逻辑，梳理清楚了改革开放史的主脉，理解了改革开放史的基本规律，总结了改革开放史的重大成就，形成了对改革开放史的科学认识，进而全面夯实和提升了对新中国发展、对中华民族发展的历史自信。准确、科学、理性、客观的历史认知，而不是模糊、狭隘、偏激甚至错误的历史认知，能够使学生掌握辩证的历史分析方法、历史人物评价方法、历史事件评价方法，形成正确的历史观，进而提升历史自信。

学生通过对中国乡镇企业博物馆的浸身性体验，置身于乡镇企业发展的历史情境之中，在教师指导下，结合苏南乡镇企业崛起的史料、实物等历史素材，科学分析"苏南模式"的时代价值、民营企业家的作为与贡献等问题，逐步形成正确的改革开放史观。学生通过走访参观红豆集团档案室、中国乡镇企业博物馆主展区，重点对苏南地区人民群众勇立历史潮流，紧抓历史机遇，发挥"四千四万"精神，创立并壮大民营经济的历程开展研讨，运用历史唯物主义方法论，科学分析苏南民营经济发展的时代背景、基层群众创造精神的作用等问题，最终形成"人民群众是历史的创造者"的科学认知，形成正确的群众史观。历史创造主体的历史自觉意识的形成，是历史自信塑构的基本要素，只有具备了一定程度的历史自觉，才能凝结高度的历史自信。

通过对红豆集团新时代进一步推进改革举措的调研与分析，学生由点及面，从个别到整体，透过企业改革案例深刻理解了全面深化改革开放的目标任务、战略重点，明确了全面深化改革开放的优先方向、主攻领域，厘清了全面深化改革开放的推进机制、突破方式，深刻把握了全面深化改革开放的方法规律，大大地提升了建功改革开放事业的历史自觉，增强了对新时代全面深化改革开放美好前景的历史自信。

（二）学生在实践教学中进一步提升了改革创新本领

新时代青年置身于全面建设社会主义现代化国家新征程的历史背景之下，置身于以中国式现代化全面推进中华民族伟大复兴的时代洪流之中，置身于新一轮科技革命加速孕育和产业革命加速变革的历史潮流之下，置身于世界百年变局的时代变局之中，肩负着重大历史使命，应该努力成长为有着崇高理想信念、敢于担当国家民族使命、能够做到吃苦耐劳、具备创新奋斗品质的新时代好青年。

本项目通过改革开放系列内容的链接，通过活动的开展涵养学生的家国情怀和改革创新意识，提升用青春的原动力、能动力、创造力掀起中国式现代化建设澎湃春潮的能力与本领，助力青年学生以实际行动将青年智慧和青春汗水转化为致力民族复兴伟业的壮阔实践，和亿万人民群众一道，共同打拼出一个更加辉煌、灿烂、美好的中国。在对红豆集团技术创新的调研活动中，学生以自身的现代纺织技术为参照，通过学习红豆集团增强自主创新能力的经验，深刻认识到红豆集团不断迈向发展的新征程，其根本动力在于改革创新，在企业实践过程中，逐步形成了强烈的改革创新意识，立志要敢于突破旧思想的束缚，敢于冲破旧观点的阻碍，敢于打破旧思维的阻滞，敢于破解旧方法的局限。

五、实践教案

课程名称	习近平新时代中国特色社会主义思想概论		实践基地	红豆集团
教材章节	全面深化改革开放		授课专业	现代纺织技术专业
教学分析	教学内容分析	通过参观红豆集团和中国乡镇企业博物馆，围绕红豆集团改革发展史、企业对外贸易史及乡镇企业发展史，以现代纺织技术专业知识为切入口，理论结合实际，回应学生对于全面深化改革开放篇章和改革开放史的学习困惑，带动学生积极学习"四史"，引导学生与改革创新的时代潮流同呼吸、与祖国的繁荣进步共命运，运用所学现代纺织技术专业知识为实现纺织强国建设和推进全面深化改革开放、为中华民族伟大复兴不懈努力，贡献青春力量		

		知识和技能基础	认知和实践能力	学习特点	评估结果
教学分析	学生情况分析	通过对全面深化改革开放篇章的理论学习，基本掌握了改革开放的历史进程、全面深化改革的重要性等知识，但局限于单一化的理论认识，尤其是对全面深化改革的方法论缺乏深刻把握与现实观照的能力	认同个人的成长与国家改革发展、社会创新进步的历程紧密相连，但行动力还不够，缺乏将个人所学现代纺织技术专业知识与纺织强国建设实际相结合的切实行动	相对于在课堂讲述改革开放史和分析全面深化改革开放的相关理论知识，学生更希望能参与课外实践活动，通过活动提高认知水平，但对实践的认真态度还有待提升	既要注重改革开放史的阶段性特点、全面改革开放的目标任务等教学内容的理论阐释，又要紧密联系学生所处改革创新的社会环境和日常生活实际，紧密结合学生所学专业和对口就业企业，使学生在分析和认识时代环境、解决对口就业企业场景的实际问题过程中，加深对改革开放理论的理解与把握，实现思政课理论性和实践性的统一
教学重难点及解决措施	教学重点：解决学生对于改革开放历史进程的阶段性特点、全面深化改革开放的方法论等认知困惑				
	教学难点：如何运用现代纺织技术专业知识帮助学生解决关于全面深化改革开放的认知困惑				
	解决措施：以现代纺织技术专业知识为切入口，以红豆集团的改革历程为主线，以全面深化改革开放为主题，领悟改革开放是引领发展前行的重要法宝，透过真理观照现实，增强贡献于改革创新事业的青春力量，在行动中实现知行合一				
教学目标	知识目标：结合现代纺织技术专业知识讲述全面深化改革总目标的基本内涵、全面深化改革开放的正确方向、全面深化改革的正确方法论				
	能力目标：系统运用改革创新思维进行现代纺织技术专业知识学习，运用改革开放理论分析和解决现实问题				
	素质目标：增强运用所学现代纺织技术专业知识投身全面深化改革开放伟大事业的使命感，坚定不移地将改革开放进行到底的责任感				
教学方法	①"问题链"教学法；②现场教学法；③议题教学法；④理论归纳法；⑤理实一体化教学法				

教学过程				
教学环节	教学内容	实践活动		设计意图
		学生（主体）	教师（主导）	
实践准备	走近企业记忆：观看视频《红豆集团——传承工匠之心》	聚焦红豆集团历史； 关注改革开放主题	提供相关学习书目； 指导开展深度阅读	以重温红豆集团历史为起点，了解纺织服装领域工业发展，增加学习和认知乐趣，点燃开展企业现场实践的热情
实践开展	走进红豆集团	穿越改革开放发展的历史时空； 参观红豆集团	组织学生有序参观； 引导学生积极共情	以红豆集团创业的峥嵘历史为路径，感受红豆集团的辉煌发展成果及对中国纺织工业和服装行业发展的突出贡献，推进企业实践和现场探索
	走向实践议题：确立教学议题；完成认知升华	议题探讨； 关切困惑	启发观察问题的视角； 引发问题探讨意识	以教学议题为桥梁，构筑对话平台，产生时代疑问，深化实践主题
	议题一：从红豆集团的创业史看改革开放政策的巨大作用	沉浸体验：通过视觉沉浸、听觉沉浸、触觉沉浸等方式体验红豆集团的工作场景，并参观红豆集团档案馆； 思维碰撞：红豆集团的创业成功与改革开放政策有着怎样的关系？ 收获新知：改革开放推动当代中国社会释放出巨大的生机、活力和能量，使得中国仅以几十年的时间就创造性地走完了西方发达国家用几百年时间才走完的工业化历程，既促进了经济快速发展，又保证了社会长期稳定和谐，铸就了人类社会发展史上的伟大奇迹	① 总结各小组观点； ② 诠证：改革开放供给的强大动力，使得党和人民大踏步地赶上了时代。把握住了改革开放，就把握住了党和国家前途与命运；洞察到改革开放，就洞察了时代发展潮流；推进了改革开放，就回应了人民群众的迫切期盼和真实诉求；深化了改革开放，就坚持和发展了中国特色社会主义	通过对红豆集团创业和发展历程的观察，思考与探讨红豆集团的创业成功与改革开放政策之间的关系，引导学生将改革开放理论与改革开放的生动实践联系起来，坚定认同改革开放是决定当代中国命运的关键一招

实践开展	议题二：从红豆集团党建看坚持全面深化改革开放原则立场和正确方向的重要性	参观学习：参观红豆集团党建馆，听取红豆集团讲解员介绍红豆集团党建特色； 思维碰撞：红豆集团是如何通过党建促改革的？ 收获新知：改革牵一发而动全身，对于改革这样的大事、要事，必须全面坚持党的领导。推进全面深化改革开放，必须牢牢把握正确方向。全面深化改革，改什么、怎么改，其根本标准在于是否有利于坚持和加强党的领导	① 总结各小组的观点； ② 诠证：中国的改革开放事业之所以能持续稳步推进并取得巨大成功，最关键之处，在于有伟大的中国共产党指航引向，在于有党中央的坚强领导。新时代的中国改革开放覆盖范围广泛，既包含经济体制改革、政治体制改革，又包含文化体制、社会体制改革，还包含生态文明体制改革、党的建设制度改革，改革难度大、程度深、力度强，可谓前所未有，更加需要坚持党的领导不动摇	通过对红豆集团党建特色的理解和作用的探讨，思考坚持党的领导和全面深化改革之间的关系，引导学生将改革理论联系到企业发展实际，坚定对中国全面深化改革开放方向、立场和原则的认同，在改革创新实践中，坚定不移地遵循改革的立场、方向和原则
	议题三：从红豆集团的对外发展战略看高水平对外开放	政策访谈：访谈红豆集团海外项目经理，了解红豆集团参与"一带一路"建设的项目情况； 思维碰撞：红豆集团是如何实施"走出去"战略的？ 收获新知：要推动高质量发展，就必须推进高水平对外开放。高水平对外开放有利于充分释放国内国际资源活力，在高水平对外开放过程中，企业可以全面融入全球贸易链、产业链、技术链、价值链、创新链、人才链，获得发展动能	① 总结各小组观点； ② 诠证：更大范围的对外开放对于企业"走出去"发挥积极作用。企业在高水平开放格局中，能够实现更好更快发展，有力带动国内经济循环与国际经济交流，助力国内国际双循环质量的提升	通过对红豆集团参与"一带一路"建设项目情况的探讨，结合纺织服装企业"走出去"的策略特征，引导学生认同以对外开放促进对内改革是我国经济发展不断赢得新机遇、新成就的重要经验，认识到经济全球化背景下推进高水平对外开放的重要性，理解企业参与高水平对外开放的举措

	议题四：从红豆集团的未来发展战略看全面深化改革开放的方法论与具体举措	企业家演讲：听取红豆集团战略顾问演讲； 思维碰撞：红豆集团的未来发展战略体现了怎样的改革开放方法论？ 收获新知：全面深化改革开放是一项极其复杂的、庞大的系统性工程，必须坚持正确的方法论，科学的方法对于成功推进改革开放事业发挥着至关重要的作用。要在改革开放的实践中，不断探索与总结全面深化改革开放的正确方法论	① 总结各小组观点； ② 诠证：全面深化改革开放需要整体性谋划、协同性推进、系统性落实、融合性集成，要从中国特定的国情出发，探索适合中国改革开放实际的改革方法，增强全面深化改革开放的实质性效果	通过对红豆集团未来发展战略的分析与探讨，结合新时代企业改革的案例，引导学生把握推进全面深化改革的方法规律，认同加强顶层设计和摸着石头过河相结合等富有中国智慧的改革方法论
实践开展	走进中国乡镇企业博物馆	穿越乡镇企业崛起与发展的历史时空； 参观中国乡镇企业博物馆	组织学生有序参观； 引导学生积极共情	以苏南乡镇企业创业的艰辛历史为路径，感受苏南模式创造的辉煌发展成就和对中国民营经济发展和工业化发展的突出贡献，推进中国乡镇企业博物馆实践教学和现场探索
	议题五：从苏南乡镇企业的创办看解放思想对全面深化改革开放的意义	史料收集：收集中国乡镇企业博物馆中苏南乡镇企业创办时期的史料； 思维碰撞：解放思想对苏南乡镇企业创办发挥了怎样的作用？ 收获新知：改革开放是一场伟大的觉醒，而觉醒首先来自伟大的思想解放。思想解放，冲破了人们头脑中的思想禁锢，打破了束缚实践开展	① 总结各小组观点； ② 诠证：解放思想是开启和推进改革开放的前提。改革开放的伟大实践和历史进程反复表明，思想解放每往前一步，改革开放就往前一步；思想解放每深一层，改革开放就深入一层。思想解放不断推动着理论创新、	通过苏南乡镇企业创办时期史料的收集、整理与分析，在寻找苏南乡镇企业得以创办和崛起共性原因的基础上，探讨解放思想与苏南乡镇企业创办之间的内在关系，引导学生思考解放思想对改革开放的意义，坚定认同没有深刻的思想解放，就没有伟大的改革开放实践，启发学生大胆解

实践开展		的思想禁区，打开了新思维的闸门，释放了人民的改革激情，激活了全社会的创造活力，为改革开放的理论创新和实践创造扫除了思想障碍和观念阻碍。思想解放，使得实事求是得以重新确立并蔚然成风，推动党和国家从实际出发把握历史命运，精准洞察时代发展大势和历史发展潮流，精细总结社会主义建设经验和规律；推动人民群众积极正视自己对美好生活的向往、对经济社会发展进步的期盼，科学观察历史发展大势，勇于抓住历史发展机遇，努力创造条件推动历史变革进步。思想解放为改革开放的开启和推进提供了不可缺少的思想条件和精神准备，是改革开放的逻辑原点和牵引力量	制度创新、科技创新、文化创新等各方面创新向纵深发展，为改革开放供给了强大动力。改革开放事业的纵深推进，又带来新的思想解放的开展，为新一轮改革开放突破原有想法、观念、思维的限制创造了思想条件。思想解放是巨大的思想武器，要不断推动解放思想	放思想，把握机遇，迎接挑战，在民族复兴中创造人生辉煌
	议题六：从苏南乡镇企业的成长看"四千四万"精神的践行、传承和弘扬	探索发现：寻找中国乡镇企业博物馆中蕴藏的苏南乡镇企业快速成长的典型案例； 思维碰撞：苏南乡镇企业的群体性成长如何体现"四千四万"精神的精髓？ 收获新知："四千四万"精神是改革开放精神的重要体现，成为民营企业发展的重要精神动力	① 总结各小组观点； ② 论证："四千四万"精神的产生是我们坚定不移推进改革开放的产物，是人民在改革开放的实践中创造的精神财富	通过寻找中国乡镇企业博物馆中蕴藏的苏南乡镇企业快速成长的典型案例，论证"四千四万"精神的重要性，引导学生坚定不移地做"四千四万"精神的学习者、践行者、传播者、传承者和弘扬者

实践升华	走入更广阔的实践：理论联系实际；完成知行合一	反思已学观点；反哺奋斗人生	指点议题凝练；观照现实生活	以甄辨议题为手段，运用实践感悟具体生活，实现"实践—认识—实践"的升华
课后环节				
笃行	寻找纺织业技术改革与商业模式创新的典型事迹，展示改革开放的力量，讲述改革者的奋进故事，引导学生积极学习模范和榜样，将所学改革开放的理论知识和思想精髓落实到不断前进的青春实践之中，以铸就靓丽无悔的青春	**融会贯通**		科学运用所学知识，因地制宜解决纺织领域现实问题，勇于投身行业奋斗，积极开展社会实践，注重理论知识的实际应用
教学反思				

通过带领学生参观红豆集团和中国乡镇企业博物馆，结合沉浸参观、具身体验、工匠示范、劳模讲堂、企业家演讲等，解答学生对于改革开放史、全面深化改革开放、扩大高水平对外开放、现代企业制度改革、经济体制改革等内容的学习困惑。本项目注重将思政课堂与企业课堂相联系，注重理论与企业发展实际相结合，突出理论与现代工业文明相融合，寓理论于实践，以行动践思想，理实一体，企业实践课程进展顺利。通过课前精细化的实践准备、课中流程化的实践开展、课后个性化的实践升华，三大部分有序衔接，融为一体，基本达到了课前预设的企业现场教学目的。

但仍存在如下问题：企业实践教学与专题知识的学习与实践有机融合得还不够。不同于学校课堂教学，企业现场化实践实际上是将相关专题知识置于一个真实性的实践案例之中，在合一性的实践案例里，以情境化的场域印证专题知识的真理性光芒。在这样的教学境域中，可能会出现部分实践内容与专题主旨偏离的现象，从而占了知识学习和灵活运用在实践中的应有地位和基本作用，在今后的教学中，应采取措施予以避免

项目四　工业文化篇：
探访现代工业　领略中国"智"造

一、项目导引

党的二十大报告明确提出，"建设现代化产业体系。坚持把发展经济的着力点放在实体经济上，推进新型工业化，加快建设制造强国、质量强国、航天强国、交通强国、网络强国、数字中国。"这为新时代工业发展和我国工业化道路的转型发展指明了方向。工业是重要的社会物质生产部门，主要是对自然资源进行开采和对各种各样的原材料进行加工。工业是国民经济的重要组成部分，在现代经济体系中占据着重要位置。按照大的产业门类划分，工业可以划分为轻工业和重工业两大类。工业的产生是社会生产力发展和社会分工的结果。

按照历史发展脉络来看，工业的发展大致经历了四大阶段。第一阶段，即工业1.0阶段，历史时间跨度从18世纪60年代至19世纪中叶，这一阶段工业化的主要时代性表征为第一次工业革命，以蒸汽为主要动力的机械化是这一阶段人类工业化的主要表现形态。第二阶段，即工业2.0阶段，历史时间跨度从19世纪后半期至20世纪初，这一阶段工业化的主要时代性表征为第二次工业革命，以电力为主要动力的电气自动化是这一阶段人类工业化的主要表现形态。第三阶段，即工业3.0阶段，历史时间跨度从20世纪四五十年代到今天，以原子能技术、电子计算机技术、航天技术等为主要代表的电子信息化是这一阶段人类工业化的主要表现形态。第四阶段，即工业4.0阶段，人类工业化水平进入智能化阶段。

大力发展现代工业，实现工业化是近代以来一批又一批中国志士仁人的奋斗梦想和追求目标。自洋务运动开始，中国的工业化历程先后经历了1860年至1949年、1949年至1978年、1978年至2001年、2001年至2012年、2012年至今等5个主要发展阶段。从总体来看，在新中国成立以前，由于半殖民地半封建社会的历史环境，中国的工业发展缓慢，工业化水平很低。新中国成立以后，中国人民彻底掌握了工业发展的自主权和主动权，工业化建设进入快车道，一批又一批现代工业部门实现了从无到有的历史性转变、从小到大的历史性成长、从弱到强的历史性发展。特别是改革开放以来，中国的工业化进一步提速，蝶变成为具有巨大国际影响力的世界第一制造业大国，毋庸置疑地成为具有全球贡献力的世界工厂。中国向世界展示出门类齐全、链条完整、独立自主、充满活力的现代化工业体系，展示出具有全球引领力的现代化经济体系和产业体系，展现出具有全球震撼力的强大工业生产能力。中国的工业发展成就举世瞩目，工业化发展成果举世无双。当前，在全面建成社会主义现代化强国的新征程上，中国以新型工业化继续创造着新的更大辉煌与奇迹。

中国的工业化发展历史提供了一系列宝贵的历史经验。

第一，工业化的顺利推进必须依赖坚强的领导力量，只有坚持伟大的中国共产党对工业化的全面、全方位领导，才能从根本上保证工业化的正确发展方向，为工业化发展提供无比坚强的政治保障，确保工业化进程持续推进和经济社会持续繁荣稳定。

第二，工业化的成功推进必须建立在特定的社会制度之上，有效的社会制度是工业化发展的制度前提。新中国成立后建立的先进的社会主义制度为社会主义工业化奠定了坚实的制度基础，从政治制度、经济制度、社会制度、文化制度、生态制度等方面全面保障了工业化的有效运转。而集中统一领导、集中力量办大事、东中西部有效协作等一系列社会主义制度优越性的发挥为工业化插上了"腾飞的翅膀"。

第三，工业化的快速推进需要具有前瞻性的发展理念的指引，理念是行动的先导，只有坚持正确的工业化发展理念，才能保证工业化不断乘风破浪，始终向前。新中国成立以后，中国共产党根据国内外形势的变化，提出一系列指引工业化发展的科学理念，以发展理念创新成功促进工业化水平快速提升。

第四，工业化的稳步建设必须遵循客观规律，只有按照规律推进工业化，方能行稳致远。工业化建设既要主要遵循世界工业化发展的一般性规律，积极吸收借鉴各国工业化发展的有益经验，也要注重从中国国情出发，探索适合本国国情的工业化建设道路，总结和运用本国工业化发展的独有规律。

第五，工业化的有效推进需要大量工业发展资源的集聚和供给，只有充分利用国内国际两方面资源，开发国内国际两种市场，才能为工业化建设提供广阔的资源和空间。新中国成立以后，我国广泛调动各类资源，广泛调动各方面积极性，集中精力发展现代化产业；改革开放以来，我国大力实施对外开放战略，通过越开越大的对外开放大门，广泛利用各种国际资源和市场，助力工业化发展。

第六，工业化布局要着眼全球，注重在经济全球化中汲取资源、打造优势、赢得地位，要积极发挥中国固有禀赋条件和比较优势，同时积极在全球竞争体系中打造竞争优势，把握发展主动权。

第七，工业化的长期持续发展必须依靠有效的动力机制。要做到审时度势，精准研判工业化发展阶段，把握不同阶段工业化的发展特征，科学确定不同阶段工业化建设的目标和任务，在此基础上，积极调整和优化体制机制，进而释放工业化发展的强劲动能。

第八，工业化的可持续发展必须依赖良好的生态环境。良好的生态环境是工业化启动和可持续推进的基本前提条件。工业化发展绝不能以牺牲生态环境为代价，破坏大自然的后果是工业化的进程随时都可能中断甚至彻底停摆。要注重在人与自然和谐共生的基础上推进工业化建设，将工业发展与环境保护有机结合起来。要坚持绿色发展理念，大力发展绿色产业和绿色经济，持续推行绿色生产方式和绿色发展方式，将各类产业纳入绿色发展轨道，实现工业化发展方式的绿色转型。

第九，工业化的连续性推进必须有坚实的依靠力量。新中国成立以后，随着人民当家作主的实现，人民群众成为工业化发展的坚实依靠力量，牢牢夯实了工业化的群众基础，人民群众充分发挥出作为社会主义工业化的拥护者、实践者、推动者的巨大能量。

第十，工业化的发展必须有明确的价值指向，在一定价值目标指引下，工业化才能不断结出硕果。新中国的工业化不是为了工业化而工业化，而是明确指向满足人民日益增长的美好生活需要，实现全体人民共同富裕。在这样的正确价值目标导引下，新中国的工业化彰显出以人为本的正义光辉。

工业的核心是制造业。制造业对于一个国家而言至关重要，可谓国家的柱石和根本。从综合国力角度来看，制造业是表征综合国力强弱的根本性要素。从国际竞争力角度来看，以科技实力为依托的制造业是竞争最激烈的领域，谁在制造业领域领先，谁就能在国际竞争中占据优势；谁率先抢占了制造业高地，谁就能在国际竞争中立于不败之地。从现代化角度来看，制造业的发展程度是工业化水平和质量的主要保障，是实现经济工业化和全面现代化的主力军。

纵观近现代世界历史，推动制造业的快速发展和持续升级是世界主要强国实现工业化和现代化的共通性经验。18世纪60年代，第一次工业革命开始，英国紧紧抓住工厂生产取代工场手工业生产的生产力发展大势,迅速在纺织工业等领域形成优势,率先完成工业化和实现现代化。19世纪六七十年代,第二次工业革命开始,美国、德国紧紧抓住历史机遇,迅速在电力工业、机械工业等方面形成优势,推进了现代化的实现。第二次世界大战以后,日本快速崛起,紧紧抓住第三次科技革命的历史机遇,在电子工业、钢铁工业、汽车工业等制造业领域形成优势,发展成为仅次于美国的资本主义第二大经济强国。

历史和现实反复证明,没有发展起来的制造业,国家的工业化就难以实现,现代化就难以推进。对于一个拥有14亿多人口、5000多年文明积淀的东方大国而言,制造业对于中国的重要性,绝不亚于粮食饭碗对于中国的重要性。制造业的发展是中国式现代化建设的重要引擎,在实现中华民族伟大复兴战略全局中的作用至关重要。只有推动制造业高质量发展,才能为中国式现代化的快速推进夯实强大的物质基础。只有推动制造业持续性发展,才能为中国式现代化的快速发展供给完整的现代化产业体系。只有推动制造业跨越式发展,才能为中国式现代化的快速提升提供坚实的技术保障。

人类工业的不断发展和成就积累,创造了璀璨的工业文明,积淀下厚重的工业文化。随着中国现代工业的发展,新中国工业化的成就与经验,凝结成宝贵的具有中国特色的工业文化。开展工业文化教育是学校思政课教育教学的重要内容。工业文化教育的内容主要包括工业遗产教育、工业成就教育、工业科技文化教育、工业制度文化教育、工业精神教育。通过工业文化教育的实施,能够有效提升学生对现代工业体系和工业化的认知,涵养学生的工业文化素养,培育学生的工业精神。其中,制造业文化教育是工业文化教育的重中之重。中国制造业的发展成就尤其是党的十八大以来制造业取得的辉煌历史性成就、发生的伟大历史性变革为制造业文化教育提供了丰富的资源和素材。通过制造业文化教育,能够扩大学生对制造业发展的观察视野,提升学生对制造业发展规律的把握能力,激发学生投身制造业强国建设的热情,鼓舞学生为中国制造向中国创造转变贡献蓬勃的青春力量。

本项目聚焦制造业高质量发展和新型工业化,选取制造业名企——盛虹控股集团有限公司作为实践活动基地,通过系列企业实践活动,全面展示中国现代工业文化和中国智造。

二、实践准备

（一）实践基地介绍

盛虹控股集团有限公司是位列"世界500强"的国际化一流高新技术产业集团。盛虹控股集团有限公司始终专注制造业领域，扎根实体经济，响应国家一系列发展战略，目前形成新能源、石化炼化、高端纺织、新材料四大产业链一体化发展格局。盛虹控股集团有限公司在苏州、宿迁和连云港建有三大产业基地，规划在张家港、泰州开展新型储能项目建设。盛虹控股集团有限公司拥有东方盛虹一家上市公司，在我国上海、北京、香港，以及新加坡等地均设有分支办事机构，业务和产品遍及全球。

盛虹控股集团有限公司将科技创新作为公司发展的核心动力，致力于打造高水平的企业科技创新平台，实现企业发展方式的根本性转型。江苏（盛虹）纺织新材料研究院国家级企业技术中心、博士后科研工作站、国家级纺织品检测中心、国家先进功能纤维创新中心等科技创新载体在盛虹建立，为企业突破关键核心技术打下了坚实基础。盛虹控股集团有限公司坚持绿色化发展，深度研发绿色技术，将绿色技术广泛应用于企业生产链、产品链、价值链、供应链等各环节，开拓绿色低碳运行新路径，构建了一体化绿色发展模式。盛虹控股集团有限公司全力攻关，多次打破国外绿色技术垄断，为企业高质量发展注入强劲动力。盛虹控股集团有限公司正全力以赴，打造新能源、新材料领域的世界级产业集群，成为具有强大全球竞争力的中国本土世界一流企业。

（二）实践教学主题

本项目紧紧围绕"形势与政策"课程第三专题"大力发展先进制造业　坚定不移筑牢实体经济根基"第一节"制造业是立国之本、强国之基"和第二节"新时代以来制造业取得的成就"的相关内容，聚焦现代工业文明的发展演进与历史轨迹、制造业的地位与作用、新型工业化的基本特点、制造强国建设等核心内容，突出发展先进制造业的目标、价值与成就，揭示以实体经济为支撑建设现代产业体系的路径与策略。

（三）实践教学目的

在实践教学中，进一步拓宽学生对现代工业文明的深层次理解，增强对先进制造业的全方位认识，系统加深对发展先进制造业内容学习，引导学生深刻领悟制造业的地位与作用，提升学生对新时代制造业取得辉煌成就的认同，涵养学生的科技创新精神，提高学生投身实体经济建设的能力。

（四）实践教学设计

① 组织学生了解实践基地。

② 组织学生进行背景知识准备，全面了解新材料产业。在新材料产业链中，产业链上游为原材料，主要包括合金、陶瓷、金属原料、生物基、化学纤维、石墨、塑料、树脂等；产业链中游为新材料的制造，例如超导材料、生物医用材料、智能仿生与超材料、石墨烯材料、纳米材料、液态金属等；产业链下游为新材料的应用领域，目前，前沿性的先进新材料被大规模广泛应用于航空航天、电子工业、电气工业、新能源、汽车、医疗、纺织、机械、建筑、交通运输、石油化工等经济社会各领域。

③ 组织学生系统了解新型工业化。新型工业化的核心特点是以科技创新引领发展驱动。当前，我国科技创新步伐不断加快，科技创新的水平不断提升，科技创新综合能力正以不可阻挡之势向世界前列迈进。我国科技创新的主要路径发生历史性转折，从科技模仿向科技原创转变，从科技赶超向科技引领转变。我国在全球研发中的地位发生历史性变化，从在全球研发分工中的低端位置向中高端位置转变。在这样的背景下，新型工业化日益显现出自主核心科技创新驱动的动力机制，通过大规模、大范围、高质量的原始科技创新提升现代化产业链的高端化水平，通过科技创新自主能力的跃升保障现代化经济体系的韧性，通过高科技自立自主确保关键产业安全。从投入来看，我国已经是科技创新投入的大国；同时，科技创新的产出也不断增大，但不可否认的是，我国依然面临着科技"卡脖子"的潜在风险。要规避科技"卡脖子"的潜在风险，就必须精准把握世界前沿科技创新态势，遵循科技创新规律，利用自身的比较优势，抓住具有前瞻性意义的科技创新领域和方向，加速推进自主创新，实现领跑。因此，新型工业化的推进基础在于实现我国科技创新的自主可控。新型工业化下的科技创新模式，不同于以往的科技创新模式，强调科技创新方

式的多元化和灵活性，在广泛吸收借鉴世界各种成熟性科技创新成果的基础上，着力推进基础科技创新、核心科技创新、前沿科技创新、未来科技创新，建立完整的科技创新体系。新型工业化提升了我国引领新科技革命和产业革命的自主创新能力。随着新型工业化的发展，传统产业不断被数字化技术、智能化技术等新技术所改造，新兴产业不断应用最新的科技创新成果，制造业日益高端化，在这个过程中，科技创新的强大自主性能量被不断地激发和释放出来。

④ 组织学生参观盛虹控股集团有限公司。

⑤ 组织学生展开议题讨论，学生代表发言，教师进行总结。

⑥ 组织学生进行业务体验、数据分析与参加发布会。

⑦ 布置学生寻找与讲述制造业领域青年担当的典型事迹。

三、实践过程

（一）教学分析

1. 教学目标分析

通过参观盛虹控股集团有限公司，围绕企业的改革发展、科技创新、智能化转型、绿色发展等，以应用化工技术专业知识为切入口，理论结合实际，回应学生对于推动制造业高质量发展篇章的学习困惑，引导学生与制造业的时代发展潮流同呼吸、与国家产业发展进步共命运，运用所学应用化工技术专业知识，为实现制造业强国、化工强国、质量强国建设和以中国式现代化推进中华民族伟大复兴贡献昂扬向上的青春力量。

2. 教学内容分析

"大力发展制造业"是"形势与政策"课程的重要内容，在引导学生全面认识制造业的地位与作用、全面了解新时代我国制造业的发展状况与发展成就、科学把握制造业的发展战略、积极洞察制造业的发展趋势等方面，具有重要的教育教学价值。本项目通过在实践基地——盛虹控股有限公司开展系列实践活动，增强学生对制造业的全面认知，推动学生增强对中国先进制造业发展的信心，带动学生勇于投身制造业强国建设。

3. 教学重难点分析

（1）教学重点。解决学生对于制造业发展趋势、新型工业化道路等方面的认知困惑。

（2）教学难点。如何运用应用化工技术专业知识帮助学生解决制造业高质量发展、新型工业化道路的特点、化工强国建设等认知困惑。

（二）教学策略

1. 课前实践导学

通过智慧教学平台推送课前实践导学资料，包括视频学习资料《百年中国工业化之路》《中国制造业，未来可期》《中国制造业转型升级持续提速》《盛虹集团——以创新之手演绎新时代高质量发展》，文本学习资料《习近平总书记关于制造强国的重要论述学习读本》《习近平关于社会主义经济建设论述摘编》《中国技术密集型制造业国际竞争力研究——结构观视角》等，预热课堂实践主题，激发学生实践热情。

2. 课中实践开展

（1）走进盛虹控股集团有限公司。学生在教师带领下，跟随公司讲解员，全面参观盛虹控股集团有限公司。

（2）走向议题。

议题一：如何理解制造业在国民经济体系和现代化经济体系中的地位？

学生在公司讲解员带领下，零距离参观盛虹控股集团有限公司车间和部门，了解公司所从事的新能源、石化炼化、新材料、高端纺织等产业方向和所经营的基本业务。

教师在云课堂发布议题任务：盛虹控股集团有限公司所从事的产业方向和业务板块在现代化经济体系中有着怎样的地位？

学生开展讨论，推选小组代表交流发言。教师总结并引导学生认识到：工业是国民经济发展的重要基础，作为工业的核心，制造业是实体经济发展的"压舱石"，在国民经济体系和现代化经济体系中占据重要位置。先进制造业的发展质量和水平，是实体经济兴衰成败的决定性要素，是现代化经济体系建设的关键性部分。在中国式现代化建设和新型工业化发展的历史进程中，先进制造业的地位无可取代。

议题二：怎样理解先进制造业在国际竞争中的作用？

学生在工作人员导引下，听取盛虹控股集团有限公司产品经理介绍公司参与全球储能技术研发、全球最大丙烯腈生产基地建设、世界最大高端EVA供应基地建设等方面竞争的情况。

教师在云课堂发布议题任务：盛虹控股集团有限公司为什么要参与多领域的国际竞争？

学生展开研讨，在组内交流，并推选小组代表发言。教师在总结小组观点基础上，引导学生认识到：先进制造业的发展，为新发展理念的贯彻提供了产业场景和实业支持，为新发展格局的构建提供了产业基础和实体经济保障，极大地提高了经济发展的全球化水平，提升了经济实力和国际竞争力。

议题三：制造业的发展为推进共同富裕发挥怎样的作用？

学生根据盛虹控股集团有限公司讲解员提供的资料，分析公司员工数、就业岗位数、职工房改数等各项数据增长情况。

教师在云课堂发布议题任务：盛虹控股集团有限公司为推进共同富裕作出了什么贡献？

各小组学生讨论，小组代表发言。教师在总结学生观点基础上，引导学生感悟到：制造业是实现共同富裕的强大引擎。制造业的发展带来经济的稳步发展和经济总量的持续扩大，为实现共同富裕奠定了重要的物质基础。制造业各领域的快速发展提供了大量的就业机会，供给了大量的就业岗位，促进了居民收入不断增长，为实现共同富裕打下了基础。

议题四：新时代，我国制造业发展成就的表现及成就取得的原因？

学生在工作人员导引下，参加盛虹控股集团有限公司成果发布会，了解其取得的具有国际领先水平的多端直流控制技术、预锂化技术、储能电池智能传感技术、具有国际影响力的毫秒级主动保护技术、大数据故障诊断和预警技术、安全阻隔技术等一些突出成果。

教师在云课堂发布议题任务：新时代，盛虹控股集团有限公司取得哪些具有突破意义的标志性成就？为什么能取得这些突出成就？

学生开展议题讨论，并推选小组代表发言。教师在总结大家观点的基础上，引导学生体悟到：党的十八大以来，经过不懈奋斗，我国的制造业发展高歌猛进，取得令世界瞩目的历史性成就，发生令全球震撼的历史性变革，获得令国人骄傲的历史性成果，制造业综合实力、核心竞争力、关键创新力跨上新的高度，为全面建成小康社会作出了重要贡献，为全面建设社会主义现代化国家，以中国式现代化推进中华民族伟大复兴打下无比坚实而强大的物质技术基础。

议题五：从盛虹控股集团有限公司的生产数字化智能化看制造业智能化的发展趋势

学生在工作人员导引下，观看盛虹控股集团有限公司技术骨干演示企业生产管理数字化场景和生产调度智能化流程。

教师在云课堂发布议题任务：盛虹控股集团有限公司技术骨干演示企业为什么要推进生产管理数字化和生产调度智能化？

学生展开讨论交流，小组代表发言。在学生发言基础上，教师引导学生认识到：在新一轮科技革命加速孕育发展特别是信息技术、数字技术、人工智能技术加快更迭发展背景下，智能化成为制造业发展的必然大势。

议题六：从盛虹控股集团有限公司的绿色产业集群看先进制造业的绿色化发展趋势

学生在工作人员导引下，听取盛虹控股集团有限公司工程师讲解公司突破印染废水低成本处理与高效再生利用等多项关键绿色技术，加快发展绿色低碳产业，建设绿色产业集群的情况。

教师在云课堂发布议题任务：盛虹控股集团有限公司为什么要大力建设绿色产业集群？结合所学应用化工技术专业，谈谈如何运用专业技术服务制造业绿色化发展。

学生结合所学应用化工技术专业展开议题研讨，小组代表交流发言。教师引导学生感悟：先进制造业是中国式现代化建设的重要支持力量，必须指向人与自然和谐共生，践行绿水青山就是金山银山的理念。先进制造业的发展绝不能走"先污染、后治理"的错误路径，应从可持续发展的战略高度系统谋划绿色发展道路，构建绿色发展模式。

议题七：从盛虹控股集团有限公司未来发展战略看中国新型工业化道路

学生在工作人员导引下，听取盛虹控股集团有限公司负责人介绍企业未来发展战略。

教师在云课堂发布议题任务：盛虹控股集团有限公司的未来发展战略体现了怎样的新型工业化元素？

各小组学生讨论，小组代表发言。教师在总结学生观点基础上，引导学生感悟：工业化发展没有一成不变的道路模式。各国工业化道路都有不同的场景和景象，都会形成不同的特色。中国是一个拥有14亿多人口的发展中大国，又经历了多次工业革命交叉进行的过程，在这样独特的背景下，中国探索工业化道路，既要遵循世界工业化发展的普遍性、一般性规律，更要立足和精准把握自身国情，走出一条具有中国特色的新型工业化道路。我国的新型工业化道路彰显着鲜明的中国韵味和气质，既批判性超越了西方工业化道路，也有别于我国的传统工业化道路。

3. 课后实践拓展

寻找制造业领域青年担当的典型事迹，展示青春力量，讲述青年奋进故事。

四、教学成效

（一）学生全面了解了新时代我国制造业发展的伟大成就，增强了投身制造业的信心和底气

本项目通过在盛虹控股有限公司开展的业务体验、技术讲坛等活动，学生全面了解了公司聚焦石化炼化工业、新能源工业、新材料工业、高端纺织工业等领域，大力推进自主科技创新和研发，突破一系列"卡脖子"技术，努力建设全球储能技术研发中心、全球最大丙烯腈生产基地、世界最大高端EVA供应基地，深刻认识到新时代制造业发展的伟大成就，增强了民族自信，决心沉下去甘坐冷板凳，潜心学习应用化工技术专业知识，为投身先进制造业建设夯实牢固的知识和技术基础。

（二）学生深刻理解和把握了先进制造业的发展趋势，明确了未来奋斗方向

在新一轮科技革命和产业革命加速孕育发展的背景下，制造业的知识化程度越来越高。从经济发展的实质来看，现代经济发展的核心表征就是科技创新持续推进、产业演变的技术层级持续提升、生产活动的知识密集程度不断更迭的过程。制造业作为现代经济中生产架构、技术要求最为复杂的领域，知识密集型特点尤为突出。从产业分布和结构来看，当前和未来，制造业中非知识密集型产业部门所占比重持续下降，知识密集型产业在产业总布局中所占比重不断上升。从产业上下游链条来看，目前和未来，产业上下游非知识密集型环节在产业总链条中所占比重不断下降，知识密集型环节在上下游产业总链条中所占比重不断提升。从产业技术发展角度看，随着国民经济各领域一系列颠覆性技术的加速涌现和持续应用，制造业的知识密集型程度必然不断被抬升。在网

络化、信息化、数字化、智能化的科技发展潮流激荡下，制造业的智能化、高端化趋势越来越明显。

从全球范围内看，当前，世界各主要国家均在抢抓历史机遇，在数字经济发展大潮中，加快数字化转型布局，加大数字化战略实施力度，抢占制造业智能化发展制高点。谁占据了制造业智能化发展的先机，谁就把握了未来发展的主动权。先进制造业是构建现代化产业体系的支柱，是形成现代化经济体系的基础，而数字经济是现代化产业体系和经济体系的重要引擎。推进制造业智能化转型、数字化改造是发展实体经济、壮大现代产业、扩大数字经济版图的必然之举。推进制造业智能化发展是释放产业发展新动能、经济发展新势能的必然要求。在制造业智能化升级过程中，一大批新技术、新工艺、新设备、新材料被研发、创造出来，有力地加快了科技创新的步伐，打通了科技链和产业链，使得创新驱动发展战略得以落地，从而助力产业发展新动能的塑造。

在制造业智能化转换进程中，一大批新产业将通过智能化/数字化成果示范、带动、诱导旧产业下定决心实施产业智能化改造计划，加大各方面投入，大胆引入新技术、新工艺、新设备、新材料，有序开展产业数字化升级。推进制造业智能化发展有利于开辟技术进步新路径，塑造国际竞争新优势，大幅度提升生产效率，持续性提高生产质量和产品品质。因此，要进一步解放思想，转变制造业发展理念，将智能化、数字化作为引领制造业发展方式转型的重要方向，建立制造业智能化升级机制，全要素提供制造业智能化发展动力。要着力推进制造业生产制造过程智能化，将人工智能、工业机器人等智能科技有机渗透到生产制造各环节，提升生产制造水平和效率，进一步降低无效投入和生产成本。要着力推进制造业智能产品生产与供应。产品的智能化是制造业智能化的重要标志和价值体现，应通过大数据、云计算、物联网、区块链等技术赋能，大力生产供给小到智能耳机、大到智能汽车的多样化智能产品。

本项目通过对盛虹控股有限公司以应用新能源、研发新材料、创造新技术为赋能点，推进生产智能化、管理数字化、产品智能化状况的现场观摩和体验，学生在具象化实践活动中，深刻认识和理解了制造业的知识化、智能化、数字化、高端化趋势，以实际案例的学习把握了制造业智能化、数字化、高端化的特点，增强了对先进制造业的战略洞察力，提升了前瞻性思维能力。在此基础上，学生坚定了对制造业智能化引领现代产业体系建设的认同，明确表示要结合专业优势，投身应用化工技术创新，以推动制造业"智转数改"的实现，为制造业强国建设贡献智慧和力量。

五、实践教案

课程名称	形势与政策	实践基地	盛虹控股集团有限公司
教材章节	推动制造业高质量发展 筑牢实体经济根基	授课专业	应用化工技术专业

教学分析	教学内容分析	通过参观盛虹控股集团有限公司，围绕企业的改革发展、科技创新、智能化转型、绿色发展等，以应用化工技术专业知识为切入口，理论结合实际，回应学生对于推动制造业高质量发展篇章的学习困惑，引导学生与制造业的时代发展潮流同呼吸、与国家产业发展进步共命运，运用所学应用化工技术专业知识，为实现制造业强国、化工强国、质量强国目标和以中国式现代化推进中华民族伟大复兴贡献昂扬向上的青春力量			

		知识和技能基础	认知和实践能力	学习特点	评估结果
	学生情况分析	通过对"推动制造业高质量发展 筑牢实体经济根基"篇章的理论学习，基本掌握了新发展理念、社会主义基本经济制度、新发展格局、现代化经济体系等内容，但学习仍然局限于比较抽象的纯粹理论认识，具象化不够，尤其对毛泽东思想活的灵魂缺乏与现实相观照的能力	认同个人命运与国家发展、社会发展紧密相连，但缺乏将个人所学专业知识与国家建设发展相融合的实际行动	相对于传统课堂理论教学，学生参与课外实践的积极性较高，但对实践的态度娱乐性大于学习性	既要注重制造业高质量发展、新型工业化道路等知识内容本身的学理阐述，又要紧密联系学生所学应用化工技术专业和对口就业企业的实际，使学生在分析和认识化工企业发展问题过程中，加深对相关理论知识的理解，实现思政课教学理论性和实践性的统一

教学重难点及解决措施	教学重点：解决学生对于制造业发展趋势、新型工业化道路等方面的认知困惑
	教学难点：如何运用应用化工技术专业知识帮助学生解决制造业高质量发展、新型工业化道路的特点、化工强国建设等认知困惑
	解决措施：以应用化工技术专业知识为切入口，以制造业高质量发展为主题，领悟制造业强国建设的战略布局，积极观照我国制造业发展的现实，为推进中国制造迈向中国智造贡献自己的青春力量，实现理论学习和实践应用的统一

教学目标	知识目标：结合应用化工技术专业知识讲述制造业的地位和作用、党的十八大以来制造业取得的成就、新型工业化道路的基本内涵、推动制造业强国建设的举措
	能力目标：灵活运用科技创新理念进行应用化工技术专业知识学习，灵活运用辩证唯物主义的方法分析和把握新型工业化道路的中国特色、制造业发展的本土化路径，运用历史唯物主义方法分析中国新型工业化发展的战略定位、制造业发展的阶段性特征，增强全局思维能力、比较思维能力、国际思维能力

	素质目标:增强运用所学应用化工技术专业知识投身制造业强国建设的使命感和责任感,立志为推进新型工业化发展贡献智慧和力量			
教学方法	①"问题链"教学法;②情景演绎法;③理论讲授法;④归纳法;⑤一体化教学法			
教学过程				
教学环节	教学内容	实践活动		设计意图
		学生(主体)	教师(主导)	
实践准备	走近企业记忆:观看视频《盛虹集团——以创新之手演绎新时代高质量发展》	聚焦企业发展历程; 关注新型工业化和制造业发展	提供相关学习书目; 指导开展深度阅读	以重温企业奋进历程为起点,徜徉化工、材料和能源工业的发展,增加学习和认知乐趣,点燃开展企业实践的热情
实践开展	走进盛虹控股集团有限公司	穿越企业发展时空; 参观盛虹控股集团有限公司	组织学生有序参观; 引导学生积极共情	以追寻盛虹控股集团有限公司的峥嵘历史为路径,感受企业发展成果和对中国化工、材料、新能源工业发展的突出贡献,推进实践探索
	走向实践议题:确立教学议题;完成认知升华	开展议题探讨; 关切认知困惑	启发观察视角; 引发问题意识	以教学议题为桥梁,构筑对话平台,产生时代疑问,深化实践主题
	议题一:如何理解制造业在国民经济体系和现代化经济体系中的地位?	业务体验:在公司讲解员带领下,零距离参观盛虹控股集团有限公司车间和部门,了解公司所从事的新能源、石化炼化、新材料、高端纺织等产业方向和所经营的基本业务; 思维碰撞:盛虹控股集团有限公司所从事的产业方向和业务板块在现代化经济体系中有着怎样的地位?	①总结各小组代表观点; ②诠证:只有以制造业发展为根基,大力推进先进制造业高质量发展,才能从根本上夯实实体经济发展的基础,才能为现代化经济体系建设提供产业支持,才能为中国式现代化建设提供强大的产业动能,才能为强国建设、民族复兴大业的全面推进带来源源不断的产业力量	通过对盛虹控股集团有限公司经营业务的了解,在分析公司所从事的新能源、石化炼化、新材料、高端纺织等产业方向的基础上,探究盛虹控股集团有限公司所从事的产业方向和业务板块在现代化经济体系中有着怎样的地位,引导学生深入思考制造业在国民经济体系和现代化经济体系中的地位,坚定认同做大、做强、做优先进制造业

		收获新知：工业是国民经济发展的重要基础，作为工业的核心，制造业是实体经济发展的"压舱石"，在国民经济体系和现代化经济体系中占据重要位置。先进制造业的发展质量和水平，是实体经济发展成败的决定性要素，是现代化经济体系建设的关键性部分。在中国式现代化建设和新型工业化发展的历史进程中，先进制造业的地位无可取代		是建成现代化经济体系，推进新型工业化建设，促进高质量发展的关键，启发学生将先进制造业作为今后就业创业的领域和方向，为先进制造业的发展进步贡献力量
实践开展	议题二：怎样理解先进制造业在国际竞争中的作用？	竞争步伐：听取盛虹控股集团有限公司产品经理介绍公司参与全球储能技术研发、全球最大丙烯腈生产基地建设、世界最大高端EVA供应基地建设等方面竞争的情况； 思维碰撞：盛虹控股集团有限公司为什么要参与多领域的国际竞争？ 收获新知：先进制造业的发展为新发展理念的贯彻提供了产业场景和实业支持，为新发展格局的构建提供了产业基础和实体经济保障，极大地提高了经济发展的全球化水平，提升了经济实力和国际竞争力	① 总结各小组代表观点； ② 诠证：只有推进先进制造业发展，才能促进高水平科技加速实现自信自强，带动科技创新实现更迭性、集成性、颠覆性跨越，为赢得国际竞争打下关键性基础	通过听取盛虹控股集团有限公司产品经理对公司参与全球竞争情况的介绍，在了解公司在全球储能技术研发、全球最大丙烯腈生产基地建设、世界最大高端EVA供应基地建设等领域竞争中的优势条件的基础上，探究盛虹控股集团有限公司为什么要积极参与多领域的国际竞争，引导学生深入思考先进制造业在国际竞争中的作用，坚定认同只有全力打造具有国际竞争力优势的先进制造业，才能推动我国成为世界科技创新中心和人才高地，才能促进原创性科技成果加速涌现，才能在国际高科

				技竞争中立于不败之地，启发学生勇于在先进制造业领域中谋创新、谋发展，切实增强贡献于先进制造业以提升我国科技全球竞争力的历史使命感
实践开展	议题三：制造业的发展为推进共同富裕发挥怎样的作用？	数据分析：根据盛虹控股集团有限公司讲解员提供的资料，分析公司员工数、就业岗位数、职工房改数等各项数据增长情况； 思维碰撞：盛虹控股集团有限公司为推进共同富裕作出了什么贡献？ 收获新知：制造业是实现共同富裕的强大引擎。制造业的发展，带来经济的稳步发展和经济总量的持续扩大，为实现共同富裕奠定了重要的物质基础。制造业各领域的快速发展提供了大量的就业机会，供给了大量的就业岗位，促进居民收入不断增长，为实现共同富裕打下了基础	① 总结各小组代表观点； ② 诠证：制造业能够通过持续地创造岗位以扩大就业，促进中等收入群体的不断壮大，减少贫富差距。不同地区制造业发展结对，有利于促进区域协调发展，促进共同富裕。为扎实推进实现全体人民共同富裕，必须大力发展先进制造业	通过对盛虹控股集团有限公司讲解员提供的相关资料进行梳理，在分析公司员工数、就业岗位数、职工房改数等各项数据增长情况基础上，探究盛虹控股集团有限公司为推进共同富裕作出了什么贡献，引导学生深入思考制造业的发展为推进共同富裕发挥怎样的作用，坚定认同中国式现代化是全体人民共同富裕的现代化，发展制造业对于实现共同富裕的目标至关重要，启发学生以自身技能积极投身制造业建设，为实现全体人民共同富裕而贡献力量
	议题四：新时代以来我国制造业发展成就的表现及成就取得的原因？	身临发布会：在工作人员组织下，参加盛虹控股集团有限公司成果发布会，了解其取得的具有国际领先水平的多端直流控制技术、预锂化技术、储能电池智能传感技术、具有国际影	① 总结各小组代表观点； ② 诠证：新时代我国制造业辉煌成就的取得是在党中央的集中统一领导下实现的，党的坚强领导是制造业发展能够取得伟大成	通过参加盛虹控股集团有限公司成果发布会，在了解盛虹控股集团有限公司所取得发展成果的基础上，探究盛虹控股集团有限公司为什么能取得具有突破意义的标志性成就，引

		响力的毫秒级主动保护技术、大数据故障诊断和预警技术、安全阻隔技术等一些突出成果；	果的根本原因。在中国共产党领导、组织和协调下，我国制造业综合实力快速提升，制造业规模优势不断扩大，制造业体系优势不断巩固，制造业产业链更加完整，制造业产品市场竞争力持续增强，制造业发展活力不断得到释放，制造业科技创新投入持续加大、科技创新体系不断优化、科技创新成果持续涌现，制造业智能化、数字化不断加速，越来越多的制造业市场主体走出国门，积极参与全球制造业竞争，越来越多的制造业品牌推向国际，打造具有全球知名度和美誉度的中国品牌，越来越多的制造业创新科技实现全球布局，进军高端市场，中国制造以不可阻挡之势向中国智造加速转变，制造业强国建设全面展开、未来可期	导学生深入思考新时代以来我国制造业能够取得历史性的发展成就的主要原因，坚定认同中国共产党的坚强领导是新时代制造业取得辉煌成就的根本保证，激发学生对我国制造业发展的信心，启发学生坚定不移地走新型工业化道路，将进一步推动化工工业和材料工业高质量发展扛在肩上，立志为制造业强国建设而顽强奋斗
实践开展		思维碰撞：新时代以来，盛虹控股集团有限公司取得哪些具有突破意义的标志性成就？为什么能取得这些突出成就？ 收获新知：党的十八大以来，经过不懈奋斗，我国的制造业发展高歌猛进，取得令世界瞩目的历史性成就，发生令全球震撼的历史性变革，获得令国人骄傲的历史性成果，制造业综合实力、核心竞争力、关键创新力跨上新的高度，为全面建成小康社会作出了重要贡献；为全面建设社会主义现代化国家，以中国式现代化推进中华民族伟大复兴打下无比坚实而强大的物质基础和技术基础		
	议题五：从盛虹控股集团有限公司的生产数字化智能化看制造业智能化的发展趋势	工匠示范：盛虹控股集团有限公司技术骨干演示企业生产管理数字化场景和生产调度智能化流程；	① 总结各小组代表观点； ② 诠证：制造业实现智能化能大幅度提高制造业企业	通过观看盛虹控股集团有限公司技术骨干的演示，在了解盛虹控股集团有限公司生产管理数字化场景

实践开展		思维碰撞：盛虹控股集团有限公司技术骨干演示企业为什么要推进生产管理数字化和生产调度智能化； 收获新知：在新一轮科技革命加速孕育发展特别是信息技术、数字技术、人工智能技术加快更迭发展的背景下，智能化成为制造业发展的必然大势	的高科技化水平和科技创新能力，提升全要素生产效率和质量；能为科技强国建设、创新驱动战略实施、科技自主创新能力提高、"卡脖子"技术突破等提供更多应用场景和实施阵地，持续供给经济高质量发展动能。要大力推进制造业进行"数转智化"，引导制造业企业加大技术研发，合理应用新技术、新材料、新工艺、新流程、新设备，对企业的生产和管理进行全面智能化改造和数字化升级	和生产调度智能化流程的基础上，探究盛弘控股集团有限公司为什么要推进生产管理数字化和生产调度智能化，引导学生深入思考先进制造业的智能化发展趋势，坚定认同只有大力推进制造业实现智能化改造和升级，才能为科技强国建设提供强大阵地，才能真正建成制造业强国，才能为质量强国建设夯实基础，激发学生增强对制造业智能化发展的洞察力和远见性，启发学生坚定不移地做制造业智能化发展的赞美者、实践者、贡献者，立志通过投身科技创新助推制造业实现数字化转型、智能化改造，为建设智能制造、占据高端制造业高点贡献力量
	议题六：从盛虹控股集团有限公司的绿色产业集群看先进制造业的绿色化发展趋势	技术讲坛：听取盛虹控股集团有限公司工程师讲解公司突破印染废水低成本处理与高效再生利用等多项关键绿色技术，加快发展绿色低碳产业，建设绿色产业集群的情况； 思维碰撞：盛虹控股集团有限公司为什么要大力建设绿色产业集群? 结合所学应用化工技术专业，谈谈如何运用专业技术服务制造业绿色化发展；	① 总结各小组代表观点； ② 诠证：制造业绿色化转型发展成为制造业发展的必然趋势和要求，要从思维深层彻底摒弃传统工业生产与发展的高污染、高能耗、高碳排放模式，坚决避免资源掠夺式开发、生态过度干扰、环境毁灭性破坏。要加快关键行业和重点领域制造业企业的绿	通过听取盛虹控股集团有限公司工程师对企业研发绿色技术的介绍，在了解盛虹控股集团有限公司推进绿色生产体系建设，构建绿色产业布局的基础上，探究盛虹控股集团有限公司为什么要加快发展绿色低碳产业，大力建设绿色产业集群，引导学生深入思考先进制造业的绿色化发展趋势，坚定认同推动先进制造业绿色化发

		收获新知：先进制造业是中国式现代化建设的重要支持力量，必须指向人与自然和谐共生，践行绿水青山就是金山银山的理念。先进制造业的发展绝不能走"先污染、后治理"的错误路径，应从可持续发展的战略高度系统谋划绿色发展道路，构建绿色发展模式	色化改造升级步伐，大力推进钢铁工业、纺织工业、石油化工工业等产业部门能源利用效率的大幅度提升。要从全范围、全环节、全链条、全方位的角度推进绿色制造体系的建设与完善，深入推进绿色生产体系构建，打造绿色供应链，开发绿色技术链，升级绿色价值链，优化绿色消费链。要推进先进制造业加快突破绿色关键核心技术，生产供应绿色产品，通过大规模建立绿色工厂，建设绿色生产园区，推动制造业绿色发展模式的建立，实现制造业绿色化、低碳化、循环化发展，让绿色制造业产业真正成为制造业经济、工业经济和现代国民经济发展的推动引擎	展是更好落实新发展理念、提升制造业国际引领水平和竞争力、促进产业结构优化升级、顺利实现"双碳"目标、推进建设人与自然和谐共生的中国式现代化的必然要求，激发学生对制造业绿色发展信心，启发学生坚定不移地做制造业绿色发展的支持者、践行者、参与者，利用应用化工技术专业知识，积极投身先进制造业尤其是化工工业、材料工业、能源工业的绿色转型发展进程之中
实践开展				
	议题七：从盛虹控股集团有限公司未来发展战略看中国新型工业化道路	发现战略：听取盛虹控股集团有限公司负责人介绍企业未来发展战略。 思维碰撞：盛虹控股集团有限公司的未来发展战略体现了怎样的新型工业化元素？ 收获新知：工业化发展没有一成不变的道路模式。各国工业化道路都有不同的场景和景象，都会	① 总结各小组代表观点； ② 诠证：走新型工业化道路，推进新型工业化建设，能够为做大、做优、做强我国实体经济，为强国建设、民族复兴夯实厚实的物质技术基础。我国新型工业化道路具有新质生产力发展时代的一系列显著特征。创新驱动	通过听取盛虹控股集团有限公司负责人对企业未来发展战略的介绍，在了解盛虹控股集团有限公司紧抓历史机遇所做的未来发展规划的基础上，探究盛虹控股集团有限公司的未来发展战略体现了怎样的新型工业化元素，引导学生深入思考新型工业化道路的中国特色，坚定认同走中国

		形成不同的特色。中国是一个拥有14亿多人口的发展中大国,又经历了多次工业革命交叉进行的过程,在这样独特的背景下,中国探索工业化道路,既要遵循世界工业化发展的普遍性、一般性规律,更要立足和精准把握自身国情,走出一条具有中国特色的新型工业化道路。我国的新型工业化道路彰显着鲜明的中国韵味和气质,既批判性超越了西方工业化道路,也有别于我国的传统工业化道路	是我国新型工业化道路运行的动力机制;绿色发展是我国新型工业化道路呈现的和谐共生形态;数智赋能是我国新型工业化道路彰显的潮流特征;工业化与农业现代化、城镇化、信息化等"四化"联动是我国新型工业化道路推进的基本要求;跨界融合发展是我国新型工业化道路展现的体系建设特征;积极开放是我国新型工业化道路表现出的开放姿态和优势;优质高效是我国新型工业化道路追求的效益标准;共同富裕是我国新型工业化道路坚守的价值目标	特色新型工业化道路是加快制造业强国建设、更好贯彻新发展理念、更好构建新发展格局、更好引领新发展阶段、实现高质量发展、推进中国式现代化的必由之路,激发学生对新型工业化的道路自信、理论自信,启发学生坚定不移地做新型工业化道路的拥护者、践行者、建设者,以实干精神矢志不渝地投身新型工业化发展的历史大潮之中
实践升华	走入更广阔的实践:理论联系实际;完成知行合一	反思观点;反哺人生	指点议题凝练;观照现实生活	以甄辨议题为手段,运用实践感悟具体生活,实现"实践—认识—实践"的升华
课后环节			
笃行	寻找制造业领域青年担当的典型事迹,展示青春力量,讲述青年奋进故事,引导学生积极学习模范和榜样,将思想和理论落实到靓丽的青春实践之中,铸就无悔青春	**融会贯通**		科学运用所学知识,因地制宜解决现实问题,勇于投身奋斗历程,开展社会实践,注重知识的实际应用

教学反思

通过带领学生实地参观盛虹控股集团有限公司，结合沉浸参观、具身体验、工匠示范、劳模讲堂、企业家演讲等，解答学生对于制造业高质量发展、产业结构改革、现代化经济体系、现代化产业体系、质量强国建设、化工强国建设、纺织强国建设、科技强国建设等内容的学习困惑。本项目注重将思政课堂与企业课堂相联系，注重理论与企业发展实际相结合，突出理论与现代工业文明及制造业文化相融合，寓理论于实践，以行动践思想，理实一体，企业实践课程进展顺利。通过课前精细化的实践准备、课中流程化的实践开展、课后个性化的实践升华，三大部分有序衔接，融为一体，基本达到了课前预设的企业现场教学目的。

但仍存在如下问题：企业现场教学与学校课堂教学形式有所不同，学生在多景象环境中，容易产生注意力分散的倾向，现场教学秩序容易发生一定程度的非整齐化现象，在某种程度上给"行浸式"实践教学带来了多种因素的干扰，需要在日后的实践教学中注重环节的流程化设置和教学手段的精准化运用，通过聚焦性的教学情境的营造，将学生的注意力有效地集中到企业课堂，努力做到企业现场教学形式多样但主线突出，既有形式又有主核，努力做到学习行为相对统一，保障教学效果的达成

项目五　职业文化篇：
寻访新时代工匠　践行匠人精神

一、项目导引

党的二十大报告强调，"教育、科技、人才是全面建设社会主义现代化国家的基础性、战略性支撑""要坚持教育优先发展、科技自立自强、人才引领驱动，加快建设教育强国、科技强国、人才强国"。第一次将教育、科技、人才整合到一起进行统筹部署，体现着党和国家对这三者之间内在发展规律的全新探索和战略考量。其中，科技是第一生产力，人才是第一资源，但不管是科技的发展，还是人才的培养，都有赖于教育的支撑作用。可见，教育在社会主义现代化建设中起着基础性、先导性、全局性作用，优先发展教育事业是推动党和国家各项事业发展的重要先手棋。职业教育是中国特色社会主义教育体系的重要组成部分，肩负着多样化人才培养、技术技能传承和促进就业创业育人的职责。习近平总书记在参加十四届全国人大二次会议江苏代表团审议时强调，"我们要实实在在地把职业教育搞好，要树立工匠精神，把第一线的大国工匠一批一批培养出来。"职业教育作为培养工匠的沃土，更是引导学生培育和践行工匠精神的重要场域。

长期以来，我国历史长河中涌现出无数的能工巧匠，创造出辉煌璀璨的物质文明，逐渐孕育并形成了能够生动体现民族精神和时代精神的工匠精神。党的十八大以来，习近平总书记曾在不同场合多次提及工匠精神。2016年4月26日，习近平总书记首提"工匠精神"这一概念，指出"在工厂车间，就要弘扬'工匠精神'，精心打磨每一个零部件，生产优质的产品"。在党的十九大报告中，习近平总书记明确提出了要弘扬工匠精神的要求。2020年11月24日，在全国劳动模范和先进工作者表彰大会上，习近平总书记更是明确阐述了"执着专注、精益求精、一丝不苟、追求卓越"的工匠精神内涵。社会主义是干出来的，新时代更是奋斗出来的。当下，我们面临着发展新质生产力和推进经济社会高质量发展的要求，必须大力传承和弘扬工匠精神，培养出更多高素质技术技能人才、大国工匠、能工巧匠，这对于推动社会主义现代化强国的建设、凝心聚力实现中华民族伟大复兴具有十分重要的意义。

　　本专题可结合"思想道德与法治"课程理想信念、中国精神、职业道德篇等内容开展实践教学活动，通过带领学生走进中车戚墅堰机车有限公司，在戚机厂火车文化园工业研学活动中，理论联系实际地深化学生对于实现个人理想与社会理想统一和恪守职业道德的认识和理解，引导学生通过行浸式参观常州大运河工业遗产展览馆、张忠技能大师工作室等，走近新时代大国工匠，成为工匠精神的坚定弘扬者和模范践行者。

二、实践准备

（一）实践基地介绍

　　中车戚墅堰机车有限公司隶属于中国中车旗下，地处江苏常州。中车戚墅堰机车有限公司前身是建于1898年的上海吴淞机厂，因1936年迁至常州戚墅堰，后改名为戚墅堰机厂，目前是我国铁路客货运内燃机车研发、制造和维修的重要基地。近年来，中车戚墅堰机车有限公司依托自身优势，大力发展新产业，努力开拓国际市场，正全面进入内燃机车、电力机车、城轨车辆、工程机械等轨道交通装备多个领域，积极服务"交通强国"战略。戚机厂火车文化园分为南厂区和北厂区两条实践研学线。南厂区有常州大运河工业遗产展览馆、工厂百年纪念雕塑、民国建筑"老三楼"，北厂区有张忠技能大师工作室、技能体验区、机车总组装生产线、登车体验区。

　　常州大运河工业遗产展览馆位于中车戚墅堰机车有限公司原动力车间，总占地面积2600米^2。常州大运河工业遗产展览馆以大运河意象之带融通连接整个空间，寓意龙城工业发展延续的千年文脉。常州大运河工业遗产展览馆内以常州丰富的工业遗产为核心要素，以生动鲜活的厂志、厂址、生产车间、机器、产品等影像和物件，以及催人奋进的感人事迹为展示内容，通过立体化、系统化和形象化的展览展示形式，营造了大运河工业遗产文旅沉浸式体验空间，呈现出常州人民的匠心传承和奋斗历程。常州运河沿线工业遗产的分布图被放置在常州大运河工业遗产展览馆入口处，星罗棋布的工业遗产串珠成链，形状神似一只巨大的"运河之眼",守望着运河的潮起潮落和沿线工业的发展变迁。

常州大运河工业遗产展览馆共有四个篇章,具体如下。

第一篇:祉发祥流,产业萌芽。常州是近代中国民族工业重要发祥地之一,可在此处探寻常州工业缘起、产业萌芽、云程发轫,感悟一幕幕令人心驰神往的运河往事。

第二篇:兴业盛章,实业报国。辛亥革命后,社会各界普遍认识到兴办工厂的重要性,一大批企业如雨后春笋般出现,纺织、机械制造、粮油加工等产业相继兴起,可以用"运河两岸,烟囱林立,厂房如织"来形容,这些企业树立了一座座行业里程碑,创下了一个个延续百年的业界传奇。例如,八年八倍唯大成、牛仔布王黑牡丹、千年运河恒源畅、灯芯绒布名天下等蕴含了常州各个纺织企业的历史文化底蕴,戚机厂、戚电厂、大明厂三大百年老厂,勇立潮头,奋楫争先,造就了一段运河新传奇,常拖厂、常柴厂、常齿厂三家企业展现了常州为中国农业机械化作出的重大贡献。除了这些企业,常州近现代工商业名人承前启后、继往开来,为常州民族工商业繁荣奠定了坚实基础。漫步于工商先驱盛宣怀、纺织巨子刘国钧等12位工商巨子的壁画前,创新创业之精神催人奋进。

第三篇:工业明星,闪耀中国。新中国成立以后,在党和政府领导下,常州人民自力更生、艰苦创业,创造出许多加快地区经济发展的奇迹,常州迅速成长为享誉全国的工业明星城,全国上下掀起一场"中小城市学常州"的热潮,一篇篇新闻报道、一个个老物件,以及一张张老照片,见证了常州工业的辉煌成就和常州工匠的不朽风采。

第四篇:匠心常传,智能制造。这一展区有着满满的科技感和未来感。常州因"制造"而兴,由"智造"而名。不管是20世纪末还是21世纪初,常州大批制造企业坚持传承与创新,推动产业不断发展。

张忠技能大师工作室以公司全国技术能手、全国劳动模范、中华技能大奖、江苏大工匠和江苏最美职工获得者张忠领衔,展室内展陈着工作室发展历程、各类荣誉、项目成果,以及工作室成员的技能作品等,该工作室也先后获得"国家级技能大师工作室""江苏省大工匠工作室""江苏省模范示范性工作室"等荣誉。

具体人物介绍如下:张忠是中车戚墅堰机车有限公司的一名电焊工,在岗位上坚守近40年,他凭借着手中的焊枪,铸造了一条从现代产业工人到"大国工匠"的蜕变之路。1985年,刚刚初中毕业的他,由于家里条件不好,在对于电焊是什么、焊条起啥作用等问题一窍不通的情况下，选择了进厂工作。张忠的爷爷是纺织机的机修师傅，父亲是汽车的机修师，母亲也在纺织厂工作，所以他从小就明白"学好技术，走遍天下都不怕"的道理。但对于年轻的他来说，走上这条技术工人之路容易，可是学好技术却很难。

"看似一条简单的焊缝，要把它焊得结实可靠、横平竖直且美观耐用，电压、电流之间的匹配很讲究，需要基础知识来支撑。"张忠说。所以，为了练好技术，他白天跟着老师傅偷师学艺，晚上努力学习书本理论，这种"白＋黑"的工作模式成为其职业生涯的常态。要想成为一名优秀的焊工，需要熟练地掌握"静平稳准均"五字要诀。初入电焊行业，张忠首先要面临的就是蹲。蹲在地上进行焊接作业时常会有，如果蹲功不好，手就容易发抖，那么焊接的作品就无法达到预期成果。其中的道理他都明白，但起初的他只要蹲一会儿，手中的焊枪就不听使唤了，并感到心浮气躁、呼吸不畅、双臂胀痛，这无疑对只有15岁的他来说是相当痛苦难耐的。经过母亲的开导，张忠逐渐明白高超的技术不是一蹴而就练成的，也终于明白"匠人不难，匠心不易"的道理。一个多月后，他的蹲功越来越厉害，终于达到了师傅的要求，开始正式学习焊工技术。

一年以后，张忠顺利地通过了考核，拿到了电焊工上岗资格证。"绝活都是练出来的，勤学苦练是根本。"在师傅这句话激励下，张忠努力学习，苦练技术，34岁那年，他成为当时厂里最年轻的高级技师。一次次攻坚克难，张忠掌握了与焊接相关的电工、钳工、探伤工等知识，实现了从焊接初级工到高级技师的转变，并成为拥有国际焊接技师等12项证书的焊接"超人"。一项项技术难题（如柴油机机体高难度焊补修复、高速动车组庞巴迪电机吊座焊接等）被他攻破，他创造的150多项创新技术为公司创造的经济效益多达3500万元。同时，他编写的《DF11制动缸体环焊缝焊接》《复兴型机车防撞梁焊接》《和谐N5机车转向架焊接》等30多项操作法，对于我国内燃机车制造业的发展有着重要的推动作用。

除此之外，张忠注重对我国制造业焊接高技能人才的培养。他以工作室为载体，探索出的"1+1+2"模式成为公司员工培训的一种全新模式，也就是由一名高级技师带领一名技师，一名技师带领2名高级工，然后高级工再培训岗前操作人员。在企业支持下，他还开创了"理论+观摩+实践"一体的培训模式，通过创建"培训实训基地"及走进常州铁道高等职业技术学校等，开展培训、讲座和授课，指导工人和学生学习焊接技艺。张忠希望通过这种方式，带领并激励更多的年轻人苦练技术，以技能和匠心积极投身制造业，引导他们为实现制造强国贡献自己的力量。学生在技能体验区,动手体验"凿锉锯"等钳工操作,近距离观看技能大师绝技绝活展示,与大国工匠面对面交流,感受工匠精神。同时,在机车总组装生产线上,学生可以看到现场作业实景,了解精益生产流程,近距离感受现代制造工业的魅力。

(二)实践教学主题

本项目紧紧围绕"思想道德与法治"课程第五章"遵守道德规范 锤炼道德品格"第三节"恪守职业道德"相关内容。党的二十大报告指出:要"加快建设国家战略人才力量,努力培养造就更多大师、战略科学家、一流科技领军人才和创新团队、青年科技人才、卓越工程师、大国工匠、高技能人才"。这是首次把大国工匠和高技能人才的培养与战略科学家的培养放在同等高度来看待,这一论断充分彰显了社会对于高技能人才、能工巧匠、大国工匠的需要,以及他们在社会主义现代化强国建设和民族复兴道路上的重要性和紧迫性。随着现代社会的发展,市场竞争日益激烈,在社会分工和专业化程度不断提高的情况下,整个社会对于从业人员的职业观念、职业态度和职业作风的要求越来越高。职业生活中的道德规范,不仅对各行各业的从业者具有引导和约束作用,而且是促进社会持续、健康、有序发展的必要条件。新时代大学生只有科学合理地认识职业生活,树立正确的劳动观念,恪守职业道德,形成正确的择业观和创业观,才能为未来成为高技能人才、能工巧匠、大国工匠做好理论和实践准备。本项目结合戚墅堰机厂实践基地和张忠技能大师的人物案例为切入口,将有助于深化学生对职业道德和工匠精神的科学认识。

(三)实践教学目的

职业生活是未来学生必然要参与社会分工的一种生活方式,致力于通过自身专业的技能和知识创造物质财富或者精神财富。学生从思政小课堂走进社会大课堂,在实践教学中加深对职业生活和职业文化的直观认识。通过组织学生参观常州大运河工业遗产展览馆,深挖书本理论知识和展馆史料之间的逻辑关系,在生动鲜活的厂志、厂址、生产车间、机器、产品等影像和物件及感人工匠故事中,充分认识劳动对于人类和社会发展的必要性和重要性,以及感悟幸福源自奋斗,平凡孕育伟大;通过组织学生参观张忠技能大师工作室,了解工作室发展历程、各类荣誉、项目成果,以及工作室成员的技能作品等,在走近江苏大工匠张忠的人生历程中加深对"爱岗敬业、诚实守信、办事公道、热情服务和奉献社会"职业道德规范的理解；通过组织学生参与焊接领域的技能体验，从与大国工匠面对面、观看技能大师绝技绝活展示到亲身体验，让学生从知到行，具身体验活课堂，从而全面深化对工匠精神的认知，激励学生在未来职业生活中为经济社会发展贡献智慧和力量。

（四）实践教学设计

① 组织学生走进戚墅堰机厂火车文化园，参观常州大运河工业遗产展览馆和张忠技能大师工作室。

② 任课教师从常州工业的发展历程讲清楚劳动创造常州工业的辉煌成就和常州工匠的不朽人生，从张忠技能大师工作室讲清楚大国工匠张忠的人生故事及其在焊接领域对职业道德的践行，从观看技能大师绝技绝活展示及亲身体验引导学生弘扬工匠精神。

③ 组织学生自由参观，并与场馆工作人员互动交流，感悟现代制造工业的魅力，明晰未来职业目标。

三、实施过程

（一）教学分析

1. 教学目标分析

弘扬社会主义道德，必须坚持以为人民服务为核心、以集体主义为原则，推进社会公德、职业道德、家庭美德、个人品德建设。恪守职业道德是"思想道德与法治"课程道德篇中投身崇德向善的道德实践的重要内容。本项目主要目的是通过组织学生走进戚机厂火车文化园，在参观常州大运河工业遗产展览馆和张忠技能大师工作室过程中，进一步深化对劳动创造美好生活，职业生活中的道德规范，劳动精神、劳模精神、工匠精神的认识，结合所学专业，在实际行动中弘扬和践行职业道德和工匠精神，引导学生成为社会主义现代化强国建设中的高技能人才、能工巧匠、大国工匠。

（1）知识目标。掌握劳动精神、劳模精神、工匠精神的内涵；理解职业生活中的职业道德规范的内容。

（2）能力目标。能恪守职业生活中的道德规范；运用专业知识提升自身正确认识问题、分析问题、解决问题的能力。

（3）素质目标。牢固树立正确的劳动观念，养成良好的职业素养。自觉运用专业知识弘扬工匠精神，践行技能报国。

2. 教学内容分析

公民道德建设在提高人民思想觉悟、道德水准、文明素养，提高全社会文明程度方面具有重要的作用。职业道德是学生在未来的职业生活中应该遵循的具有职业特性的道德要求和行为准则，涵盖了从业人员与服务对象、职业与职工、职业与职业之间的关系，这将对学生未来职业发展及国家发展建设具有重要作用。而正确的劳动观念是维系学生未来职业活动和职业生活的思想观念保障，当代大学生要牢固树立"劳动最光荣、劳动最崇高、劳动最伟大、劳动最美丽"的观念，形成正确的劳动态度和劳动精神，并认识到幸福源自奋斗，只有劳动才能创造美好生活。爱岗敬业、诚实守信、办事公道、热情服务和奉献社会是职业生活中的基本道德规范，也是弘扬劳动精神、劳模精神、工匠精神的具体展现。每个大学生在未来都要面临就业的现实，树立正确的择业观和创业观，对于大学生顺利走进职业生活具有重要的现实意义，因此，应引导学生树立崇高的职业理想、服务社会发展的需要、做好充分的择业准备、培养创业的勇气和能力。以戚墅堰机厂实践基地和张忠技能大师的人物案例为切入口，将有助于深化学生对职业道德和工匠精神的科学认识。

3. 教学重难点分析

（1）教学重点。结合焊接专业知识理解职业道德和工匠精神的内涵。

（2）教学难点。如何结合焊接专业生活践行工匠精神。

（二）教学策略

1. 课前实践准备

首先，分析智能焊接技术专业学生学情，确定教学重难点。校内关于社会主义道德与投身崇德向善道德实践的理论课程结束以后，教师在智慧云平台上发布测试题，评估学生学习成效，学生借助课程平台，完成本项目知识测评，教师对测评结果进行统计分析，发现学生在专业方面对于职业道德和工匠精神如何践行掌握不够，因此确定实践课教学重点为毛泽东思想活的灵魂。

其次，结合智能焊接技术专业情况，选定实践教学基地。理解和恪守职业道德的难点在于如何让学生在现阶段结合智能焊接技术专业践行职业道德和工匠精神。基于教学的难点问题，以中车戚墅堰机车有限公司为实践场域，通过参观常州大运河工业遗产展览馆和张忠技能大师工作室，在具身体验活课堂过程中，深化对如何在智能焊接技术专业践行职业道德和工匠精神的认识，因此选定与专业联系紧密的戚机厂文化工业园实践基地为本项目实践教学场所。

　　最后，对接学生成长需要，推送课前导学。为学生精准推送案例资源，通过平台推送观看纪录片《榜样7》，了解焊接领域的大国工匠艾爱国的故事，并阅读习近平《在全国劳动模范和先进工作者表彰大会上的讲话》，布置思考题"从时代和实践维度出发，什么是焊接领域高素质高技能人才的驱动力"引发学生思考，预热课堂主题。

2. 课中实践开展

　　（1）走进中车戚墅堰机车有限公司。在戚机厂火车文化园中，参观常州大运河工业遗产展览馆和张忠技能大师工作室。在中车戚墅堰机车有限公司讲解员带领下，通过对常州大运河工业遗产展览馆"祉发祥流，产业萌芽""兴业盛章，实业报国""工业明星，闪耀中国""匠心常传，智能制造"四个篇章参观学习，借助生动鲜活的厂志、厂址、生产车间、机器、产品等影像和物件，以及催人奋进的工商巨子的感人事迹，让学生从中感悟近代以来常州运河沿线工业的辉煌成就和发展变迁，以及长期以来常州人民的匠心传承和奋斗历程；通过对张忠技能大师工作室的参观学习，了解工作室发展历程、各类荣誉、项目成果，以及工作室成员的技能作品等，进一步认识大国工匠张忠的成长历程和蜕变之路。

　　（2）走向议题。

议题一：从常州工业历史发展看劳动创造美好生活

　　教师发布云课堂任务：在常州大运河工业遗产展览馆内，通过视觉沉浸、听觉沉浸、触觉沉浸触摸常州工业记忆。请学生挑选出印象最深的照片后，上传至照片展示墙，并说明理由。

　　学生选择感兴趣的历史照片进行课堂展示，结合史料挖掘照片背后的故事，以小见大探寻常州运河沿线工业的辉煌成就和发展变迁，比如，辛亥革命后，常州出现了一大批企业，其中戚机厂、戚电厂、大明厂就是当时常州运河沿岸的三颗明珠，它们历经百年时光，勇立潮头、奋勇争先，也正是以他们为代表，造就了常州运河沿线的新传奇。照片中，百年戚机龙头厂的火车头和数台车模，让人不禁感叹戚机厂曾经创造的辉煌。其中，戚机厂捐赠的一台老设备"英国联合剪冲机"是最令人震撼的,于1906年制造,是中国第一代制造火车的机器,也是戚机厂保存的最古老的设备。另外,百年戚电厂前身为震华电厂,几经波折选址,致力于振兴中华、经世济民的初心让人难以忘记。百年沧桑塑大明,数易其主,数次改名,对于常州发展具有特殊意义,也见证了中国纺织业的巨变。其实,还有很多具有一定代表性的照片,它们在一定程度上讲述着常州造就运河新传奇。教师进行点评总结,引出议题讨论。

通过对常州工业辉煌成就的探索和认识,引导学生思考为什么近代以来常州可以造就运河新传奇,进而深化学生对劳动创造美好生活的理解。那么,在常州民族工商业坚实发展过程中,离不开工商先驱盛宣怀、纺织巨子刘国钧等12位工商巨子的前赴后继,更离不开一代又一代常州人民的接续奋斗,他们自力更生、艰苦创业,创造了许多经济发展奇迹,更带动了"中小城市学常州"的全国热潮,在生动实践中讲述着常州百年制造故事和催人奋进的精神。因此,常州工业发展的生动实践证明,只有通过劳动才能创造美好生活,人类是劳动创造的,社会也是劳动创造的。

在社会发展过程中,不管是何种职业,都对社会发展有着一定的推动作用,任何一种职业都是光荣的。所以,在职业生涯中,学生必须树立"劳动最光荣、劳动最崇高、劳动最伟大、劳动最美丽"的观念,充分认识到,只要踏实劳动,勤勉工作,在平凡的岗位上也能干出不平凡的业绩。幸福源自奋斗,成功在于贡献,平凡孕育伟大。只要有志气、有闯劲,普通劳动者也能干出不平凡的业绩,以及实现自我人生价值,12位工商巨子是如此,常州大运河工业遗产展览馆内展现的80多名常州籍全国劳模也是如此,他们在各行各业奉献自我,建功立业。

议题二:从大国工匠张忠的人物故事看职业道德规范

教师发布云课堂任务:在寻访新时代工匠——走进张忠技能大师工作室的课堂环节,请以小组为单位寻找令你印象最深刻的场景或照片并说明理由,进而思考张忠如何凭借手中的焊枪创造了一条从现代产业工人到"大国工匠"的蜕变之路?

通过聆听江苏大工匠张忠的成长故事,学生第一次如此近距离地感受焊接专业领域这么优秀的人,更容易对学生产生不一样的影响,因此,张忠从什么都不知道的焊接"小白"成为拥有丰富专业知识和技能的焊接"超人",传奇的人生经历、获得的诸多成果和荣誉、呈现的优秀作品及在他带领下工作室成员对技能和匠心的坚守等,这些都会给学生留下深刻的印象。

这些印象深刻的场景或照片各有侧重,但却有一个共同的问题需要进一步思考。这些展陈的背后都有一个共同的主人公，那就是张忠。张忠如何凭借手中的焊枪创造了一条从现代产业工人到"大国工匠"的蜕变之路？

其一，张忠爱岗敬业，对待工作勤勤恳恳、尽职尽责，以自身行动不断在焊接行业中扎根立足。初中毕业后，由于受到家庭条件限制，张忠选择进入电焊行业工作。但对于年轻的他来说，走上这条技术工人之路容易，可是学好技术却很难。在对电焊是什么、焊条起啥作用等问题一窍不通的情况下，为了练好技术，他白天跟着老师傅偷师学艺，晚上努力学习书本理论，这种勤勤恳恳的"白＋黑"的工作模式成为其职业生涯的常态。"绝活都是练出来的，勤学苦练是根本。"一次次的攻坚克难，34岁的他终于从一个只是有着电焊工上岗资格证的人变成了当时厂里最年轻的高级技师，这一工作他一干就是近40年。他深知"匠人不难，匠心不易"的道理，初心不改地坚守在这个岗位上。在干好自己电焊本职工作之余，他还熟练地掌握了与焊接相关的电工、钳工、探伤工等知识，成为拥有国际焊接技师等12项证书的焊接"超人"，他创造的150多项创新技术为公司创造的经济效益多达3500万元。

其二，张忠立足自身专业和本职岗位，为我国制造业发展不断努力，总结并编写了30多项焊接操作法，对我国内燃机车制造业的发展有着重要的推动作用。

其三，张忠积极服务他人和奉献社会，为工匠精神的传承不断努力。通过"1+1+2"模式开展公司员工培训，在传帮带中让每个技师、高级工、岗前操作人员都有机会不断地提升自己，成长为大国工匠；通过创建"培训实训基地"及走进常州铁道高等职业技术学校等，在"理论+观摩+实践"一体模式中，开展培训、讲座和授课，指导工人和学生学习焊接技艺，带领并激励更多的年轻人苦练技术，以技能和匠心积极投身制造业，引导他们为实现制造强国贡献自己的力量。可以说，张忠在焊接领域，以自身的行动践行着爱岗敬业、诚实守信、办事公道、热情服务和奉献社会的职业生活中的基本道德规范，并且以"劳动光荣""奉献社会"的职业价值观引领当代人工匠精神的培育。

通过课前任务对榜样人物艾爱国的认识，"钢铁裁缝"几十年练就"钢铁"本领、"如师如父"精心培养焊接人才、"当工人就要当一个好工人"的他和张忠一样，都是在自身践行职业道德的同时，也在弘扬和传承工匠精神，为焊接领域的高技能人才培养而不懈奋斗。职业道德为各行各业的从业者提供了与社会发展目标一致的职业价值与理念，为工匠精神的培育奠定了价值基础。爱岗敬业是人们对工作岗位的热爱、对工作极端负责、对自己所从事职业有一种敬重之心的道德操守，具体表现为对工作勤奋努力、恪尽职守；诚实守信是道德操守和人格力量的体现，要求人们在职业生活中诚实劳动、合法经营、信守承诺、讲求信誉，这是扎根立足行业的基础；办事公道要求人们做到公平、公正，对人对事都要出于公心，能够以道德和法律规范来处事待人；热情服务要求人们无论身处什么岗位，都能够立足本职，通过不同形式为群众服务，积极营造人人都是服务者、人人又都是服务对象的良好秩序与和谐状态；奉献社会要求人们立足职业岗位，积极为社会和他人作贡献，爱岗敬业、诚实守信、办事公道、热情服务，最终的目标指向都是奉献社会的精神。

议题三：从技能大师绝技绝活展示和亲身体验，看正确的择业观和创业观

教师发布云课堂任务：首先，观看技能大师绝技绝活展示，与大国工匠面对面交流，感受其高超的技能和工匠精神。其次，请学生以小组形式进行现场钳工操作体验，最后，将操作感受上传到云平台。

通过观看技能大师绝技绝活展示，以及与大国工匠面对面交流，有助于给学生树立一个榜样引领和模范带头的作用，深化学生对职业岗位，以及对焊接这个领域高技能水平的认识。进而，带领学生在实践中亲身体验钳工操作的日常，虽然在专业课上也会有类似的实训，但在现实企业的工作场景中体验更会令人有所感悟和收获，更能认识到做好这份工作的不易，看似一个简单的操作背后，有着无数夜以继日的练习和坚守。

教师发布围读思考题，对比技能大师绝技绝活展示和自身实践操作感受，我们如何才能"焊"就自我闪光的人生？通过对比他人和自我剖析，在对比技能大师绝技绝活展示过程中，学生可以直观感受到工匠的高超技术；同时，在亲身实践体验后认识到自己与他们的差距，但他们的绝活不是一蹴而就形成的，而是练出来的，勤学基础知识、苦练过硬本领才是成就他们的根本。因此，学生要从现在开始树立正确的择业观和创业观，这对于他们未来顺利走上职业生活具有重要的现实意义。

首先，要树立崇高的职业道德。"匠人不难，匠心不易"，职业活动不仅是人们谋生的手段，而且是人们奉献社会、完善自身的必要条件。大国工匠张忠在排除万难成为一名高级技师的同时，并没有止步于此，还在通过总结编写操作法和培养焊接领域的高技能人才，为我国的制造强国建设提供技术支持和人才支撑。张忠如此，其他技能大师也是如此，他们的这种崇高的职业理想，值得大学生择业和创业时去学习和追求。

其次，力求服从社会发展的需要。择业和创业固然要考虑个人的兴趣和意愿；同时，也要充分考虑社会的需要和现实的可能性，把自己对职业的期望与

社会的需要、现实的可能结合起来。目前，根据国家和社会发展需要，到2035年，技能人才规模持续壮大、素质大幅提高，高技能人才数量、结构与基本实现社会主义现代化的要求相适应。技能人才是支撑中国制造、中国创造的重要力量。智能焊接技术专业学生应立足专业，积极响应国家号召、适应社会发展需求，以技能和匠心积极投身制造业，这样，有助于推动我国高素质高技术技能人才培养和我国制造业转型升级。

再次，要做好充分的择业知识和能力准备。素质是立身之基，技能是立业之本。要有真才实学，就要勤于学习，不断提高综合素质，练就过硬本领；既要向书本学习，也要向群众学习、向实践学习。就像张忠说的："看似一条简单的焊缝，要把它焊得结实可靠、横平竖直且美观耐用，电压、电流之间的匹配很讲究，需要基础知识来支撑。"作为智能焊接技术专业的学生，一定要注重大学期间对理论知识的学习和积累；同时，要苦练技术，为将来能够实现制造强国贡献自己的力量。

最后，要有创业的勇气和能力。创业是通过发挥自己的主动性和创造性，开辟新的工作岗位、拓展职业活动范围、创造新业绩的实践过程。大学生不仅要树立正确的择业观，而且应当树立正确的创业观，要有积极创业的思想准备，积极关注经济社会发展的趋势，了解国家鼓励大学生自主创业的有关政策，为今后自主创业打下良好的基础。任何一名学生，无论未来你是择业还是创业，也无论未来你从事的劳动技术含量如何，只要兢兢业业、精益求精，就一定能够"焊"就自己闪光的人生。

3. 课后实践拓展

以智能焊接技术专业为切入口，寻找身边智能焊接技术领域的青年榜样，讲述青年故事，引导学生学习榜样，将理论落到实践。

四、教学成效

利用常州大运河工业遗产展览馆和张忠技能大师工作室的展陈展品，以具象化、接地气的现场教育教学形式，将职业道德与常州工业历史发展变迁和大国工匠的人生故事、工匠精神的弘扬相结合，在见人见事、见微知著的具象化认知中，进一步地深化对职业道德的深度理解和准确把握，更好地引导其传承劳动精神、劳模精神、工匠精神，恪守职业道德，以技能和匠心积极投身我国制造业发展，更好地成长为社会主义现代化强国建设中的高技能人才、能工巧匠、大国工匠。

将课堂搬到中车戚墅堰机车有限公司,引导学生从近距离感受制造工业的魅力,汲取奋进力量,用眼睛发现大国工匠的匠艺和匠心,在实践中恪守职业道德,传承工匠精神。通过对"从常州工业历史发展看劳动创造美好生活""从大国工匠张忠的人物故事看职业道德规范""从技能大师绝技绝活展示和亲身体验看正确的择业观和创业观"三个议题的探讨和围读,将职业文化、职业道德的教材体系转化为具有特色化的思政课实践教学体系,能够及时将思政课上关于职业生活、职业道德的理论认知转化为树立正确的择业观和创业观的实践认知,也让学生在学中做、在做中思、在思中悟、在悟中行,打造思政活课堂,从而增强思政课的针对性、实效性和吸引力、感染力,有助于将思政课的价值涵育转化为学生职业生涯发展、践行工匠精神的内生动力,提升学生的学习获得感,提升学生的思维逻辑能力和解决问题能力。

五、实践教案

课程名称	思想道德与法治			实践基地	中车戚墅堰机车有限公司
教材章节	遵守道德规范 锤炼道德品格			授课专业	智能焊接技术专业
教学分析	教学内容分析	通过走访中车戚墅堰机车有限公司,围绕常州工业的发展及大国工匠张忠的故事,以智能焊接技术专业知识为切入口,让学生在具身体验活课堂中,明晰对于职业道德和工匠精神的认识,引导学生成为社会主义现代化强国建设中的高技能人才、能工巧匠、大国工匠			
	学生情况分析	知识和技能基础	认知和实践能力	学习特点	评估结果
		通过对道德篇的理论学习,基本掌握了道德的理论精髓,但局限于抽象的理论认识,尤其是对职业道德和工匠精神缺乏与现实相观照的能力	认同个人命运与国家发展、社会发展紧密相连,但缺乏将个人所学专业知识与国家建设发展相融合的实际行动	相对于课堂理论教学,学生参与课外实践的积极性较高,但对实践的态度娱乐性大于学习性	既要注重教学内容本身的理论阐述,又要紧密联系学生日常生活实际,使学生在分析和认识实际问题过程中,加深对理论的理解,实现理论性和实践性的统一
教学重难点及解决措施	教学重点:结合智能焊接技术专业知识理解职业道德和工匠精神的内涵				

	教学难点：如何结合智能焊接技术专业践行工匠精神			
	解决措施：以智能焊接技术专业为切入口，以戚机厂实践基地为载体，让学生在观照现实中领悟职业道德，弘扬并践行工匠精神，实现知行合一			
教学目标	知识目标：掌握劳动精神、劳模精神、工匠精神的内涵；理解职业生活中的职业道德规范的内容			
	能力目标：能恪守职业生活中的道德规范；运用专业知识提升自身正确认识问题、分析问题、解决问题的能力			
	素质目标：牢固树立正确的劳动观念，养成良好的职业素养；自觉运用专业知识弘扬工匠精神，践行技能报国			
教学方法	①"问题链"教学法；②理论讲授法；③归纳法；④一体化教学法			

教学过程				
教学环节	教学内容	实践活动		设计意图
		学生（主体）	教师（主导）	
实践准备	聆听榜样故事：观看纪录片《榜样7》，了解焊接领域的大国工匠艾爱国的故事	聚焦专业；关注社会	提供学习书目；指导深度阅读	以聚焦榜样人物艾爱国为起点，聚焦专业领域，增加认知乐趣，点燃实践热情
实践开展	走进中车戚墅堰机车有限公司	穿越时空：参观常州大运河工业遗产展览馆和张忠技能大师工作室	组织学生参观；引导学生共情	以追寻常州工业发展为路径，感受常州工业的辉煌成就和常州工匠的不朽风采，推进实践探索
	走向议题：确立教学议题；完成认知升华	议题探讨；关切困惑	启发观察视角；引发问题意识	以教学议题为桥梁，构筑对话平台，产生时代疑问，深化实践主题
	议题一：从常州工业历史发展看劳动创造美好生活	沉浸触摸：通过视觉沉浸、听觉沉浸、触觉沉浸触摸常州工业记忆；思维碰撞：为什么常州可以造就运河新传奇？收获新知：劳动创造美好生活，幸福都是奋斗出来的	① 总结各组观点；② 诠证：正确的劳动观念是维系学生未来职业活动和职业生活的思想观念保障。只要有志气、有闯劲，普通劳动者也能干出不平凡的业绩，并实现自我人生价值	以走进常州大运河工业遗产展览馆为切入口，通过对常州工业的辉煌成就取得原因的思考，引导学生崇尚劳动，在平凡的岗位上，通过劳动奉献社会实现自身的价值，激励学生形成正确的劳动观念和劳动态度

	议题二：从大国工匠张忠的人物故事看职业道德规范	寻访工匠：走近大国工匠张忠； 思维碰撞：张忠如何凭借手中的焊枪铸造了一条从现代产业工人到大国工匠的蜕变之路？与艾爱国相比，他们有什么相同点？ 收获新知：爱岗敬业、诚实守信、办事公道、热情服务和奉献社会是职业生活中的基本道德规范	① 总结各组观点； ② 诠证：职业道德为各行各业的从业者提供与社会发展目标相一致的职业价值与理念，为工匠精神的培育奠定价值基础	以走进张忠技能大师工作室为切入口，聚焦焊接领域的大国工匠，引导学生以"劳动光荣""奉献社会"的职业价值观引领工匠精神培育
	议题三：从技能大师绝技绝活展示和亲身体验看正确的择业观和创业观	现场体验：观看技能大师绝技绝活展示，并进行钳工操作体验； 思维碰撞：对比技能大师绝技绝活展示，如何才能"焊"就自我闪光的人生？ 收获新知：树立崇高的职业理想、服务社会发展的需要、做好充分的择业准备、培养创业的勇气和能力	① 总结各组观点； ② 诠证：树立正确的择业观和创业观，对于大学生顺利走进职业生活具有重要的现实意义。把职业道德教育和工匠精神培育相结合，有助于推动我国高素质高技术技能人才培养和我国制造业转型升级	以技能体验区为切入口，通过对比技能大师绝技绝活展示和自身实践体验感受，引导学生将职业责任内化为焊接领域高素质高技能人才的驱动力，从现在开始，在树立正确的择业观和创业观过程中，弘扬和践行工匠精神
实践升华	走入更广阔的实践：理论联系实际；完成知行合一	反思观点； 反哺人生	指点议题凝练； 观照现实生活	以甄辨议题为手段，运用实践感悟具体生活，实现"实践—认识—实践"的升华
			课后环节	
笃行	智能焊接技术领域，寻找身边青年榜样，讲述青年故事，引导学生学习榜样，将理论落实到实践中		融会贯通	运用所学知识解决现实问题，考查应用

教学反思

通过带领学生实地参观戚机厂实践基地，结合沉浸体验和与新时代大国工匠面对面交流，解答智能焊接技术专业学生对于职业道德教育的理论和实践困惑，在具身体验活课堂中，进一步感悟工匠精神，以及明晰应当如何"焊"就自己的精彩人生。本项目注重将思政小课堂与社会大课堂相联系，注重理论与常州工业历史发展相结合、与智能焊接技术专业相融合，寓理论于实践，课程进展顺利。通过课前实践准备、课中实践开展、课后实践升华，基本达到了课前预设的教学目的。

但仍存在如下问题：现场教学由于班级人数较多，不管是现场参观还是操作体验，容易存在注意力易分散、教学秩序难以维持等客观因素，在一定程度上给教学实际成效造成影响，须在日后实践教学环节中，注重课堂组织和教学氛围营造

项目六　科学精神篇：
参观现代科技馆　夯实创新之基

一、项目导引

　　党的二十大报告指出："坚持创新在我国现代化建设全局中的核心地位。"创新是民族进步的灵魂，是一个国家兴旺发达的不竭源泉，也是引领发展的第一动力，当前科技创新能力已经成为国与国之间综合国力竞争的决定性因素。创新驱动发展战略是党中央综合分析国内外大势、立足国家发展全局作出的重大战略抉择，进入新时代，要想实现经济的高质量发展，离不开科技创新在经济中发挥的重要作用，中国速度的彰显也离不开科技创新能力的提升。

　　"科技兴则国家兴，科技强则国家强。"习近平总书记在全国科技创新大会、两院院士大会、中国科协第九次全国代表大会上指出："科技是国之利器，国家赖之以强，企业赖之以赢，人民生活赖之以好。中国要强，中国人民生活要好，必须有强大科技。"科技的发展需要国家不断提升企业的自主创新能力。新时代的发展需要创新，当下，科技创新理念早已渗透在人们生活的方方面面，知识的创新能够为我们提供新的思想和方法，技术的创新能够促进社会生产力的发展，增加社会财富。

　　习近平总书记说过，要充分认识创新是第一动力。创新是从古至今始终贯穿的理念，《周易·杂挂》中有云："革，去故也。鼎，取新也。"纵观古今历史，那些在科技领域首先进行创新的国家，都经历了一个由科技强到经济强再到国家强的发展路径，抓住科技发展的机遇，积极投入科技创新的浪潮，方能在建设科技强国中有所成就，因此，要深刻认识在新时代条件下创新的重大意义，将创新理念贯穿于现代化建设的各个方面和各个环节，为全面建成社会主义现代化强国、实现第二个百年奋斗目标提供强劲动力。将创新纳入思政课教学，有利于学生更好理解创新与科技的关系，更加全面深刻把握"创新、协调、绿色、开放、共享"的新发展理念各部分之间的关系，从而在生活中更加注重创新。

创新关乎国家命运。实施创新发展战略，推进以科技创新为核心的全面创新，让创新成为推动发展的第一动力，是适应和引领我国经济发展新常态的现实需要。当前，我国仍然是发展中国家，处于社会主义初级阶段，加之国际环境形势严峻，需要解决的问题比以往更加错综复杂，面对新的时代、新的环境和新的任务，科技创新更加迫在眉睫。谋创新就是谋发展，科技创新不仅仅是一个发展问题，更是一个生存问题。现代化科技手段的发展、人工智能的开发与运用日趋广泛，引发国际产业分工的重大调整，正在深刻重塑世界竞争格局、改变国家力量对比，成为大国竞争的"主战场"和国际博弈的"胜负手"，谁牵住了科技创新这个"牛鼻子"，谁就能抢占先机、赢得优势。创新强则国运昌，创新弱则国运殆。

从中国发展历程来看，中国曾在科技领域领先世界，但也因与科技革命失之交臂而陷入积贫积弱的困境。从近现代开始，国家注重科技创新能力的提升，深刻认识到创新在国家发展中的关键和核心作用。改革开放新时期，国家通过改革，激活创新引擎，释放更多经济活力，使得广大人民群众能够共享改革创新的成果，不断推动国家走向国富民强。常州市"两湖"创新区作为城市的新中心，以西太湖（滆湖）和长荡湖为圆心，创造性地规划出集新生态、新兴产业、新型人才为一体的区域新赛道，优化资源配置，擘画常州市全新未来。带领学生参观常州市"两湖"创新区规划展示馆，领略科技之美、智造之美、青春之美交相辉映的"两湖"创新区的美好蓝图和现实模样，在常州市"两湖"创新区规划展示馆体验动态影片和VR互动，深刻感受"两湖"创新区创新生态、产业生态、自然生态的"三生"联动，激发学生对科技创新之美的感知能力，培育其科技强国的价值信念，以青春之小我，助力我国世界科技强国建设。

本项目紧紧围绕"习近平新时代中国特色社会主义思想概论"课程，以创新为立足点，以加快科技强国建设为核心，带领学生走进常州市"两湖"创新区，感受科技创新的魅力，深化学生对科学技术在社会主义现代化强国建设中的重要作用，以及实现高水平科技自立自强必须增强自主创新能力的认识，引导学生弘扬科学家精神，立足自身专业，勇做创新创造的实践者和科技强国的生力军。

二、实践准备

（一）实践基地介绍

常州市"两湖"创新区规划范围涉及常州 17 个镇（街道），在长三角区域一体化发展国家战略的基础上，立足新发展格局，前瞻布局城市高端功能区，抢占产业技术制高点、产业发展主导权、创新发展主动权，致力于将其打造为长三角交通中轴的枢纽先导区、创新中轴的核心承载地、产业中轴的成长驱动极、生态中轴的引领示范区、文旅中轴的特色样板区。常州市"两湖"创新区规划展示馆位于西太湖揽月湾，展厅面积约 3000 米²。

"两湖"即西太湖和长荡湖，与城市充沛的发展空间相匹配，在城市中心构建起"两湖四带，五片八组团"的整体架构，形成各有侧重、发展各异的五大功能区。五大功能区如下：中央活力区是商务和创新核心功能区；国际智造区是国际科创平台，引导研发与智造多维联动的智造升级板块，包含科教城 - 中以创新园和武进高新区两个重点组团；未来科创区是面向"五新"产业、聚集高端创新人才和功能的先进制造板块；融合创新区是完善城乡功能、推动城乡融合、实现一体化发展的融合示范板块；水乡绿苑区是彰显水乡特色价值、预留未来创新功能的生态示范板块。

2021 年，常州市第十三次党代会吹响了"两湖"创新区建设的集结号。2022 年 5 月，常州市委、市政府召开推进大会，聚力建设"生态创新区、最美湖湾城"，常州市"两湖"创新区规划展示馆项目正式启动。炎炎烈日，百日攻坚，总建筑面积约 9500 米² 的展示馆拔地而起，同年，常州市"两湖"创新区规划展示馆张开怀抱，真情拥抱和欢迎每一名参观者，向他们诉说常州"时与势 湖与城"的未来故事。常州市"两湖"创新区规划展示馆是"两湖"创新区起好势、开好局的关键一环，因此其风格非常重要，科技产业园规划建设局联合设计院 24 小时完成了 6 套建筑方案，最终敲定以"江南印"为其建筑主题。"江南印"是以现代手法将江南古典元素融于展馆建筑，通过庭院的起伏营造错落的空间感，巧妙地将揽月湾、西太湖观光塔的风景与展馆建筑相融合。

作为常州市"两湖"创新区规划展示馆"心脏"的展示中心，以"生态创新区、最美湖湾城"为展陈主题，以"新城市、新产业、新人才"为展陈框架，设置了序厅、六大主展厅、数字沙盘厅及尾厅。

首先是序厅。序厅运用多媒体艺术装置，呈现"时与势　湖与城"主题，机械滑轨屏灵活运动，模拟水波纹的视觉效果，呈现常州市发展全面起势的时代画卷。

其次是六大主展厅，分别包含以下内容。

① 地理位置优越。紧扣"国际化智造名城、长三角中轴枢纽"城市定位，展示了常州在长三角南北纵轴和长江经济带东西横轴上的重要地理位置，深入解读"532"发展战略，乘势而上，全面起势。

② 科技创新运用。运用动态影片、VR互动、升降立体沙盘等，沉浸式揭秘常州南站多功能、现代化、智能化的城市"中央车站"，以交通先行展示高质量发展的破竹之势、磅礴之势、如虹气势，让每一名参观者置身于"两湖"的脉动之中。

③ 完美串联长三角片区。以"两湖"为纲，架构起创新区的整体框架。以中央创新轴、城站活力轴、青年创智轴为重要发展轴线，运用天幕展现功能多元、层次丰富的"两湖"多彩岸线，凸显魅力中轴、环城公园、揽月半湾等十大特色功能节点，呈现"长三角最美湖湾城"。

④ 融合传统文化，彰显生态禀赋。以诗人赵翼、杨万里的诗词为引，体验打造5D生态廊道，运用人体动态捕捉技术展示"一江一河四湖五山"的生态禀赋，全面展现常州全域文旅地图。

⑤ 打造科技创新之城。常州市产业门类全、产业集群强、产业政策优；创新产业赛道，竞逐城市未来。运用电子交互屏、滑轨屏、高清LED等技术，展现"两湖"创新区在产业赛道、创新赋能中不断提速、奋进全国新能源之都的驰骋风采。

⑥ 招商引资，广纳人才。在"两湖"之眼，了解人才地图、人才政策、人才公寓等创新政策，体验"两湖"青年的一天。常州市正在努力打造全国青年创新创业最向往的城市，让天下英才在常州遇见和创造更加美好的未来。

六大主展厅包括升降式交通沙盘、十全十美天幕、新能源产业赛道、沉浸式数字沙盘、5D生态廊道及"两湖"之眼六个部分，这六个部分通过科技感的装置将生态、创新、科技、产业、交通、人才等六大城市元素淋漓尽致地展现出来。

再次是数字沙盘厅。数字沙盘厅是国内首个灯光艺术展厅，通过矩形灯光艺术设置与数字沙盘结合，江苏省一流数字沙盘，裸眼3D和空间穿梭的创新技术，为人们提供了沉浸式体验。比如，5D的生态廊道，运用人体动态捕捉技术，融合视觉、听觉、嗅觉、触觉多感官体验，让观众仿佛置身大美"两湖"；"两湖"之眼，通过4K高清投影打造沉浸式未来感展厅，并以实体沙盘结合虚拟屏幕演绎的形式，展示"两湖"创新区核心区配套设施，呼应"两湖"青年最向往的一天这一表现主题。全方位、多层次、立体化地展现了"两湖"创新区规划建设的整体风貌，"五年成势、十年成形、十五年成城"，数字化呈现，让未来在我们眼前铺展开来。

最后是尾厅。这里主打元宇宙的体验，特别设置了以"你我共建两湖"为主题的青春活力城虚拟互动体验，人们可以自定义选择卡通形象角色、职业、昵称，将自身人物形象虚拟角色化，带入数字化"两湖"虚拟场景中，体验在"两湖"生活的创意场景，这一虚拟互动，通过在数字化体验中化身数字人，感受科技发展的魅力。常州市"两湖"创新区规划展示馆集人、湖、城于一体，让人们感受到集合生态之城、秀美之城、科技之城、创新之城、青年之城、未来之城的"两湖"创新区壮丽画卷迎面徐徐走来。

（二）实践教学主题

本项目紧紧围绕"习近平新时代中国特色社会主义思想概论"课程第七章"社会主义现代化建设的教育、科技、人才战略"第三节"加快建设科技强国"的有关内容。习近平总书记在北京大学考察时指出："重大科技创新成果是国之重器、国之利器，必须牢牢掌握在自己手上，必须依靠自力更生、自主创新。"中国要强盛，中华民族要实现伟大复兴，必然要掌握科技这一国之重器，努力成为世界主要科学中心和创新高地。当今世界，科技创新的手段层出不穷，掌握了核心创新技术的国家便拥有掌握国际话语权的能力。现在，我们比历史上任何时期都更接近实现中华民族伟大复兴的目标，比历史上任何时期都更有信心、更有能力实现这个目标。在迈向新时代新征程的道路上，我们比过去任何时候都更需要科学技术解决方案，都更需要增强创新这个第一动力。"科技兴则民族兴，科技强则国家强。"实现高水平科技自立自强是国家强盛和民族复兴的战略基石。

当前面对世界百年变局，科技创新是其中一个关键变量。全面建成社会主义现代化强国关键看科技自立自强，这是促进发展大局的根本支撑。必须把科技的命脉牢牢掌握在自己手中，赢得国际竞争新优势。实现高水平科技自立自强是应对风险挑战和维护国家利益的必然选择。我国科技发展正处在将强未强、不进则退的关键阶段，只有加快实现高水平科技自立自强，牢牢掌握发展主动权，我国的现代化进程才不会迟滞甚至被打断。实现高水平科技自立自强是构建新发展格局、推动高质量发展、满足人民美好生活需要的内在要求。

新时代新征程，我们比过去任何时候都更需要科学技术解决方案，都更需要增强创新这个第一动力。要想实现高水平科技自立自强，加快建设科技强国，增强自主创新能力是题中应有之义。关键核心技术是要不来、买不来、讨不来的。核心技术受制于人，我们就会被"卡脖子""牵鼻子"，因此，要坚定不移走好中国特色自主创新道路。要想增强自主创新能力，首先要着力推进基础研究。我国面临的很多"卡脖子"技术问题，根子是基础理论研究跟不上，源头和底层的东西没有搞清楚。其次要着力推动应用研究。全球科技革命发展的主要特征是从"科学"到"技术"的转化。应用研究是基础研究转化为实际应用的桥梁。科技成果只有同国家需要、人民要求、市场需求相结合，完成从科学研究、实验开发、推广应用的三级跳，才能真正实现创新价值、实现创新驱动发展。最后要着力推动前沿研究，加快突破关键核心技术。本项目以"两湖"创新区的建设和规划展示馆为切入点，开展内容教学。

（三）实践教学目的

通过组织学生实地参观常州市"两湖"创新区规划展示馆，让学生多方位地了解一座城市的文化、产业、科技、人才的发展现状，明白抓创新就是抓未来、谋创新就是谋未来，深化对创新是引领发展的第一动力、科技强则国家强的认识；同时，聚焦常州市正在凭借"创新"赢得发展的主动，引导学生认识到关键核心技术是国之重器、自力更生是中华民族自立于世界民族之林的奋斗基点、自主创新是我们攀登世界科技高峰的必由之路；通过对展厅科技装置（如升降式交通沙盘、十全十美天幕、三维漫游影片、沉浸式数字沙盘等）的了解和体验，以及运用元宇宙概念，让学生参与到以"你我共建两湖"为主题的青春活力城虚拟互动体验中，体悟在"两湖"生活的未来创意场景，引导学生培养突破陈规的意识和思维、锤炼创新创造的能力本领、提高创新创造的责任感并勇于投身实践中，以青春之我圆梦科技强国，立足高分子材料智能制造技术专业，成长为德才兼备的高素质人才，做科技强国的生力军，弘扬科学家精神。

（四）实践教学设计

① 组织学生参观"两湖"创新区规划展示馆，参与以"你我共建两湖"为主题的青春活力城虚拟互动体验。

② 聆听现场讲解人员讲解常州市"两湖"创新区的具体规划。

③ 任课教师从我国非凡十年取得的成就讲清科技强则国家强的缘由，从"两湖"创新区规划展示馆讲清如何才能增强自主创新能力，从"你我共建两湖"虚拟互动体验引导学生弘扬科学家精神，做科技强国的生力军。

④ 参观结束后，组织学生探讨与分享学习感悟，任课教师进行教学总结与反思，并布置课后任务。

三、实施过程

（一）教学分析

1. 教学目标分析

加快建设科技强国是"习近平新时代中国特色社会主义思想概论"课程第七章"社会主义现代化建设的教育、科技、人才战略"的重要内容。本项目实践教学主要目的是通过组织学生走进常州"两湖"创新区，在参观"两湖"创新区规划展示馆和亲身体验"两湖"未来生活的创意场景中，进一步地深化对加快建设科技强国的缘由和举措的理解，提升学生聚焦国家发展战略和人民美好生活需要，结合自身专业知识勇于创新、敢于创新的能力，引导学生成长为德才兼备的高素质人才，以青春之我圆梦科技强国，做科技强国的生力军。

（1）知识目标。理解加快建设科技强国的缘由，掌握增强自主创新能力的内容。

（2）能力目标。能聚焦国家发展战略和人民美好生活需要勇于创新、敢于创新；运用专业知识提升自身创新能力。

（3）素质目标。自觉树立创新意识，弘扬科学家精神；自觉运用专业知识做科技强国的生力军。

2. 教学内容分析

科技自立自强是国家强盛之基、安全之要。全面建设社会主义现代化国家，教育是根本，科技是关键，人才是基础。加快建设科技强国是"习近平新时代中国特色社会主义思想概论"课程第七章"社会主义现代化建设的教育、科技、人才战略"的重要内容，对于国家前途命运、实现民族复兴有着重要作用。首先，讲清楚科技强则国家强的缘由，明晰实现高水平科技自立自强是国家强盛和民族复兴的战略基石、应对风险挑战和维护国家利益的必然选择、推动高质量发展和满足人民美好生活需要的内在要求，引导学生认识到大力发展科学技术的重要性。其次，讲清楚增强自主创新能力的举措，理解着力推进基础研究、应用研究、前沿研究的重要性，引导学生认识到关键核心技术是要不来、买不来、讨不来的，必须坚定不移走好中国特色自主创新道路。最后，讲清楚做科技创新的生力军，解决怎么做的问题，使学生自觉将个人发展和国家前途、民族命运紧密联系起来，引导学生勇做科技创新的实践者，结合专业，以青春之我圆梦科技强国。

3. 教学重难点分析

（1）教学重点。结合高分子材料智能制造技术专业理解增强自主创新能力的内容。

（2）教学难点。如何结合高分子材料智能制造技术专业，勇做创新创造的实践者。

（二）教学策略

1. 课前实践准备

对接学生成长需要，推送课前导学。通过智慧平台推送视频《非凡十年》，让学生进一步了解党的十八大以来，我国在建设创新型国家和科技强国方面取得的成就，并推送文本资料《加快建设科技强国　实现高水平科技自立自强》《实现高水平科技自立自强是中国式现代化建设的关键》《激发科技创新的青春力量》，预热课堂主题，点燃实践热情。

2. 课中实践开展

（1）走进常州市"两湖"创新区。在常州市"两湖"创新区规划展示馆讲解员带领下，走进常州市"两湖"创新区规划展示馆，以"生态创新区，最美湖湾城"为展陈主题，以"新城市、新产业、新人才"为展陈框架，全方位、多层次、立体化地展现了"两湖"创新区规划建设的整体风貌，通过多媒体艺术设置和科技感装置将生态、创新、科技、产业、交通、人才等六大城市元素淋漓尽致地呈现出来，也凸显了"两湖"创新区在产业赛道、创新赋能中不断提速、奋进全国新能源之都的驰骋风采；运用元宇宙概念，设置了以"你我共建两湖"为主题的青春活力城虚拟互动体验，学生自定义选择卡通形象角色、职业、昵称，将自身人物形象虚拟角色化，带入数字化"两湖"虚拟场景中，体验在"两湖"未来生活的创意场景，感受科技发展的魅力。

（2）走向议题。

议题一：从非凡十年成就看科技强则国家强

教师发布云课堂任务：结合课前视频，我们了解到党的十八大以来，我国在科技强国建设方面取得的很多成就。那么，其中有哪些伟大的成就？请列举，并说明其有着怎样的重大意义。

学生说出自己感触比较深的成就，结合成就背后的故事，探寻其蕴含的重大意义。比如，2021年10月10日，我国自主研发的全海深自主遥控潜水器——"海斗一号"取得世界级成果，这表明了我国全海深无人潜水器正式跨入万米科考应用的新阶段，填补了当前世界上相应领域应用的空白。这是我国战略高技术领域取得新跨越的体现，表明我国在深海、深空、深地、深蓝等领域不断抢占科技制高点。例如，"海斗一号"完成万米海试，"奋斗者"号成功坐底，北斗卫星导航系统全面开通，中国空间站天和核心舱成功发射，"长征五号"遥三运载火箭成功发射，世界最强流深地核天体物理加速器成功出束，"神威·太湖之光"超级计算机首次实现千万核心并行第一性原理计算模拟，"墨子号"实现无中继千公里级量子密钥分发。2023年1月28日，中国东航全球首架C919国产大飞机执行MU7817次航班平稳落地南昌昌北国际机场，这标志着C919圆满地完成首个商业航班飞行，正式进入民航市场，开启了市场化运营、产业化发展新征程。

这十年，我国的高端产业取得新突破。C919大飞机准备运营，时速600公里高速磁浮试验样车成功试跑，最大直径盾构机顺利始发，北京大兴国际机场正式投运，港珠澳大桥开通运营，智能制造取得长足进步，人工智能、数字经济蓬勃发展，图像识别、语音识别走在全球前列，5G移动通信技术率先实现规模化应用，新能源汽车加快发展等；同时，我国民生科技领域取得显著成效，医用重离子加速器、磁共振、彩超、CT等高端医疗装备国产化替代取得重大进展。我们的国防科技也在不断创新。国防科技有力支撑重大武器装备研制发展，首艘国产航母下水，第五代战机歼20正式服役，东风－17弹道导弹研制成功，我国在高超音速武器方面走在前列等。

通过对非凡十年成就的探索和总结，引导学生认识到科技兴则民族兴、科技强则国家强。不管是在战略高技术领域、国防科技领域，还是在高端产业领域，都体现着创新是一个国家、民族发展的不竭动力。面对当前世界百年变局，科技创新是其中一个关键变量。国际环境错综复杂，各国都把科技创新作为国际战略博弈的主要战场，我们要想有效地应对前进道路上的重大风险和挑战，提升我国发展的独立性、自主性、安全性，必须科技自立自强。相反，如果不能牢牢地握住科技创新的命脉，我们将不能在国际竞争中赢得新优势，我国的现代化进程就会迟滞甚至打断。因此，实现高水平科技自立自强是国家强盛和民族复兴的战略基石，也是我国应对风险挑战和维护国家安全利益的必然选择。

除此之外，我们的民生领域其实也离不开科技的支撑。习近平总书记曾指出："要把满足人民对美好生活的向往作为科技创新的落脚点，把惠民、利民、富民、改善民生作为科技创新的重要方向。"推动高质量发展，需要有强大科技作为支撑，才能提供新的发展空间、关键着力点和主要支撑体系。实现人民高品质生活，也需要有强大科技作为支撑，这样一来，才能提高社会发展水平，推出更多涉及民生的科技创新成果，满足人民多样化多层次的美好生活需要。因此，实现高水平科技自立自强是构建新发展格局、推动高质量发展、满足人民美好生活需要的内在要求。

议题二：从"两湖"创新区规划展示馆看如何增强自主创新能力

教师发布云课堂任务：在常州市"两湖"创新区规划展示馆内，通过视觉沉浸、听觉沉浸、触觉沉浸感受科技创新的魅力。请大家挑选印象最深的照片后，上传至照片展示墙，并说明理由。

学生选择感兴趣的现场照片进行课堂展示，通过一张张照片或一个个场景，让"两湖"创新区未来的样子铺展开来，呈现出常州市发展全面起势的时代画卷。比如，通过动态影片、VR互动、升降立体沙盘等，沉浸式揭秘常州南站多功能、现代化、智能化的城市"中央车站"，以交通先行展示高质量发展的破竹之势、磅礴之势、如虹气势，让学生置身于"两湖"的脉动之中；通过十全十美天幕，在首创的水晶沙盘三屏联动模式中，让学生感受到功能多元、层次丰富的"两湖"多彩岸线；通过三维漫游影片，高达6米的高清LED大屏，结合动态滑轨屏，充分展示了在新能源产业赛道上，常州奋力跑赢的风采，新能源汽车和动力电池产业已成为常州新能源产业发展的"王牌"；通过矩阵灯光艺术装置与沉浸式数字沙盘的结合，在呼应影片内容变换阵列中，让学生可以更加全方位、多层次、立体化地感受"两湖"创新区的规划建设；通过5D生态廊道，运用人体动态捕捉技术，融合视觉、听觉、嗅觉、触觉多感官体验，让学生仿佛置身于"生态之城、秀美之城"的大美"两湖"；通过4K高清投影打造沉浸式未来感展厅，并以实体沙盘结合虚拟屏幕演绎的形式，给学生展示"两湖"创新区核心区配套设施，与青年人向往的生活相呼应等。这些照片或场景在科技感装置赋能下，将生态、创新、科技、产业、交通、人才等六大城市元素淋漓尽致地展现了出来。教师进行点评总结，引出议题讨论。

通过对常州市"两湖"创新区规划展示馆的体验与参观，引导学生思考常州这十年是如何实现从"制造"到"智造"转变的。进而深化其对我国必须增强自主创新能力的理解和认识。"两湖"创新区规划展示馆内融合了创意、科技、艺术等方式，为人们描绘出常州市新时代这十年以来的变化情况及未来之城的建设目标。整个"两湖"区域前瞻布局城市高端功能区，抢占产业技术制高点、产业发展主导权、创新发展主动权，基于新能源、新材料、数字经济爆发式发展的风口，聚集了新能源汽车、动力电池、石墨烯等一批代表创新方向、引领创新发展的优势产业，布局了中以常州创新园、中德创新产业园、东部"科创走廊"、龙城实验室等一批高端创新平台、创新基地，以及理想汽车、中创新航、蜂巢能源、星星充电等站在新经济浪潮前沿的"新势力"企业。这些都让有着"制造"基因的常州不断凭借"创新"赢得主动，逐步成为"国际化智造名城"。

由此可见，科技创新是世界百年变局中的一个关键变量，科技创新是新时代的迫切要求。要想实现高水平科技自立自强，打赢关键核心技术攻坚战，我们必须增强自主创新能力，坚定不移走好中国特色自主创新道路。增强自主创新能力，首先要着力推进基础研究。只有基础研究跟上了，才能不被"卡脖子""牵鼻子"。因为基础研究是处于从研究到应用再到生产的科研链条的起始端，是我们下好自主创新的先手棋。其次要着力推动应用研究。全球科技革命发展的主要特征是从"科学"到"技术"的转化，基本要求是重大基础研究成果产业化，而应用研究是从基础研究到实际应用的桥梁。最后要着力推动前沿研究，强化国家战略科技力量，推动科技创新与经济社会发展相结合。科技成果只有同国家需要、人民要求、市场需求相结合，完成从科学研究、实验开发、推广应用的三级跳，才能真正实现创新价值、实现创新驱动发展。

议题三：从"你我共建两湖"虚拟互动体验看如何做科技强国生力军

教师发布云课堂任务：在尾厅元宇宙概念的设置环节，学生可以自定义选择卡通形象角色、职业、昵称，将人物形象虚拟角色化，进入数字化"两湖"

虚拟场景中，体验在"两湖"未来生活的创意场景。请学生以"你我共建两湖"为主题，参与青春活力城虚拟互动体验，并将体验感受上传到云平台。

通过参与以"你我共建两湖"为主题的青春活力城虚拟互动体验，学生沉浸式地感受到科技发展的魅力，以及对未来美好生活更加期待和向往。当代大学生既置身于世界新一轮科技革命和产业革命同我国转变发展方式的历史性交汇期，又置身于我国全面建设社会主义现代化国家新征程。在世上一切事物中，人是最可宝贵的，一切创新成果都是人做出来的。硬实力、软实力，归根到底，要靠人才实力。全部科技史都证明，谁拥有了一流创新人才、拥有了一流科学家，谁就能在科技创新中占据优势。青年时期是创新创造的宝贵时期。如今，融合机器人、数字化、新材料的先进制造技术正在加速推进制造业向智能化、服务化、绿色化转型，作为高分子材料智能制造技术专业的学生，投身创新创造的实践正当其时。

教师发布围读思考题，引导学生思考如何才能让青春在创新创造中闪光。首先要培养突破陈规的意识和思维。陈规最易束缚人的思维和手脚，创新创造的过程往往充满艰辛。要创新，就要有强烈的创新意识，凡事要有打破砂锅问到底的劲头，敢于质疑现有定论，勇于开拓新的方向，攻坚克难，追求卓越。敢于大胆突破陈规甚至常规，敢于大胆探索尝试，善于观察发现、思考批判，不唯书、不唯上、只唯实，这是大学生在学习与实践中创新创造的重要前提。同时，生活中要注重培养求异、善于发现问题、灵活而开放、发散而多维的思维，勤于思考，善于发现和勇于创新。其次要锤炼创新创造的能力和本领。青年是苦练能力和本领、增长才干的黄金时期。当今时代，知识更新不断加快，社会分工日益细化，新技术新模式新业态层出不穷，这既为青年施展才华、尽展风采提供了广阔舞台，也对青年能力素质提出了新的更高要求。因此，我们要夯实创新基础，从扎实系统的高分子材料智能制造技术专业知识学习入手，有扎实的知识基础，提升自身的专业能力，才能够担负起创新创造的重任。最后要提高创新创造的责任感，并勇于投身实践。创新创造是一种不甘落后、奋勇争先、追求进步的责任感体现。在时代大潮中，有人选择安于现状，有人拼搏进取，这两种不同选择的根源除了信心和勇气，更在于是否具有为推动社会发展进步贡献力量的责任担当。强烈的责任感是在创新创造过程中克服一切艰辛和挑战的前提。大学生应在民族复兴的时代洪流中，自觉承担起其应有的时代责任，积极投身创新实践，弘扬科学家精神，勇做创新创造的实践者和生力军，立足专业，以青春之我圆梦科技强国。

3. 课后实践拓展

围绕高分子材料智能制造技术专业内容，撰写一份创新创业大赛的申请书及进行实践的可能性分析，将理论落实到青春实践。

四、教学成效

利用常州市"两湖"创新区规划展示馆内大量的科技感装置，让学生置身其中，仿佛看到"两湖"区域甚至整个常州的未来，并运用元宇宙概念数字化场景体验了"两湖"未来生活的创意场景，这种具象化、沉浸式的现场教育教学形式，将加快建设科技强国的理论内容与常州市"两湖"创新区规划展示馆内的展示内容、"两湖"区域建设目标及人们未来生活的图景相结合，在展开来的具象化认知中，进一步地深化了学生对于加快建设科技强国的意义和举措的准确理解和把握，有利于更好地引导其勇做科技创新的实践者和生力军，成为德才兼备的高素质人才。

将课堂搬到常州市"两湖"创新区规划展示馆，带领学生近距离感受科技发展的魅力，进而在亲身体验中体悟科技强则国家强和自主创新是我们攀登世界科技高峰的必由之路，引导学生在实践和行动中弘扬科学家精神，勇做创新创造的实践者和生力军。通过对"从非凡十年成就看科技强则国家强""从'两湖'创新区规划展示馆看如何增强自主创新能力""从'你我共建两湖'虚拟互动体验看如何做科技强国生力军"三个议题的探讨和围读，将加快建设科技强国的教材体系转化为具有特色化的思政课实践教学体系，能够及时将思政课上关于科技强则国家强、打赢关键核心技术攻坚战、增强自主创新能力的理论认知转化为更深层次地聚焦国家发展战略和人民美好生活需要勇于创新、敢于创新，勇做专业领域创新创造实践者和生力军的实践认知，引导学生在学中做、在做中思、在思中悟、在悟中行，打造思政活课堂，从而增强思政课的针对性、实效性和吸引力、感染力，有助于将思政课的价值涵育转化为学生职业生涯发展、践行科学家精神的内生动力，提升学生的学习获得感，以青春之我助力科技强国建设。

五、实践教案

课程名称	习近平新时代中国特色社会主义思想概论	实践基地	常州"两湖"创新区
教材章节	社会主义现代化建设的教育、科技、人才战略	授课专业	高分子材料智能制造技术专业

教学分析	教学内容分析	通过走访常州"两湖"创新区，围绕"两湖"创新区规划展示馆和亲身体验在"两湖"生活的创意场景，以专业知识为切入口，让学生在具身体验活课堂中深化对于加快建设科技强国的意义和举措的认识，引导学生勇做科技创新的实践者，成为德才兼备的高素质人才			
	学生情况分析	知识和技能基础	认知和实践能力	学习特点	评估结果
		通过对前面理论知识的学习，基本掌握了教育、科技、人才对于全面建设社会主义现代化国家的基础性和战略性意义，但局限于抽象的理论认识，尤其是对科技强国的建设缺乏与现实相观照的能力	认同个人命运与国家发展、社会发展紧密相连，但缺乏将个人所学专业知识与科技强国建设相融合的实际行动	相对于课堂理论教学，学生参与课外实践的积极性较高，但对实践的态度娱乐性大于学习性	要紧密联系学生专业情况和生活实际，把理论内容讲清楚，使学生在分析和认识实际问题过程中，加深对理论的理解，增强情感认同，最终实现理论和实践的统一

教学重难点及解决措施	教学重点：结合高分子材料智能制造技术专业理解增强自主创新能力的内容
	教学难点：如何结合高分子材料智能制造技术专业勇做创新创造的实践者
	解决措施：以高分子材料智能制造技术专业为切入口，以常州"两湖"创新区建设为载体，让学生在以小见大中领悟我国未来如何才能增强自主创新能力，从而明晰自己应承担的时代责任，努力弘扬改革创新精神和科学家精神，助力科技强国建设

教学目标	知识目标：理解加快建设科技强国的缘由，掌握增强自主创新能力的内容
	能力目标：能聚焦国家发展战略和人民美好生活需要，勇于创新、敢于创新；运用专业知识提升自身创新能力
	素质目标：自觉树立创新意识，弘扬科学家精神；自觉运用专业知识，做科技强国的生力军

教学方法	①"问题链"教学法；②理论讲授法；③归纳法；④一体化教学法

教学过程				
教学环节	教学内容	实践活动		设计意图
		学生（主体）	教师（主导）	
实践准备	走近我们这十年：观看视频《非凡十年》，了解党的十八大以来，我国在建设创新型国家和科技强国方面取得的成就	聚焦专业；关注社会	提供学习内容；指导深度思考	以聚焦我们这十年来所取得的成就为起点，增加认知乐趣，点燃实践热情
实践开展	走进常州"两湖"创新区	穿越时空：参观"两湖"创新区规划展示馆和亲身体验"两湖"未来生活的创意场景	组织学生参观；引导学生共情	以参观"两湖"创新区规划展示馆为路径，感受其对"新城市、新产业、新人才"主题定位和"最美湖湾城"目标愿景的规划，推进实践探索
	走向议题：确立教学议题；完成认知升华	议题探讨；关切困惑	启发观察视角；引发问题意识	以教学议题为桥梁，构筑对话平台，产生时代疑问，深化实践主题
	议题一：从非凡十年成就看科技强则国家强	再看共析：结合课前视频，聚焦伟大成就；思维碰撞：我们这十年取得了哪些令你印象深刻的成就？有着怎样的重大意义？收获新知：实现高水平科技自立自强是国家强盛和民族复兴的战略基石、应对风险挑战和维护国家利益的必然选择、推动高质量发展和满足人民美好生活需要的内在要求	① 总结各组观点；② 诠证：科技兴则民族兴，科技强则国家强。我国已成功进入创新型国家行列，在各个方面取得了重大成就。科学技术的发展对国家前途命运有着重大意义，中国要强盛、民族要复兴，就一定要大力发展科学技术	以课前视频为切入口，通过对近十年成就的列举及思考其具有的意义，引导学生认识到科技自立自强是国家强盛之基、安全之要。只有实现科技自立自强，国家才能富强，民族才能振兴，人民才能幸福

实践开展	议题二：从"两湖"创新区规划展示馆看如何增强自主创新能力	沉浸体验：通过视觉沉浸、听觉沉浸、触觉沉浸体验"两湖"创新区规划展示馆； 思维碰撞：风起"两湖"，振翅"蝶"变。常州这十年是如何实现从"制造"到"智造"转变的？ 收获新知：创新是新时代的迫切要求。增强自主创新能力，要着力推进基础研究、应用研究、前沿研究	① 总结各组观点； ② 诠证：科技创新是世界百年变局中的一个关键变量，实现高水平科技自立自强，必须增强自主创新能力，坚定不移走好中国特色自主创新道路	以走进"两湖"创新区规划展示馆为切入口，聚焦常州正在凭借"创新"赢得发展的主动权，引导学生认识到关键核心技术是国之重器，自力更生是中华民族自立于世界民族之林的奋斗基点，自主创新是我们攀登世界科技高峰的必由之路
	议题三：从"你我共建两湖"虚拟互动体验看如何做科技强国生力军	现场体验：参与以"你我共建两湖"为主题的青春活力城虚拟互动体验。 思维碰撞：感受完科技发展的魅力，思考如何让青春在创新创造中闪光。 收获新知：培养突破陈规的意识和思维，锤炼创新创造的能力本领，提高创新创造的责任感并勇于投身实践	① 总结各组观点； ② 诠证：当代大学生既置身于世界新一轮科技革命和产业革命同我国转变发展方式的历史性交汇期，又置身于我国全面建设社会主义现代化国家新征程，投身创新创业的实践正当其时	以增强自我创新能力为切入口，通过厘清科技创新与青年人之间的关系，引导学生以青春之我圆梦科技强国，在自身专业领域成长为德才兼备的高素质人才，立志做科技强国的生力军，弘扬科学家精神
实践升华	走入更广阔的实践：理论联系实际；完成知行合一	反思观点； 反哺人生	指点议题凝练；观照现实生活	以甄辨议题为手段，运用实践感悟具体生活，实现"实践—认识—实践"的升华
课后环节				
笃行	围绕高分子材料智能制造技术专业内容，撰写一份创新创业大赛的申请书，以及进行实践的可能性分析，将理论落实到青春实践	**融会贯通**		运用所学知识解决现实问题，考查应用

教学反思

思政课教学是科学，要遵循客观教学规律；思政课教学也是艺术，要充满创造力。本项目通过走进常州"两湖"创新区，带领学生参观"两湖"创新区规划展示馆和参与以"你我共建两湖"为主题的青春活力城虚拟互动体验，帮助学生深化对于加快建设科技强国的意义和举措的认识。在思政大课堂和思政活课堂中，注重理论与实际相结合、与高分子材料智能制造技术专业相融合，引导学生勇做创新创造的实践者和科技强国的生力军，将科学家精神贯穿于实践中、体现在行动上。通过课前实践准备、课中实践开展、课后实践升华，基本达到了课前预设的教学目的。

但仍存在如下问题：在从《非凡十年》成就看科技强则国家强的议题环节，学生讲科技创新故事的能力比较欠缺，后续教学中要注重课堂的及时点拨引导，提高学生立足当下感知社会的能力

项目七　乡村振兴篇：
探寻"千万工程""解码"乡村振兴

一、项目导引

乡村振兴是中国特色社会主义现代化强国建设中的关键一环，没有农业农村的现代化，社会主义现代化就是不完整的。全面推进乡村振兴是党和国家做出的重大战略决策，党和国家致力于全面推进乡村振兴，将农业打造成有奔头的产业，将农村建设成安居乐业的美丽乡村。2024年2月21日，《中共中央国务院关于学习运用"千村示范、万村整治"工程经验有力有效推进乡村全面振兴的意见》提出："推进中国式现代化，必须坚持不懈夯实农业基础，推进乡村全面振兴"，要学习运用"千万工程"经验，"因地制宜、分类施策，循序渐进、久久为功，集中力量抓好办成一批群众可感可及的实事"。乡村全面振兴的战略要求和主攻方向，是做好新时代新征程"三农"工作的根本遵循和行动指南，必须坚定不移贯彻习近平总书记关于乡村振兴的重要指示精神，将全面推进乡村振兴作为"三农"工作的总抓手，以"千万工程"经验为引领，找准全面发展农业、农村、农民的切入点和突破口，不断推动全面乡村振兴取得阶段性、实质性成果。

"千村示范、万村整治"工程（以下简称"千万工程"）是习近平总书记在浙江工作时亲自谋划、亲自部署、亲自推动的工程，这一工程深刻地改变了浙江省农村的基本面貌，同时为全面推进乡村振兴作了成功示范和先行引导。

首先，"千万工程"为乡村振兴建设提供了实践样本。"千万工程"始于浙江省农村环境整治和群众所反映的脏乱差问题，经过不断在各个领域展开推行，成为集政治、经济、社会、文化和生态文明于一体的系统工程，使浙江省实现了从"千村示范、万村整治"到"千村精品、万村美丽"再到"千村引领、万村振兴"的蝶变，浙江省农村从落后、环境差转变为美丽乡村、富裕乡村。"千万工程"的经验回答了建设什么样的乡村和怎样建设乡村的历史课题。

其次,"千万工程"为乡村振兴建设提供了一系列发展机制。比如,"千万工程"坚持稳扎稳打、久久为功,坚持因地制宜、分类施策,坚持以人民为中心、系统的方法论,坚持党政主导,各方协同,分级负责的良好体制机制等,因此各地区无论发展条件如何,都能够从"千万工程"经验中找到可以借鉴之处。

最后,"千万工程"为乡村振兴建设提供了开展工作的科学理念和方法。其中最为根本的是"以人民为中心"的理念。不管是精神的进步还是物质的进步,"千万工程"的展开始终离不开一个重要的主体,那就是人民群众。习近平总书记在深入调查的基础上,立足浙江省省情农情,对农民所处现状有一个深刻的了解和把握。在推进各项工作进程中,始终围绕人民利益展开,真正做到利为民所谋、情为民所系。

"千万工程"始终贯彻"绿水青山就是金山银山"的重要理念。生态兴则文明兴,寻找人与自然和谐相处方式,一直是人类要探索和解决的问题。习近平总书记在尊重客观自然规律的基础上,带领浙江人民探索出这样一条道路,实现了美丽浙江、美丽乡村建设,未来还要实现美丽中国建设。地球是人类赖以生存的家园,保护好生态就是保护好我们自己,这也深深地贯穿在"千万工程"之中。"千万工程"经验虽然是涵盖了农村产业、生态、粮食、文化、党建、教育等各方面因素的系统工程,但是在推进乡村建设过程中不可直接照搬照抄浙江省发展模式,各地区及其发展阶段都有自身的特殊性,在学习经验过程中,要因地制宜地运用这一经验。要将"千万工程"经验作为习近平总书记关于"三农"问题的重要实践载体,联系实际,从农民反映强烈的问题出发,明确乡村振兴需要抓什么、怎么抓的问题。

本项目紧紧围绕"习近平新时代中国特色社会主义思想概论"中全面推进乡村振兴篇展开,让学生通过探寻"千万工程"经验,从身边的新农村去感受美丽乡村、生态乡村、富裕乡村建设成就,深刻体会党和国家对解决"三农"问题的重视,从经验到运用、从理论到实践,明白民族要复兴、乡村必振兴的道理,并能够将所学理论运用到乡村振兴实践中,努力成为推动乡村振兴的践行者和建设者。

二、实践准备

（一）实践基地介绍

常州市新北区西夏墅镇东南村，是由两个村子合并而形成的，因位于西夏墅的东南方向，故名"东南村"。这是西夏墅镇唯一还保留着传统农耕文明的村子。东南村曾经是一个地理位置偏僻的贫困小村庄，村里基础设施十分落后，没有一条贯通全村的主道，路都还是泥石路，也没有一盏正常使用的路灯。因为合并后的东南村被规划为农业生态区，因而村里还不能发展工业，2013年村集体只有13万元收入。与此同时，村里的农田还面临着日益板结、贫瘠的困境。

基于此种情境，东南村党总支决定引领村民为村级经济寻求出路，开辟一条绿色发展的美丽乡村建设之路。东南村在党建引领下，逐渐变得天蓝水绿，清新的空气中都弥漫着淡淡的泥土清香，这个昔日的"贫困村"以稻米产业为基础，发展适度集约化、规模化、机械化的现代农业，践行绿色发展理念，将农耕文化和生态旅游融合，走出了一条传统农耕村庄的理想"稻"路，成为常州市美丽乡村的一张名片。2017年5月，东南村入选常州市第一批美丽乡村。2024年初，在农业农村部、中央宣传部、司法部公布的第三批全国乡村治理示范村镇名单中，东南村荣获"全国乡村治理示范村"称号。

作为乡村治理示范村，东南村拥有以下几大特色。

特色一，创新"村社合一"模式，发展特色有机种植。东南村流转了2000亩土地，整合零星分散的田块，开展高标准农田建设，充分利用边角、零散的小地块，打造小菜园，种植应季蔬菜。通过"村社合一"模式集中统一耕种，提升粮食质量和产量，建成了有机稻米良田示范区，并且东南村生产的香软可口的绿色生态粳米在江苏省创出了"夏墅"品牌，陆续通过了"有机产品""绿色食品"认证，荣获江苏省"名优产品"等称号。除了传统种植水稻，东南村还发展出稻鸭、稻鱼、稻虾共作模式，在稻米产业示范区，不仅有成群的麻鸭在田里捕虫、活水，规整的田埂上还种植着除虫菊、硫华菊、香根草等植物，随处可见"稻在水中摇，鸭在稻间游"的和谐美好画面。

特色二，农文旅反哺稻米产业。走进东南村，稻田、油菜花、小桥流水、白墙黑瓦……一个个美丽的景观映入眼帘。在传统种植业基础上，东南村紧紧抓住美丽乡村建设的机遇，科学规划农村建设，打造了稻米产业示范区、蔬香村特色体验区、稻田公园区、形象展示区、特色蔬果采摘区等特色区域，充分展现了江南水乡的韵味和特色，发展出全过程、多阶段、立体化的精品乡旅路线，实现了农业、旅游业的深度融合，吸引着成千上万的外地游客前来打卡，为乡村增加了经济收入。在这里，游客可以享受插秧、割稻、在稻田里摸鱼捉虾的快乐，也可以到东南小菜园里认识和采摘蔬菜，还能到新建成的"东南仓"稻米主题文化馆参观，了解稻作文化，听吉祥物"东东""南南"讲述稻米生长的故事，体验推磨盘和犁地，在实践中学习农业相关知识。稻米主题文化馆包括"寻稻""稻法""米香""家土""今昔东南"五大展厅，融合稻米文化与乡村文化，带领参观者踏上"寻稻"之路，掌握有机"稻法"，收获来自大自然的"米香"，沉浸式感受稻米文化的魅力，在稻米主题文化馆中，不仅能够探秘"土壤中的大世界""'孔雀东南飞'梦幻发光稻田""璀璨'星空仓'"，还可以体验传统犁耕、插秧比赛和刺激的跃层景观滑梯，在观赏和娱乐中弘扬农耕文化，培养尊重劳动、节约粮食的美德。除此之外，东南村还依托万亩良田，利用废弃房屋，打造"东南小院""稻田理想"精品民宿和咖啡馆等，再配上东南村独特的地域美食和天然的风景，不仅让游客有了更好的旅游体验，还能够体验当地特色。

特色三，打造农村文娱设施，发展特色稻田文化。东南村坚持"发展成果，村民共享"，修建了贯通全村的"东南大道"，先后建设了党群服务中心、村社区卫生室，打造了农村体育公共健身场、文体活动室、图书室等。在稻田上肆意挥洒创意，创造了具有东南特色、令人震撼的3D稻田画，这一创意不仅能够让人们充分发挥想象力和创造力，丰富了人们的精神文化生活，而且能够解决乡村"空心"的困境，吸引更多有创造力的青年返乡就业。除了稻田画，东南村还在专业规划设计师帮助下，利用老砖老瓦等乡土材料，结合流传民间的老故事，建成了"爷爷家的老瓦""小农夫的院子"等乡村小景；在稻田边、鱼塘旁修建栈道，在白色的民房山墙上画上了农耕主题的彩绘，在屋前院后的瓮头瓦罐里种上花草，建成稻田公园。

特色四，充分调动人民群众的积极性，明确乡村振兴的关键在于人才。东南村的合作社发展模式和乡村旅游为村里的人们提供了就业岗位。如今，民宿的"管家大姐"的招募成了东南村的一大爆点。把小餐饮和其他相对中低端的业态留给老百姓自己去做，村集体在美丽乡村的载体上，进行更深层次的内容嫁接，不断吸引人才。对此，东南村规划了未来稻田餐厅、稻田剧场、乡村酒店和稻米博物馆等，这些都需要年轻人来发挥聪明才智。这也说明了东南村之所以能够取得如此大的成就，更重要的是充分发挥了人民的主体作用。

东南村始终坚持贯彻党中央关于"三农"问题的重要指示精神，以乡村振兴为"三农"问题的总抓手，把党建引领作为推进乡村振兴的"第一引擎"，既抓住了粮食安全这个"头等大事"，也推动了乡村文旅的融合发展。东南村把基层党组织这个战斗堡垒建得更强，不断探索绿色有机种植、特色产业发展、美丽乡村建设的更多经验做法，在稻香中绘就东南村人民的"稻田理想"。

（二）实践教学主题

本项目紧紧围绕"习近平新时代中国特色社会主义思想概论"课程第六章"推动高质量发展"第四节"建设现代化经济体系"的相关内容。乡村振兴是推进中国式现代化建设的重要一环，我国农村人口规模较大，如果乡村得不到充分发展，那么共同富裕的目标很难推进和实现，我们的社会主义现代化也是不全面的。农业强国是社会主义现代化强国的根基，推进农业农村现代化是实现高质量发展的必然要求。习近平总书记说过："人民对美好生活的向往，就是我们的奋斗目标。"从党的十八大以来提出的"美丽乡村"到党的二十大强调的"宜居宜业和美乡村"，"美丽乡村"与"和美乡村"仅有一字之差，内涵却丰富了很多。人们向往的美好生活是产业兴旺、生态宜居、乡风文明、治理有效、生活富裕的美丽乡村，全面推进乡村振兴，要实现乡村产业振兴、人才振兴、文化振兴、生态振兴、组织振兴，这五个方面要统筹推进、协同发展，这样才能推动农业全面升级、农村全面进步、农民全面发展，让农业成为有奔头的产业，让农村成为安居乐业的美丽家园，让农民成为有吸引力的职业。一直以来，人民群众是历史的创造者，全面推进乡村振兴是一项艰巨复杂的事业，离不开人民群众的主体作用和首创精神。因此，推进乡村全面振兴关键在人，尤其是要充分发挥当代青年人的聪明才智，从而让乡村留得住人、吸引了人。

本项目以常州市东南村的发展变化案例为切入点，开展内容教学。

（三）实践教学目的

通过组织学生到东南村实地参观，让学生更直观、全面地感受东南村的发展变化。在参观东南村稻米主题文化馆过程中，首先，让学生了解稻米生长的故事，体验推磨盘和犁地等农耕文化，深化学生对于建设农业强国，必须走中国特色社会主义乡村振兴道路，全面推进乡村振兴的认识；其次，通过带领学生现场体验东南村将稻米产业、农耕文化和生态旅游融合发展的创新发展模式，结合"千万工程"经验总结和学习运用，深化学生对于推进乡村全面振兴，必须立足我国国情和地方特点，全面推进乡村产业振兴、人才振兴、文化振兴、生态振兴、组织振兴的认识；最后，通过在蔬香村色体验区、特色蔬果采摘区的劳动实践，让学生明晰农村是广大青年大有可为的新天地，是青年的锻炼场，作为电子商务专业学生，可以在深入基层和努力学习中，用电商运营和直播等专业知识与技能赋能乡村振兴，开启青年兴农新模式。

（四）实践教学设计

① 组织带领学生到东南村参观。

② 由专业人员给学生讲解有关东南村的发展模式和特色。

③ 任课教师围绕东南村发展情况和"千村示范、万村整治"工程经验，讲授全面推进乡村振兴的意义和举措。

④ 组织学生开展割稻、采摘瓜果等劳动实践，引导学生在劳动和奋斗中助力乡村振兴。

⑤ 参观结束后，组织学生探讨，共享学习感悟，任课教师进行教学总结与反思，并布置课后任务。

三、实施过程

（一）教学分析

1. 教学目标分析

通过组织学生走访常州市东南村，在参观东南村稻米主题文化馆、稻米产业示范区、特色蔬果采摘区、蔬香村特色体验区等特色区域，让学生在沉浸式体验东南村"稻田理想"的绘就之路过程中，深化对全面推进乡村振兴意义和举措的认识，提升学生运用专业知识创新乡村发展模式的能力，引导学生自觉树立了解国情民情农情的意识，在厚植爱农情怀，练就兴农本领中，"解码"乡村振兴，努力成为"懂农业、爱农村、爱农民"的时代新人，让青春在田间地头绽放绚丽之花。

（1）知识目标。理解全面推进乡村振兴的意义；掌握推进乡村全面振兴的方法。

（2）能力目标。能懂农业、爱农村、爱农民；提升结合专业知识创新乡村发展模式的能力。

（3）素质目标。自觉树立了解国情民情农情的意识，增强社会责任感；厚植爱农情怀，自觉运用专业知识助力乡村振兴。

2. 教学内容分析

推进中国式现代化，必须坚持不懈夯实农业基础，推进乡村全面振兴。全面推进乡村振兴是"习近平新时代中国特色社会主义思想概论"课程中的重要内容。首先，讲清楚为什么解决好"三农"问题是全党工作的重中之重，让学生从脱贫攻坚迈向乡村振兴过程中，明晰农业强国是社会主义现代化强国的根基，推进农业农村现代化是实现高质量发展的必然要求。建设农业强国，必须走中国特色社会主义乡村振兴道路，大力实施乡村振兴战略，全面推进乡村振兴，为推进乡村全面振兴奠定理论基础。其次，讲清楚如何全面推进乡村振兴，解决怎么做的问题，理解建设农业强国，必须立足我国国情和地方特点，扎实稳步推进，要实现乡村产业振兴、人才振兴、文化振兴、生态振兴、组织振兴，统筹部署、协同推进，为推进乡村全面振兴奠定方法论基础。最后，讲清楚乡村振兴，青年先行，引导青年人学会"自找苦吃"，以青春之奋斗描绘乡村之壮美，在深入基层过程中，用脚步丈量祖国土地，要努力学习，用专业知识和技能赋能乡村振兴。

3. 教学重难点分析

（1）教学重点。理解如何推进乡村全面振兴。

（2）教学难点。如何结合电子商务专业助力乡村振兴。

（二）教学策略

1. 课前实践准备

通过智慧平台推送课前学习资料，视频资料纪录片《乡村振兴面对面》，文本资料《加快建设农业强国 推进农业农村现代化》（习近平，《求是》，2023第6期4—7页）、《习近平论"三农"工作和乡村振兴战略》、《中共中央 国务院关于学习运用"千村示范、万村整治"工程经验有力有效推进乡村全面振兴的意见》，预热课堂主题，点燃实践热情。

2. 课中实践开展

（1）走进常州市东南村。在教师带领下，走进常州市东南村，通过参观东南村稻米主题文化馆，了解稻米生长的故事，体验推磨盘和犁地等农耕文化，在实践中学习农业相关知识，加深对农业农村农民的认识；通过参观稻米产业示范区、稻田公园区、形象展示区，现场体验东南村将稻米产业、农耕文化和生态旅游融合发展的创新发展模式，深化对如何全面推进乡村振兴的理解；通过参观蔬香村特色体验区、特色蔬果采摘区，开展割稻、采摘瓜果等劳动实践，让学生在亲身实践中强化劳动观念和劳动精神，坚持勇担时代责任，助力乡村振兴。

（2）走向议题。

议题一：从脱贫攻坚迈向乡村振兴，该怎么看

2021年2月25日，中国向全世界庄严宣告，在迎来中国共产党成立100周年的重要时刻，我国脱贫攻坚战取得了全面胜利，创造了又一个彪炳史册的人间奇迹，这不仅在中华民族发展史上有着重要意义，更是中国人民对人类文明和全球反贫困事业的重大贡献。脱贫摘帽不是终点，而是新生活、新奋斗的起点。打赢脱贫攻坚战、全面建成小康社会后，要在巩固拓展脱贫攻坚成果的基础上，做好乡村振兴这篇大文章，接续推进脱贫地区发展和群众生活改善。习近平总书记在中央农村工作会议上发表重要讲话时强调："脱贫攻坚取得胜利后，要全面推进乡村振兴，这是'三农'工作重心的历史性转移。要坚决守住脱贫攻坚成果，做好巩固拓展脱贫攻坚成果同乡村振兴有效衔接，工作不留空档，政策不留空白。"

学生通过参观东南村稻米文化馆，了解稻米生长的故事，体验推磨盘和犁地等农耕文化，在实践中了解农业农村。这时，教师发布实践任务：结合参观体验和课前文本资料，谈一谈从脱贫攻坚到乡村振兴，为什么党中央始终把解决好"三农"问题作为全党工作的重中之重，引导学生在谈感受、说观点过程中，认识到民族要复兴，乡村必振兴。

一直以来，农业农村农民问题始终是关系国计民生的根本性问题。农业是基础，基础不牢大厦不稳。无论社会现代化程度有多高，14亿多人口的粮食和重要农产品稳定供给始终是头等大事。满足人民美好生活需要，离不开农业发展。全面建设社会主义现代化国家，出发点和落脚点是让人民生活越过越好。农业是近2亿人就业的产业，农村是近5亿农民常住的家园，只有把农业农村搞好了，广大农民才能安居乐业，才会有充足的获得感、幸福感、安全感。实现高质量发展，也离不开农业发展。只有农业强了，农产品供给有保障，物价稳定、人心安定，经济大局才能稳住。拓展现代化发展空间，农业农村是大有可为的广阔天地。几亿农民整体迈入现代化，会释放巨大的创造动能和消费潜能，为经济社会发展注入强大动力。畅通工农城乡循环，是畅通国内经济大循环、增强我国经济韧性和战略纵深的重要方面。扩内需、稳增长、促发展，农业强国建设是重要的发力点和突破口。农业还是国家安全的基础。农业保的是生命安全、生存安全，是极端重要的国家安全。只有农业强起来，粮食安全有完全保障，我们稳大局、应变局、开新局才有充足底气和战略主动。

党的二十大报告提出"全面建设社会主义现代化国家，最艰巨最繁重的任务仍然在农村"的重要判断，对未来的农业农村工作进行了整体部署。具体来说：未来5年，"三农"工作要全面推进乡村振兴，到2035年基本实现农业现代化，到21世纪中叶建成农业强国。强国必先强农，农强方能国强。农业强国是社会主义现代化强国的根基。没有农业强国就没有整个现代化强国，没有农业农村的现代化，我们社会主义现代化就是不全面的。由此可见，建设农业强国，必须走中国特色社会主义乡村振兴道路，大力实施乡村振兴战略，全面推进乡村振兴。

议题二：推进乡村全面振兴，要怎么干

农业兴则国家兴，全面推进乡村振兴是新时代建设农业强国的重要任务。推进中国式现代化，必须坚持不懈夯实农业基础，推进乡村全面振兴。习近平总书记在浙江工作时亲自谋划推动"千万工程"，从农村环境整治入手，由点及面、更迭升级，20年持续努力造就了万千美丽乡村，造福了万千农民群众，创造了推进乡村全面振兴的成功经验和实践范例。要以学习运用"千万工程"经验为引领，把推进乡村全面振兴作为新时代新征程"三农"工作的总抓手，坚持以人民为中心的发展思想，完整、准确、全面地贯彻新发展理念，因地制宜、分类施策，循序渐进、久久为功。

习近平总书记在中央农村工作会议上强调："要全面推进产业、人才、文化、生态、组织'五个振兴'，统筹部署、协同推进，抓住重点、补齐短板。"这是我们新时代做好"三农"工作、全面推进乡村振兴的根本遵循和行动指南。实施乡村振兴战略，农业农村现代化是总目标，坚持农业农村优先发展是总方针，产业兴旺、生态宜居、乡风文明、治理有效、生活富裕是总要求，建立健全城乡融合发展体制机制和政策体系是制度保障。要坚持乡村全面振兴，实现乡村产业振兴、人才振兴、文化振兴、生态振兴、组织振兴，推动农业全面升级、农村全面进步、农民全面发展，让农业成为有奔头的产业，让农村成为安居乐业的美丽家园，让农民成为有吸引力的职业。

学生通过参观稻米产业示范区、稻田公园区、形象展示区，现场体验东南村将稻米产业、农耕文化和生态旅游融合发展的创新发展模式。这时，教师发布实践任务：思考昔日地处偏僻的贫困村是如何蝶变为如今产业旺、田园美、百姓富的幸福村？引导学生在真体验、真感悟过程中，进一步地明晰新时代推进乡村全面振兴的举措。

其一，产业振兴是乡村振兴的重中之重，也是实际工作的切入点。首先，一个没有产业的农村，就很难聚人气，更谈不上留住人才，农民增收路子不行，文化活动也开展不起来。因此，各地推动产业振兴，要注重乡土资源的开发利用，基于一方水土的情况下，用好新市场、新技术、新手段，开发农业产业新功能，创造新价值。其次，要突出地域特点，打造能够吸引人们、具有竞争优势的当地特色。最后，在延长农产品产业链中，真正建成产业、形成集群。总之，把当地"土特产"三个字充分发挥出来，实现一二三产业融合发展，增强自身的市场竞争力和可持续发展能力。常州市东南村就是在基于本地优势特色的情况下，以稻米产业为主体，通过创新发展"村社合一"新模式，找到了一条产业兴旺之路，盘活了整个村的经济。通过邀请专家和引进技术，建成有机稻米示范区，不断提升大米质量，陆续完成"有机产品""绿色食品"认证，创造出"夏墅"品牌。十几年来，绿色有机稻米产业逐渐发展成为东南村的特色支柱产业。

其二，人才振兴是乡村振兴的关键所在。农村人口老龄化、缺人才、留不住人等问题，是"三农"发展的重要掣肘。必须培养造就一批扎根农村的"土专家""田秀才"和农业职业经理人，让各类人才、资本等要素在农村广阔天地发挥作用、大展身手，为农业农村发展厚植人才根基。东南村在保留传统农业耕种、走绿色发展之路的同时，抓住美丽乡村建设机遇，科学谋划新农村建设，重点打造稻米产业示范区、蔬香村特色体验区、稻田公园区、形象展示区、特色蔬果采摘区等特色区域，充分展现江南水乡的韵味和特色，打造了全过程、多阶段、立体化的精品乡旅路线，农文旅融合"稻"路反哺稻米产业，在拓宽收入渠道的同时，也为村民提供了更多的就业岗位，村民谢岳伟的儿子大学毕业后到镇上一家企业当了技术员，工作才两三年，年薪已达10万元，而且工资年年涨。这样的发展模式让更多的大学生心甘情愿地留在家乡发展，也吸引了更多的外来青年和专业技术人才来到乡村。

其三，文化振兴是乡村振兴的重要基石、乡村发展内生动力的重要源泉。要大力传承和弘扬优秀传统文化，努力推动社会主义核心价值观融入乡村，推进移风易俗，培育文明乡风、良好家风、淳朴民风。东南村在大力发展产业的同时，时刻关注村民生产生活所需。在合作社发展蒸蒸日上时，东南村坚持"发展成果，村民共享"，先后建设了党群服务中心、村社区卫生室，打造了农村体育公共健身场、文体活动室、图书室等，不断丰富村民文化生活，把健康的生活观念和习惯渗透到村民的日常生活中。同时，在各级政府支持下，东南村建成了稻米主题文化馆，传播农耕文化，不断挖掘和弘扬"稻文化"、做好"稻文章"。

其四，生态振兴是乡村振兴的内在要求，必须建设适应现代生活、体现乡土风貌、山清水秀、天蓝地绿的美丽乡村，在发展生态低碳农业，实现农业生产、农村建设、乡村生活生态良性循环中，做到资源节约、环境友好，守住绿水青山。东南村依托稻鸭、稻鱼、稻虾共作模式，综合推进田、水、路、林、村整治，建设了精品民宿"东南小院"，不断提升和改善了村民的生活环境，也吸引了越来越多的城市游客，不少城里的游客慕名而来，在东南村玩得流连忘返。

其五，我们常常讲，"村看村、户看户、农民看支部""给钱给物，还要建个好支部"。组织振兴是乡村振兴的根本保障。要坚定不移地发挥好农村基层党组织的领导核心作用，以党建引领乡村振兴，健全自治、法治、德治相结合的乡村治理体系，厚植党在农村的执政基础。东南村就是在党总支书记兼村委会主任兰红娟带领下开始改革的，为了解决村民出行问题，她克服种种困难，修成了贯通全村的"东南大道"。兰红娟看到"一家一户"的小农种植模式，不仅不能让村民增收致富，而且不符合现代农业的发展方向，于是决定带领村民走出一条绿色农业的发展新路。通过成立农机服务专业合作社和有机稻米专业合作社，陆续将村里近2000亩土地流转到合作社并进行统一管理，以这种"村社合一"发展模式，从生态、生产、生活三个维度实现东南村农业的可持续发展。

议题三：当青年遇到乡村振兴，应怎么办

民族要复兴，乡村必振兴。青年是乡村振兴的生力军，在乡村人才振兴中，发挥着"蓄水池"的关键作用。2023年5月3日，习近平总书记在给中国农业大学现代农业科技小院（简称科技小院）的学生回信中指出，对学生能够走进乡村，深入田间地头和村屯农家，坚持实事求是，深入联系群众，在解民生、治学问中为乡村振兴服务，表示赞扬和肯定，并进一步寄语青年，希望大家志存高远、脚踏实地，把课堂学习和乡村实践紧密结合起来，厚植爱农情怀，练就兴农本领，在乡村振兴的大舞台上建功立业，为加快推进农业农村现代化、全面建设社会主义现代化国家贡献青春力量。2024年，科技小院成立

15年了，全国已建立科技小院1200多个。15年来，科技小院的师生把实验室建在田间地头，让青春扎根乡村沃土，将贡献写在祖国大地，实事求是、脚踏实地，为加快推进农业强国建设和乡村全面振兴贡献了自己的力量。

学生通过参观蔬香村特色体验区、特色蔬果采摘区，开展割稻、采摘瓜果等劳动实践。活动结束后，教师发布实践任务：谈感悟，结合习近平总书记给中国农业大学科技小院的学生回信，思考你能为乡村振兴做些什么？引导学生在真体验、真劳动过程中，进一步地明晰实现乡村全面振兴，加快建设农业强国关键在人，青年是先锋力量。今天的我们，享受着前所未有的幸福生活，面对艰巨繁重的任务，"吃苦"的形式也许变了，但继承和发扬吃苦耐劳、自力更生、艰苦奋斗的精神，锤炼意志、历练能力、成就辉煌的价值丝毫没有变，当代青年要学会"自讨苦吃"。

作为当代大学生，要学会了解国情民情农情，去田间地头"俯下身子、沉下心来"，和农民想在一起、干在一起，说"乡土话"、沾"泥土气"，不畏艰苦，脚踏实地，不断在乡村工作中磨炼自己，在基层实践中激发潜能、积累经验，磨砺意志、增长才干，打牢成长的根基。同时，作为电子商务专业学生，还要在努力学习中，结合专业知识和技能赋能乡村振兴。随着新媒体的快速发展，直播带货和短视频成为当下流行的营销方式，在农产品销售和文化传播方面，为乡村电商发展提供了新的机遇，因此，电商专业学生可以掌握和运用短视频创作、直播带货团队组建与流量转化的理论和技术，通过模拟直播、互动答疑等方式，提升自己实践操作能力，从而以生动有趣的方式将乡村的美景、美食、民俗等呈现给观众，为乡村振兴注入青春活力。

3. 课后实践拓展

结合电子商务专业知识，撰写一份为东南村有机绿色稻米直播电商带货的助农惠农策划书，将理论落实到青春实践。

四、教学成效

利用常州市东南村开展实景教学，将思政课堂搬到田间地头，以东南村的发展变化为切入口，带领学生参观东南村稻米主题文化馆、稻米产业示范区、特色蔬果采摘区、蔬香村特色体验区等特色区域，让学生在沉浸式体验东南村"稻田理想"的绘就之路过程中，深化对全面推进乡村振兴意义和举措的认识。具体来说，通过对"从脱贫攻坚迈向乡村振兴，该怎么看""推进乡村全面振兴，要怎么干""当青年遇到乡村振兴，应怎么办"三个议题的探讨和围读，将全面推进乡村振兴的教材体系转化为具有特色化的思政课实践教学体系，及时将思政课上关于农业强国是社会主义现代化强国的根基、全面推进"五个振兴"、在乡村振兴中当代青年大有作为的理论认知转化为更深层次地增强了解国情民情农情的意识，厚植爱农情怀，练就兴农本领，自觉运用专业知识助力乡村振兴的实践认知，真正做到引导学生在学中做、在做中思、在思中悟、在悟中行，打造思政活课堂，从而增强思政课的针对性和实效性、吸引力和感染力，有助于将思政课的价值涵育转化为学生职业生涯发展、勇担时代重任助推乡村振兴的内生动力，提升了学生的学习获得感，在实践中解码"乡村振兴"，激励学生努力成为高素质乡村振兴青年人才，让青春在田间地头绽放绚丽之花。

五、实践教案

课程名称	习近平新时代中国特色社会主义思想概论			实践基地	常州市东南村
教材章节	推动高质量发展			授课专业	电子商务专业
教学分析	教学内容分析	通过走访常州市东南村，组织学生参观东南村稻米主题文化馆、稻米产业示范区、特色蔬果采摘区、蔬香村特色体验区等特色区域，让学生在沉浸式体验东南村"稻田理想"的绘就之路过程中，深化对全面推进乡村振兴意义和举措的认识，引导学生勇担时代重任助推乡村振兴，让青春在田间地头绽放绚丽之花			
	学生情况分析	知识和技能基础	认知和实践能力	学习特点	评估结果
		通过对前期的理论积累，基本了解到我国乡村振兴战略的实施情况和重要性，但局限于抽象的理论认识，尤其是对乡村振兴的建设缺乏与现实相观照的能力	认同个人命运与国家发展、社会发展紧密相连，但缺乏将个人所学专业知识与全面推进乡村振兴相融合的实际行动	走访常州市东南村，了解该村的发展过程，相对于课堂理论教学，学生参与课外实践的积极性较高，但对实践的态度娱乐性大于学习性	要紧密联系学生专业情况和生活实际，把理论内容讲清楚，使学生在分析和认识实际问题过程中，加深对理论的理解，增强情感的认同，最终实现理论和实践的统一

教学重难点 及解决措施	教学重点：理解如何推进乡村全面振兴			
	教学难点：如何结合电子商务专业助力乡村振兴			
	解决措施：以参观常州市东南村为切入口，让学生在现场体验东南村从贫困村到幸福村的蝶变过程中，明晰要如何推进乡村全面振兴，认清人才振兴在其中的重要作用，从而基于乡村对直播电商的现实需要，结合电子商务专业，开启青年兴乡新模式，努力在乡村振兴伟业中施展抱负、建功立业，成为高素质乡村振兴青年人才			
教学目标	知识目标：理解全面推进乡村振兴的意义；掌握推进乡村全面振兴的方法			
	能力目标：能懂农业、爱农村、爱农民；提升结合专业知识创新乡村发展模式的能力			
	素质目标：自觉树立了解国情民情农情的意识，增强社会责任感；厚植爱农情怀，自觉运用专业知识助力乡村振兴			
教学方法	①"问题链"教学法；②理论讲授法；③归纳法；④一体化教学法			

			教学过程		

教学环节	教学内容	实践活动		设计意图
		学生（主体）	教师（主导）	
实践准备	走近乡村振兴：观看纪录片《乡村振兴面对面》，阅读习近平总书记重要文章《加快建设农业强国 推进农业农村现代化》，以及《习近平论"三农"工作和乡村振兴战略》《中共中央 国务院关于学习运用"千村示范、万村整治"工程经验有力有效推进乡村全面振兴的意见》	聚焦专业； 关注社会	提供学习内容； 指导深度思考	以聚焦 2024 年中央一号文件，了解我国乡村振兴战略，增加认知乐趣，点燃实践热情
实践开展	走进常州市东南村	参观稻米产业示范区、蔬香村特色体验区、稻田公园区、形象展示区、特色蔬果采摘区、东南村稻米主题文化馆	组织学生参观； 引导学生共情	以参观东南村的特色区域为切入口，感受东南村是如何从一个贫困村走上理想"稻"路的幸福村，从而实现乡村振兴的，推进实践探索
	走向议题： 确立教学议题； 完成认知升华	议题探讨； 关切困惑	启发观察视角； 引发问题意识	以教学议题为桥梁，构筑对话平台，产生时代疑问，深化实践主题

126

实践开展	议题一：从脱贫攻坚迈向乡村振兴，该怎么看	沉浸体验：参观东南村稻米主题文化馆，了解稻米生长的故事，体验推磨盘和犁地等农耕文化，在实践中学习农业相关知识； 思维碰撞：结合参观体验和课前文本资料，谈一谈从脱贫攻坚到乡村振兴，为什么党中央把解决好"三农"问题作为全党工作的重中之重？ 收获新知：农业强国是社会主义现代化强国的根基，推进农业农村现代化是实现高质量发展的必然要求。建设农业强国，必须走中国特色社会主义乡村振兴道路，大力实施乡村振兴战略，全面推进乡村振兴	① 总结各组观点； ② 诠证：强国必先强农，农强方能国强。脱贫不是终点，而是新征程的起点。脱贫攻坚取得胜利后，要全面推进乡村振兴，这是"三农"工作重心的历史性转移，也是为了更好地以农业农村现代化推进中国式现代化建设	以参观东南村稻米主题文化馆为切入口，通过了解农业农村现代化发展，引导学生认识到民族要复兴，乡村必振兴。乡村振兴作为建设农业强国的基础性工程，这既是一场攻坚战，更是一场持久战，深度、广度、难度都不亚于脱贫攻坚，我们必须始终坚定信心、苦干实干
	议题二：推进乡村全面振兴，要怎么干	现场体验：参观稻米产业示范区、稻田公园区、形象展示区，现场体验东南村将稻米产业、农耕文化和生态旅游融合发展的创新发展模式； 思维碰撞：昔日地处偏僻的贫困村如何蝶变为如今产业旺、田园美、百姓富的幸福村？ 收获新知：推进乡村全面振兴，建设农业强国，必须立足我国国情和地方特点，扎实稳步推进，要实现乡村产业振兴、人才振兴、文化振兴、生态振兴、组织振兴	① 总结各组观点； ② 诠证：实施乡村振兴战略，农业农村现代化是总目标，坚持农业农村优先发展是总方针，产业兴旺、生态宜居、乡风文明、治理有效、生活富裕是总要求，建立健全城乡融合发展体制机制和政策体系是制度保障	以现场体验东南村的建设现状为切入口，聚焦其蝶变的特点，引导学生认识到推进乡村全面振兴要始终坚持以人民为中心的发展思想，贯彻新发展理念，因地制宜、分类施策，循序渐进、久久为功，以提升乡村产业发展水平、提升乡村建设水平、提升乡村治理水平为重点，强化科技和改革双轮驱动，只有这样，才能让农业成为有奔头的产业，让农村成为安居乐业的美丽家园，让农民成为有吸引力的职业

	议题三：当青年遇到乡村振兴，应怎么办	动手实践：参观蔬香村特色体验区、特色蔬果采摘区，开展割稻、采摘瓜果等劳动实践； 思维碰撞：习近平总书记在给中国农业大学科技小院的学生回信中强调，广大青年要"厚植爱农情怀，练就兴农本领"。请结合实际谈感悟，以及思考你能为乡村振兴做些什么？ 收获新知：青年人要在深入基层过程中，用脚步丈量祖国土地，要努力学习，用专业知识和技能赋能乡村振兴	① 总结各组观点； ② 诠证：农村是广大青年大有可为的新天地，是青年的锻炼场。青年人应在基层实践中激发潜能，增长才干，在乡村振兴中，当代青年大有作为	以动手实践为切入口，通过厘清乡村振兴与青年人之间的关系，引导学生认识到实现乡村全面振兴，加快建设农业强国关键在人，我们当是先锋力量。青年人应学会"自找苦吃"，以青春之奋斗描绘乡村之壮美
实践升华	走入更广阔的实践：理论联系实际；完成知行合一	反思观点；反哺人生	指点议题凝练；观照现实生活	以甄辨议题为手段，运用实践感悟具体生活，实现"实践—认识—实践"的升华

课后环节

笃行	结合电子商务专业知识，撰写一份为东南村有机绿色稻米直播电商带货的助农惠农策划书，将理论落实到青春实践	融会贯通	运用所学专业知识解决现实问题，考查应用

教学反思

思政课教学是科学，要遵循客观教学规律；思政课教学也是艺术，要充满创造力。本项目通过带领学生到常州市东南村参观稻米产业示范区、蔬香村特色体验区、稻田公园区、形象展示区、特色蔬果采摘区、东南村稻米主题文化馆，帮助学生深化对全面推进乡村振兴意义和举措的认识。在思政大课堂和思政活课堂中，注重理论与实际相结合、与电子商务专业相融合，引导学生开启青年兴乡新模式，以青春之奋斗描绘乡村之壮美，努力在乡村振兴伟业中施展抱负、建功立业，成为高素质乡村振兴青年人才。通过课前实践准备、课中实践开展、课后实践升华，基本达到了课前预设的教学目的。

但仍存在如下问题：在教学过程中，学生对我国乡村振兴的现状关注不够，在后续的课前课后中，要通过课上课下联动，引导学生关注

项目八　美丽中国篇：
解锁"绿色密码"　守护生态文明

一、项目导引

"绿水青山就是金山银山。"习近平总书记早在2005年便提出了这一重要论断。时隔多年，习近平总书记再次重申保护生态环境的重要性："我们要像保护自己的眼睛一样保护生态环境，像对待生命一样对待生态环境。"生态环境是人类赖以生存的物质资料的来源，也是人类文明得以绵延至今、不断传承和发展的物质载体。生态兴则文明兴，生态衰则文明衰，生态环境的变迁影响甚至决定着人类文明的兴衰更替。纵观历史，放眼世界，任何文明均起源于生态优美、水量充沛、土壤肥沃的地区，文明会因人类砍倒第一棵树而兴，也会因人类砍倒最后一棵树而衰，因而守护生态环境、保护好我们赖以生存的家园，是建设美丽中国、实现中华民族伟大复兴的重要一环。

人与自然是紧密相连、共荣共生的整体，保护生态就是保护人类自己。改革开放以来，随着经济的快速发展，生态环境遭到了不同程度的破坏，人们越来越深刻地意识到保护生态环境的重要性。进入新时代，以习近平同志为核心的党中央作出将生态文明建设摆在全局工作的突出位置的重大决策部署。党的十八大将生态文明建设纳入中国特色社会主义事业"五位一体"总体布局，并将其写进党章进行了系统阐述。党的十八届五中全会提出"创新、协调、绿色、开放、共享的新发展理念"，这五大发展理念是一个统一的系统，在这一系统中，绿色强调了人与自然的和谐共生，走绿色发展之路是对人们美好生活需要的积极回应，也是提升人们幸福感的重要渠道，对解决新时代社会主要矛盾具有极为重大的意义。党的十九大在《中国共产党章程》中补充了"增强绿水青山就是金山银山的意识"内容。2018年3月，宪法修正案将生态文明建设写进宪法，实现了以法治维护生态，将生态融入与法治齐驱并进的双行道。这充分彰显了党和国家对生态的重视和加强生态文明建设的坚定决心。将思政课教学与生态文明建设、走绿色发展之路相结合，有利于培养大学生热爱环境、自觉守护生态的责任意识，增强他们在美丽中国建设过程中的责任担当。

生态文明建设并不只是党和国家的事情，它与每个人的生命和健康息息相关。大到植树造林、退草还耕，小到节约水电资源、捡起一片垃圾。大学生既是生态文明建设的受益者，也是生态文明建设的接班人。那么，当代大学生该如何解锁"绿色密码"，守护生态文明呢？首先，理论是行动的先导，要增强自身环保意识。当代大学生出生在山清水秀、鸟语花香的新时代，对改革开放之初因经济发展导致的环境污染、资源匮乏的认识不是很清晰、感受不够深刻，因而要通过学习史料和观看有关环保的影片，了解生态环境的历史、现状和保护举措。观看环保影片能够让学生从视觉上感受到环境污染带来的冲击，了解生态环境现状，加深理解生态环境保护的重要性，增强学生对生态文明建设必要性的认同。其次，将理论与实际相结合。通过参观生态文明教育实践基地，了解走绿色发展之路的生态实践，将生态文明理念贯穿日常生活中。生态文明教育实践基地不仅要治理城市污染，承担打造美丽生态、建设美丽城镇的重任，而且要始终践行"绿水青山就是金山银山"理念，并将这一理念传播，让更多的人参与到生态建设工程中。生态既是一座城市的形象，又能够彰显一座城市居民的幸福指数。参观生态文明教育实践基地，有利于大学生厚植"尊重自然、顺应自然、保护自然"的价值理念，增强对人与自然和谐共生的认同感。

本项目基于"习近平新时代中国特色社会主义思想概论"课程有关建设社会主义生态文明篇的内容，引导学生以习近平生态文明思想为导向，深刻理解生态文明建设是关系中华民族永续发展的根本大计，进而通过自身实践和沉浸式体验，深化对"绿水青山就是金山银山"理念的认识，解锁"绿色密码"，以绿色行动守护生态文明，努力做高水平生态环境的建设者和维护者，助力美丽中国建设。

二、实践准备

（一）实践基地介绍

光大环保能源（常州）有限公司（简称光大环保）位于武进区遥观镇剑湖

村委观庄村208号，创建于2006年，是国家AAA级生活垃圾焚烧厂，为首批15家"中央文明委重点工作项目基层联系点"之一。该公司始终坚持"情系生态环境，筑梦美丽中国"理念，以"创造更好投资价值，承担更多社会责任"为企业追求，长期以来，其以管理规范有序、基础设施健全、教育功能突出等特点入选"江苏省生态文明教育实践基地"，成为常州市唯一获此殊荣的单位。2008年，光大环境常州垃圾发电厂项目建成投运，日处理生活垃圾800吨，年发电量约1亿度。2019年，与常州市政府深度合作，投资1.4亿元实施"超低排放与厂界开放"双提升工程，建成国内首个无围墙、全开放、超低排放且配套城市图书馆、科普馆、篮球场等便民惠民设施的"邻利工厂"和"城市客厅"。十多年来，该企业始终致力于城市生活垃圾焚烧发电项目，年处理生活垃圾约27万吨，常州市三分之一的生活垃圾在此"变废为宝"，已经成为常州市一张靓丽的绿色名片。

光大环境常州垃圾发电厂常州项目包括以下四大亮点。

第一，厂区开放，环境共享。2019年，光大环保投资"超低排放与厂界开放"双提升工程，该项目总共分为两期。一期以处理生活垃圾、供热为主。垃圾处理厂配置2台蒸发量为31.05吨/小时的余热锅炉，1台12兆瓦凝汽式汽轮发电机组，年供热约5万吨。二期为"双提升工程"主体。"超低排放，厂界开放"双提升项目是垃圾发电行业内的首例，更是环保设施向公众开放的典型，光大环境常州垃圾发电厂中大功率电机均采用高压变频控制方式，自动化程度高，利用先进的计算机集中分散控制系统，对全厂实现集中统一协调监控，实现真正的高效、节能、安全、环保。同时实施空压机余热回收、余热炉排污热能利用、循环水余热利用，增设消雾节水型冷却塔、循环水排污水回收利用系统等节能减排技术。通过对纯凝机进行非调抽汽改造，实现热电联产，进一步地提高了全厂热效率。

在污染物控制方面，通过提标改造实现超低排放。从"邻利工厂"华丽变身为"城市客厅"，光大环境常州垃圾发电厂作为全国首个建在居民社区里的发电厂，继续发挥行业引领作用，成为全国首个无围墙、全开放、超低排放且建有便民惠民设施的垃圾发电示范工程，环保设施实现了从"闲人免进"到"城市客厅"的实践创新。通过提标改造，光大环境常州垃圾发电厂做到了"四个经得起"：一是经得起看。通过有序技改美化厂区环境，打造花园式工厂。二是经得起闻。通过严格的运营管理，多管齐下、多措并举全力做好除臭工作。三是经得起听。采用科学方法避免噪声扰民，对主要机械设备增加减震块、隔音罩等。四是经得起监测。烟气净化采用国际领先工艺，在行业内实现超低排放标准，做到信息公开透明。

第二，城市客厅，生活共享。厂区周围围墙被拆除，厂区的空间更加开阔，有利于居民能够接触到厂区的工作环境；同时，厂区还打造了集景观绿化、环保生态体验、功能设施共享为一体的互动交流平台，休闲娱乐区设置了健身广场、篮球场、儿童游乐场和厂区开放式街心花园。健身广场为亲子提供了游玩场所，人们下班后也能到篮球场运动健身，饭后居民可以到厂区开放式街心花园里散步。总之，休闲娱乐区通过完善周边基础设施建设，丰富了市民业余生活，满足了市民精神文化需求，成为政企共建的便民惠民礼物，也是用高科技颠覆古老、落后环境理念的榜样。光大环保是目前全国范围内离居民区最近的垃圾焚烧发电厂，不仅没有给居民的生活带来影响，而且为居民提供了良好的生活环境和娱乐环境，成为常州市的"城市客厅"。

这一举措不仅造福了居民，能够满足人民日益增长的美好生活需要，而且能够将守护生态文明理念融入居民生活日常中，潜移默化地影响人们的思维模式和行为方式。拆除围墙亦是拆除心墙。光大环保能源发电厂真正做到了将人与自然充分结合。一方面，发电厂的企业文化和工作流程体现了"低碳、绿色、环保"的生态模式，能够为人们提供舒适宜居的生活环境；另一方面，在公司的生产参观区，可以参观垃圾焚烧发电流程，了解垃圾如何变废为宝，认识垃圾的危害及相关焚烧后的废物是如何处理和回收利用的，更能切身体会到垃圾处理的过去、现在及未来。

第三，文化交流，知识共享。发电厂根据厂区的景观布局，在区域内建了一座图书馆，即秋白书苑（光大环境馆），该图书馆由光大环境投资，常州市图书馆免费提供借阅图书，昕光文化负责日常运营，遥观镇人民政府协助申报各类文化评优项目，四方合作，共同打造文化交流和知识共享的"城市新空间"。秉承"政府主导、部门联动、社会参与"原则，进一步地满足市民精神文化需求，提升城市文化品质。秋白书苑（光大环境馆）图书馆总面积约1000米^2，藏书量达3万余册，与常州市图书馆借阅系统互联互通。秋白书苑是推动现代公共文化服务体系建设、丰富基层公共文化供给的重要品牌；是探索高质量发展背景下整合各类社会资源，引入社会力量运营模式，以图书阅读为基础功能，实现多功能、高品质公共文化服务的"常州模式"。它以一种崭新的公共文化服务形态丰富了市民阅读生活，满足了人们文化交流和知识共享的新需求，成为常州市全民阅读新阵地、文旅融合新标杆、城市文化会客厅。

秋白书苑得名于常州三杰之一瞿秋白同志，作为伟大的马克思主义者、卓越的无产阶级革命家，瞿秋白在文学、史学等领域也贡献突出。秋白书苑的命名，是常州传承红色文化基因的生动体现，也彰显了常州名人文化的深厚底蕴，更赋予常州书香城市建设新动力。每个秋白书苑均特设"红色文化"书架，陈列与常州三杰相关的著作，以及党史、党的理论读本等文献，将参观秋白书苑实践与思政课程相结合，能够引导学生进一步地了解革命先烈的丰功伟绩，实地感受名人背后的故事。与此同时，还能够将中国特色社会主义道路的探索与生态文明建设的战略相结合进行学习。秋白书苑以图书便民为缩影，利用开馆日、公众开放日、世界环境日等机会，普及环保常识，积极履行央企倡导绿色低碳生活的社会责任，有利于增强居民的环保意识。

第四，科技与自然，教育共享。环保科普馆是生态环保主题活动最适宜的教育基地，整个展馆设计以"人·科技与自然"为主题，未来感、科技感较强，通过高科技电子屏与视频互动形式展示环保科普知识。发电厂全面对外开放，集工业参观、休闲、娱乐、健身、环保教育及科普于一体，建设了一定规模的专门用于宣传、开放、科普的环保展厅，其中室内场馆3万米^2，室外2万米^2，影视报告厅1856米^2，含参观通道、多媒体教室、LED显示屏等设备设施，涵盖生活垃圾分类及处理、污水处理、生物质发电、无废城市、资源回收利用等科普知识板块，还设有"话说环保""变废为宝"作品展区及生活垃圾分类互动教育游戏，通过线上线下展示模式，把生态展示、互动体验相结合，以科技互动为主要体验形式传播生态环保知识，实现了产学研用合一。

近年来，公司一直进行着生态环境的科普与宣传，将厂区风貌、垃圾焚烧知识、工厂生产过程展现给公众，通过持续开展丰富多彩的线上线下主题环保科普活动，传递环保理念，增强公众生态文明和环境保护意识，在助力我国科普事业发展的同时，让更多的人认识环保、参与环保，养成勤俭节约、垃圾减量、低碳环保的行为习惯，推动了环保行业的健康发展，不断履行企业的社会责任。

（二）实践教学主题

本项目紧紧围绕"习近平新时代中国特色社会主义思想概论"课程第十二章"建设社会主义生态文明"的相关内容。习近平总书记强调："建设生态文明，关系人民福祉，关乎民族未来。生态环境保护是功在当代、利在千秋的事业。"党的十八大以来，以习近平同志为核心的党中央把生态文明建设纳入中国特色社会主义事业总体布局，以前所未有的力度抓生态文明建设。

生态文明是人类社会进步的重大成果。人类经历了原始文明、农业文明、工业文明，生态文明是工业文明发展到一定阶段的产物，是实现人与自然和谐发展的新要求。生态环境变化直接影响着文明的兴衰演替，从历史发展角度看，生态兴则文明兴，生态衰则文明衰。生态环境问题归根到底是经济发展方式和生活方式问题。"绿水青山就是金山银山"这一理念阐明了经济发展与生态环境保护之间的关系，保护和改善生态环境就是保护和发展生产力。而想要处理好绿水青山和金山银山的关系，关键在人，关键在思路。因此，我们必须从我国国情和生态文明建设的实际出发，加快推动发展方式的绿色低碳转型，坚持山水林田湖草沙一体化保护和系统治理，在用最严格制度最严密法治保护生态环境保持常态化外部压力的同时，激发全体人民共同呵护生态环境的内生动力，以绿色行动守护生态文明，推动美丽中国建设。

当今世界，现代化进程加速推进，世界人口的持续增长和生态资源的不断减少使得生态环境压力不断增加，只有不断探索人与自然和谐相处的道路，才能实现人类经济的永续发展，实现经济增长和生态保护的协调统一，才能守护好人类赖以生存的生态家园。生态文明建设是将可持续发展提升到绿色发展的高度，绿色发展就是实现前人栽树后人乘凉，给后人留下更多的生态资源。生态文明建设是中国特色社会主义事业的重要内容，关系人民福祉，关乎民族未来，事关"两个一百年"奋斗目标和中华民族伟大复兴中国梦的实现。新时代，社会主要矛盾已经发生变化，人民日益增长的美好生活需要包括对自身生存环境的要求，人类能不能在地球上幸福地生活，与生态环境有着密切的关系。

本项目以光大环保能源（常州）有限公司及其垃圾"变废为宝"的故事为切入点，开展内容教学。

（三）实践教学目的

组织学生走进光大环保能源（常州）有限公司，参观光大环境能源垃圾处理厂，从书本走向社会，从理论走向实践，在展厅里巨幅的垃圾山剪影及脚边"垃圾山"倾覆而出的真实垃圾的呼应中，以"身临其境"般的画面感和代入感深化学生对于人与自然是生命共同体、生态兴则文明兴、生态文明建设是全面建设社会主义现代化国家的内在要求，是关乎中华民族永续发展的根本大计的认识。同时，通过带领学生参观垃圾焚烧发电的生产展示区，实地了解垃圾焚烧处理工艺，引导学生认识到生态环境问题归根到底是经济发展方式和生活方式问题，绿水青山就是金山银山理念，绿水青山既是自然财富、生态财富，又是社会财富、经济财富。绿水青山要想转化为金山银山，关键在人，关键在思路。最后，通过在环保科普区的学习与互动，让学生明晰生态文明是人民群众共同参与共同建设共同享有的事业，每个人都是生态环境的保护者、建设者、受益者，作为环境工程技术专业学生，要提高生活垃圾分类和生态环保意识，以绿色行动守护生态文明，进而成长为高水平生态环境科技人才，助力美丽中国建设。

（四）实践教学设计

① 组织学生走进光大环保能源（常州）有限公司，参观光大环境常州垃圾发电厂。

② 由环保科普志愿宣讲员现场讲解该发电厂成长历程、发展规划和目标。

③ 任课教师聚焦生产展示厅和环保科普厅，围绕从垃圾围城的沉浸体验讲清楚生态兴则文明兴，从生产展示区的现场体验讲清楚为何绿水青山就是金山银山，从科普教育区的学习互动引导学生用绿色行动守护生态文明，在自身专业领域成长为高水平生态环境科技人才，助力美丽中国建设。

④ 参观结束后，组织学生探讨分享学习感悟，任课教师进行教学总结与反思，并布置课后任务。

三、实施过程

（一）教学分析

1. 教学目标分析

通过组织学生走访光大环保能源（常州）有限公司，在参观垃圾焚烧发电的生产展示区和环保科普区中进一步深化学生对建设社会主义生态文明意义和举措的认识和理解，激发学生培育生态道德和行为准则，提升学生运用环境工程技术专业知识进行环境监测与污染防治的能力，引导学生成长为高水平生态环境科技人才，以绿色行动守护生态文明，为美丽中国建设贡献力量。

（1）知识目标。理解"绿水青山就是金山银山"理念；掌握美丽中国的建设举措。

（2）能力目标。能培育并践行生态道德和行为准则；结合环境工程技术专业知识提升环境监测能力与治理能力。

（3）素质目标。自觉增强节约意识、环保意识、生态意识；自觉运用环境工程技术专业知识做美丽中国的建设者。

2. 教学内容分析

生态环境是人类生存最为基础的条件，生态文明建设是关系中华民族永续发展的根本大计。建设社会主义生态文明是"习近平新时代中国特色社会主义思想概论"课程中的重要内容。首先，讲清楚为什么生态兴则文明兴，让学生明晰人与自然是生命共同体、生态环境变化直接影响着文明的兴衰演替、生态文明是人类文明进程的历史趋势、中华民族有着丰富的生态文化，为建设美丽中国奠定理论基础。其次，讲清楚绿水青山为何就是金山银山，理解生态环境问题归根到底是经济发展方式和生活方式问题，绿水青山和金山银山是辩证统一的，绿水青山是生态财富和经济财富的统一体，绿水青山要想转化为金山银山，关键在人，关键在思路，为建设美丽中国奠定方法论基础。最后，讲清楚如何建设美丽中国，解决怎么做的问题，使学生认清美丽中国建设离不开全体人民共建的行动自觉和磅礴合力，引导学生以习近平生态文明思想为导向，用绿色行动守护生态文明，在自身专业领域成长为高水平生态环境科技人才，为美丽中国建设贡献力量。

3. 教学重难点分析

（1）教学重点。结合环境工程技术专业理解"绿水青山就是金山银山"理念。

（2）教学难点。如何结合环境工程技术专业勇做美丽中国建设的实践者。

（二）教学策略

1. 课前实践准备

通过智慧平台推送课前学习资料，视频资料纪录片《垃圾围城》，文本资料《努力建设人与自然和谐共生的现代化》（习近平，《求是》，2022年11期4—9页）、《让绿水青山造福人民泽被子孙——习近平总书记关于生态文明建设重要论述综述》、《"十四五"城镇生活垃圾分类和处理设施发展规划》，预热课堂主题，点燃实践热情。

2. 课中实践开展

（1）走进光大环保能源（常州）有限公司。在教师带领下，走进光大环保能源（常州）有限公司，通过参观充满未来感和科技感的环保科普馆，在一个个高科技电子屏与视频的展示和互动游戏中，了解生活垃圾分类及处理、污水处理、生物质发电、无废城市、资源回收利用等生态知识，增强生态环保理念，养成勤俭节约、垃圾减量、低碳环保的行为习惯；通过参观垃圾焚烧发电的生产过程，了解垃圾的危害及相关焚烧后的废物是如何处理和回收利用的过程，从现场体验垃圾"变废为宝"的神奇历程，坚持"绿水青山就是金山银山"理念。

（2）走向议题。

议题一：从垃圾围城的沉浸体验看生态兴则文明兴

随着我国社会经济的不断发展，城市垃圾存量不断上升，而垃圾在处理过程中非正规的垃圾填埋场或垃圾处理方式对一座城市的环境建设问题构成隐患，容易出现垃圾围城的局面与困境。2010年，一部名为《垃圾围城》的纪录片横空出世，引发众多媒体的关注和报道。《垃圾围城》的作者王久良从2008年开始，用了近两年时间，对北京市周边400多个垃圾场进行了走访与调查，通过既朴素又真实的镜头记录下光鲜亮丽的北京市被垃圾包围的严重态势，以及其土地和水资源的污染情况也是触目惊心。垃圾围城首先会因这些垃圾未经任何处理和分类直接堆放在土地上，将造成大量土地资源的浪费；其次会造成土壤和地下水的污染。腐烂后的生活垃圾会产生酸碱有机污染物，砷、铜、铬、汞等大量重金属会随之进入土壤，造成土壤结构的破坏。长期堆放的垃圾又会经雨水冲刷或者挥发作用和反应，对地下水和大气造成污染。这些令人震惊的影像让人们得以具体且直观地知晓垃圾对我们的生存环境和日常生活造成的伤害与威胁。

学生通过参观展厅，在巨幅的垃圾山剪影和脚边"垃圾山"倾覆而出的真实垃圾的真假实景互动中，容易产生垃圾围城的感觉，仿佛真实置身于《垃圾围城》讲述的实景中。这时，教师发布实践任务：畅谈感受，结合课前观看《垃圾围城》纪录片，谈一谈为什么说生态文明建设是关乎中华民族永续发展的根本大计？引导学生在谈感受、说观点过程中，认识到垃圾对我们日常生活造成的危害，以及生态环境建设的重要性。大自然是人类赖以生存发展的基本条件，人与自然是生命共同体，保护自然是保护人类，建设生态文明就是造福人类。

习近平总书记指出："生态兴则文明兴，生态衰则文明衰。"生态环境的变化会直接影响文明的兴衰演替。古代埃及、古代巴比伦、古代印度、古代中国

"四大文明古国"均发源于森林茂密、水量丰沛、田野肥沃的地区,而生态环境衰退特别是严重的土地荒漠化则导致古代埃及、古代巴比伦衰落。回看我国古代一些地区也有过惨痛教训,河西走廊、黄土高原都曾经水丰草茂,由于毁林开荒、乱砍滥伐致使生态环境遭到严重破坏,加剧了经济衰落,导致后期我国经济中心逐步东移。同时,生态文明也是人类文明进程的发展趋势。人类自诞生以来,经历了原始文明、农业文明、工业文明,人与自然的关系也经历了相应的变化。如今的生态文明是工业文明发展到一定阶段的产物,是人类社会进步的重大成果,也昭示着人类文明发展的未来。而且,源远流长的中华文明孕育了丰富的生态文化。改革开放以来,我国经济取得了巨大的成就,也产生了很多生态环境问题,为了民族和子孙后代的长远发展,必须把环境污染治理好、把生态环境建设好。

议题二:从生产展示区的现场体验看为何绿水青山就是金山银山

党的十八大以来,我国把生态文明建设纳入中国特色社会主义事业总体布局,牢固树立和践行"绿水青山就是金山银山"理念。"绿水青山就是金山银山"这一理论是习近平总书记在浙江省任职期间考察安吉县余村时首次提出的科学论断。教师导入"绿水青山"里的浙江安吉案例。

20多年前,浙江省安吉县余村村民以开采矿石为生,那时的村庄时常炮声隆隆、粉尘漫天。如今,这些矿山都已关停,矿坑变成了油菜花田、荷花藕塘。近些年来,乡村旅游的发展使得浙江安吉的好风景变成了"好钱景",人民是从心底里认同"绿水青山就是金山银山"理念的。实践证明,经济发展不能以破坏生态环境为代价,生态本身就是经济,保护生态就是保护生产力。多年来,安吉县干部群众牢记习近平总书记嘱托,深入践行"绿水青山就是金山银山"理念,在发展中保护、在保护中发展,走出了一条生态美、产业兴、百姓富的发展之路。

从"卖石头"到"卖风景",安吉县借着浙江省"千村示范、万村整治"工程的东风,陆续关停了许多矿山,复垦复绿,提升村容村貌,使得"石头经济"渐成历史。过去,村民以卖矿石为生,虽然获得了一些收入,但是村民的幸福感并没有提升。如今,人们开始开发生态资源,销售竹编制品、竹雕、石头工艺品及当地土特产,连过去的矿坑也成了遗址公园。生态环境的改善,不仅充实了村民的钱包,而且提升了村民生活的幸福感。过去,流经安徽广德和安吉的夏阳溪,从上游村庄带来的污水和垃圾常常困扰夏阳村。而后,在安吉、广德两县支持下,孝丰镇与卢村乡签订《浙皖两省夏阳溪流域上下游横向生态保护补偿协议》。该协议约定,安吉县财政支持夏阳村每年设立一定数额的考核奖励资金，分别以夏阳村和石峻村、石峻村和石狮村、石狮村和高庙村交会断面为考核监测点，实施水质一月一检测。相关指标达到地表水Ⅱ类标准，上游3个村可获得相应补偿。协同推动上下游系统治理，为安吉县带来良好生态，上游村镇利用补偿金治理污水垃圾，下游村庄环境也得到了改善，吸引的游客越来越多。

安吉县以"绿水青山就是金山银山"为引领，统筹推进山水林田湖草沙系统治理，积极探索生态价值转化的路径，实现了从生态立县到生态强县的转变。安吉县植被覆盖率、森林覆盖率常年保持在70%以上，地表水、饮用水、出境水达标率均为100%，空气优良率保持在90%以上，被誉为气净、水净、土净的"三净之地"，先后获评全国首个生态县、联合国人居奖首个获得县，成为新时代浙江（安吉）县域践行"两山"理念综合改革创新试验区。

安吉县通过发展林下养殖，推动全域旅游，试行碳汇交易，把生态优势转化为经济优势。安吉县森林资源丰富，其中竹林面积约100万亩，村民采取多种路径，把生态优势转化为经济优势，进行林下养殖，其中竹林鸡就是一个典型的案例。竹林鸡的生长环境绿色生态，吃的是野菜、昆虫等，鸡肉品质好，消费者看中的是安吉的生态。此外，发展全域旅游是安吉县盘活资源的另一条路子。安吉县地处长三角地理中心，境内"七山一水二分田"，周边乡镇群山环伺，山峦绵绵，翠竹青青，泉水汨汨，田园风光尽收眼底。有的村利用湖光山色发展夜间观光；有的村利用竹海、山泉等资源，打造景观小品并串珠成链；有的村依托周边乡村旅游的蓬勃发展，顺势打造民宿村落……因地制宜，走农旅融合发展的道路，游客在欣赏美景的同时，还能体验林下养殖的田园生活，购买土特产等。2019年9月，安吉县入选首批国家全域旅游示范区。

2021年12月，安吉县成立县级竹林碳汇收储交易平台——安吉两山竹林碳汇收储交易中心，鼓励各村将村集体及村民林地使用权交由中心集中经营，并按照相关政策开展碳汇交易，收益用于村集体建设及村民增收。自两山竹林碳汇收储交易中心运行以来，已收储84万亩林地，完成22笔交易，交易金额为173万元，初步形成了"林权流转—碳汇收储—林地经营—平台交易—收益反哺"的良性循环。

安吉县还实施"亩均论英雄"改革，推动经济社会发展绿色化、低碳化。安吉县坚持把绿色低碳发展作为解决生态环境问题的治本之策，依托良好的生态环境和区位优势，深入践行绿色发展理念，大力发展低碳循环经济，加快推动发展方式绿色低碳转型，厚植高质量发展的绿色底色。近年来，安吉县深入实施"亩均论英雄"改革，依托亩均税收、亩均增加值等多项指标评价企业，着力调整和优化产业结构，引导企业持续推进技术创新，推动传统制造业转型升级。对即将破产、关停的企业用地和自身缺乏改造开发能力的企业低效用地，依法收储或通过嫁接项目等方式盘活。腾笼换鸟，既能够吸引高新技术企业落户安吉（如2017—2022年，安吉县高新技术企业从98家增加到316家，高新技术产业增加值从60.8亿元增加到164亿元），也能够助推传统企业加快转变发展方式。近年来，安吉县加快推动企业绿色低碳转型，并与研究机构合作，建立了绿色家居产业链全生命周期碳排放公共服务平台，为绿色家居企业提供产品碳足迹评价和碳标签认证服务。安吉县旅游业蓬勃发展，初步形成夏天玩水、冬天滑雪、周末度假的业态格局，连续五年位居全国县域旅游综合实力百强县榜首，现有规模以上工业企业603家，共有上市企业15家，连续四年跻身全国绿色发展百强县，并入选中国县域综合竞争力百强县。

正是因为安吉县干部群众坚定不移地坚持"绿水青山就是金山银山"理念，才造就了今天安吉县的"高价值"和"高颜值"，使安吉县成为宜居、宜业、宜游的美丽乡村。

浙江省安吉县长期以来坚持"生态立县"，不断探索出一条生态美、产业兴、百姓富的高质量绿色发展之路，这也给其他地区提供了可资参考和借鉴的发展模式。学生通过在生产展示区参观垃圾焚烧发电流程，在了解"两山"理论诞生地安吉县发展情况的基础上，进一步地现场体验垃圾焚烧后的废物是如何处理和回收利用的，实现垃圾"变废为宝"。这时，教师发布实践任务：结合自身专业和现场体会，说一说生态环境保护与经济发展之间的关系？引导学生在活体验、真体会过程中，进一步明晰绿水青山就是金山银山。

生态环境问题说到底是经济发展方式和生活方式问题。生态环境保护和经济发展看起来是矛盾对立的关系，根本上看两者是辩证统一和相辅相成的关系。习近平总书记指出："我们既要绿水青山，也要金山银山。宁要绿水青山，不要金山银山，而且绿水青山就是金山银山。"绿水青山和金山银山决不是对立的，关键在人，关键在思路。为什么说绿水青山就是金山银山？"鱼逐水草而居，鸟择良木而栖。"如果其他各方面条件都具备，那么谁不愿意到绿水青山的地方来投资、来发展、来工作、来生活、来旅游？从这一意义上说，绿水青山既是自然财富、生态财富，又是社会财富、经济财富。实践证明，"绿水青山就是金山银山"理念直接阐明了经济发展与生态环境保护之间的关系。经济发展不能对资源和生态环境竭泽而渔，生态环境保护也不是舍弃经济发展而缘木求鱼，而是在高质量发展中保护、在高水平保护中发展，实现发展和保护的协同共生。坚持正确的发展理念，产业和生态才能相得益彰、和平相处。绿水青山在社会生产中持续"为劳动提供材料"，促进金山银山量和质的双重提升，推动社会生产力的绿色发展，而这又将回馈、绵延绿水青山的生机，保护和改善自然生产力。

议题三：从科普教育区的科技互动看如何建设美丽中国

建设美丽中国，是全面建设社会主义现代化国家的重要目标，也是满足人民日益增长的优美生态环境需要的必然要求。教师带领学生参观环保科普馆，通过一个个高科技电子屏与视频的生态展示，学生能够系统全面地了解生活垃圾分类及处理、污水处理、生物质发电、无废城市、资源回收利用等生态知识；通过组织学生参与到生活垃圾分类互动教育游戏，学生可以进一步认识到良好的生态环保理念和低碳环保的生活习惯对于我国高质量发展的重要性，以及明晰《"十四五"城镇生活垃圾分类和处理设施发展规划》颁布的意义，生活垃圾分类和处理设施是城镇环境基础设施的重要组成部分，也是实现垃圾减量化、资源化、无害化处理的基础保障，还是解决垃圾围城问题的关键。

参观活动结束后，教师发布实践任务：既然社会主义生态文明建设如此重要，我们可以从哪些方面入手建设美丽中国，你又能做些什么？其实，要实现到21世纪中叶建成美丽中国的战略目标，还必须从我国国情和生态文明建设的实际出发，加快绿色低碳循环发展，坚持山水林田湖草沙一体化保护和系统治理，用最严格制度最严密法治保护生态环境，推进生态环境治理体系和治理能力现代化。生态环境保护和生态文明建设是人民群众共同参与共同建设共同享有的事业，每个人都是生态环境的保护者、建设者、受益者。因此，要把美丽中国建设转化为我们每个人的自觉行动。除了用法律保护生态环境这样外部的常态化压力，当代大学生要形成呵护生态环境的内在动力。首先，在生活中要增强节约意识、环保意识、生态意识，形成节约适度、绿色低碳、文明健康的生活方式；其次，在专业上要立足环境工程技术专业，夯实专业基础，提升专业能力，为以后从事环境监测与治理工作做好准备，致力于推进气候变化应对、新污染物治理等方面绿色低碳科技的自立自强。总之，以绿色行动守护生态文明，在自身专业领域成长为高水平的生态环境科技人才，助力美丽中国建设。

3. 课后实践拓展

结合环境工程技术专业知识，撰写一份校园垃圾分类情况调研及垃圾处理方式可行性分析报告，将理论落实到青春实践中。

四、教学成效

垃圾围城及垃圾处理问题与学生日常生活息息相关，也是人们长期以来一直关注的问题。利用光大环保能源（常州）有限公司开展实景教学，将思政课堂搬到光大环保垃圾发电厂，以垃圾的危害及处理方式为切入口，以小见大带领学生一起看生态环境保护问题，通过带领学生参观垃圾焚烧发电的生产展示区和环保知识科普区，帮助学生深化对建设社会主义生态文明意义和举措的认识。具体来说，通过"从垃圾围城的沉浸体验看生态兴则文明兴""从生产展示区的现场体验看为何绿水青山就是金山银山""从科普教育区的科技互动看如何建设美丽中国"三个议题探讨和围读，将建设社会主义生态文明的教材体系转化为具有特色化的思政课实践教学体系，及时将思政课上关于生态兴则文明兴、绿水青山就是金山银山、建设美丽中国的理论认知转化为更深层次增强生态环保意识、培育生态道德和行为准则、提升专业上环境监测与治理能力的实践认知，真正做到引导学生在学中做、在做中思、在思中悟、在悟中行，打造思政活课堂，从而增强思政课的针对性和实效性、吸引力、感染力，有助于将思政课的价值涵育转化为学生职业生涯发展、践行以绿色行动守护生态文明的内生动力，提升学生的学习获得感，在实践中解锁"绿色密码"，激励学生努力成为高水平生态环境的建设者和维护者，不断为美丽中国的建设贡献力量。

五、实践教案

课程名称	习近平新时代中国特色社会主义思想概论		实践基地	光大环保能源（常州）有限公司
教材章节	建设社会主义生态文明		授课专业	环境工程技术专业
教学分析	教学内容分析	通过走访光大环保能源（常州）有限公司，组织学生参观垃圾焚烧发电的生产展示区和环保知识科普区，让学生在生态展示、互动体验相结合的沉浸式课堂中，深化对于建设社会主义生态文明意义和举措的认识，引导学生以绿色行动守护生态文明，为美丽中国建设贡献力量		

	知识和技能基础	认知和实践能力	学习特点	评估结果
学生情况分析	通过对前面理论知识学习，基本了解到生态环境保护的重要性，但局限于抽象的理论认识，尤其是对美丽中国的建设缺乏与现实相观照的能力	认同个人命运与国家发展、社会发展紧密相连，但缺乏将个人所学专业知识与美丽中国建设相融合的实际行动	走访光大环保能源（常州）有限公司，相对于课堂理论教学，学生参与课外实践的积极性较高，但对实践的态度娱乐性大于学习性	要紧密联系学生专业情况和生活实际，把理论内容讲清楚，使学生在分析和认识实际问题过程中，加深对理论的理解，增强情感的认同，最终实现理论和实践的统一

教学重难点及解决措施	教学重点：结合环境工程技术专业理解"绿水青山就是金山银山"理念
	教学难点：如何结合环境工程技术专业勇做美丽中国建设的实践者
	解决措施：以环境工程技术专业为切入口，以参观光大环保的环保科普馆为载体，让学生在切身体会垃圾处理的过去、现在及未来中领悟为什么绿水青山就是金山银山，从而明晰自己应承担的时代责任，努力做高水平生态环境的建设者和维护者，推进人与自然和谐共生的现代化建设

教学目标	知识目标：理解绿水青山就是金山银山；掌握美丽中国的建设举措
	能力目标：能培育并践行生态道德和行为准则；结合环境工程技术专业知识提升环境监测与治理能力
	素质目标：自觉增强节约意识、环保意识、生态意识；自觉运用环境工程技术专业知识做美丽中国的建设者

教学方法	①"问题链"教学法；②理论讲授法；③归纳法；④一体化教学法

教学过程				
教学环节	教学内容	实践活动		设计意图
		学生（主体）	教师（主导）	
实践准备	走近生活：观看纪录片《垃圾围城》，阅读国家关于《"十四五"城镇生活垃圾分类和处理设施发展规划》	聚焦专业；关注社会	提供学习内容；指导深度思考	以聚焦生活垃圾的处理要求和过程，增加认知乐趣，点燃实践热情

	走进光大环保能源（常州）有限公司	参观科普教育区和生产参观区	组织学生参观；引导学生共情	以参观生产展示区和环保科普区为路径，感受垃圾"变废为宝"的神奇历程，了解垃圾的危害及相关焚烧后的废物是如何处理和回收利用的过程，推进实践探索
	走向议题：确立教学议题；完成认知升华	议题探讨；关切困惑	启发观察视角；引发问题意识	以教学议题为桥梁，构筑对话平台，产生时代疑问，深化实践主题
实践开展	议题一：从垃圾围城的沉浸体验看生态兴则文明兴	沉浸体验：通过展厅巨幅的垃圾山剪影和脚边"垃圾山"倾覆而出的真假实景互动中，容易产生垃圾围城的感觉，仿佛置身于《垃圾围城》纪录片讲述的实景中；思维碰撞：说一说你此时的感受，并结合课前视频，谈一谈为什么说生态文明建设是关乎中华民族永续发展的根本大计？收获新知：人与自然是生命共同体；生态环境变化直接影响着文明的兴衰演替；生态文明是人类文明进程的历史趋势；中华民族向来尊重自然、热爱自然，孕育出丰富的生态文化	① 总结各组观点；② 诠证：生态兴则文明兴、生态衰则文明衰。生态文明是工业文明发展到一定阶段的产物，建设生态文明是顺应人类文明进程、实现人与自然和谐共生的必然要求，具有历史必然性	以"身临其境"般的画面感和代入感为切入口，通过对垃圾造成时间和空间上危害的认识，引导学生理解尊重自然、顺应自然、保护自然是全面建设社会主义现代化国家的内在要求。良好的生态环境不仅是在顺应人类文明的进程，而且是在破解我国经济社会发展的难题和满足人民对于优美生态环境的需要
	议题二：从生产展示区的现场体验看为何绿水青山就是金山银山	现场体验：在生产展示区参观垃圾焚烧发电流程，现场体验垃圾焚烧后的废物是如何处理和回收利用的；思维碰撞：从垃圾"变废为宝"的全过程，思考生态环境保护与经济发展之间的关系？	① 总结各组观点；② 诠证：生态环境问题归根到底是经济发展方式和生活方式问题。"绿水青山就是金山银山"理念阐明了经济发展与生态环境保护之间的关系，收获新知：绿水青山和金	以光大环保的生产展示区为切入口，聚焦垃圾"变废为宝"过程，引导学生在垃圾发电的科学认知中坚持"绿水青山就是金山银山"理念，深化对正确的发展理念将会推进产业和生态的良性循环的认识与理解绿水青山和金山

		山银山是辩证统一的。绿水青山既是自然财富、生态财富，又是社会财富、经济财富。绿水青山会转化为金山银山，关键在人，关键在思路	银山之间不是矛盾对立的，而是辩证统一、相辅相成的。保护和改善生态环境就是保护和发展生产力
实践开展	议题三：从科普教育区的科技互动看如何建设美丽中国	科技互动：参观以"人·科技与自然"为主题的环保科普馆，参与生态环保知识的互动教育游戏；思维碰撞：美丽中国建设，我们可以从哪些方面入手，你又能为其建设做些什么？收获新知：加快发展方式绿色低碳转型；坚持山水林田湖草沙一体化保护和系统治理；用最严格制度最严密法治保护生态环境；坚持把美丽中国建设转化为我们的自觉行动，增强自我节约意识、环保意识、生态意识，形成节约适度、绿色低碳、文明健康的生活方式；立足环境工程技术专业做好环境监测与治理方面工作，推进绿色低碳科技自立自强	① 总结各组观点；② 诠证：建设美丽中国，是全面建设社会主义现代化国家的重要目标，也是满足人民日益增长的优美生态环境需要的必然要求。生态文明是人民群众共同参与共同建设共享的事业，每个人都是生态环境的保护者、建设者、受益者。我国经济社会发展已经进入加快绿色化、低碳化的高质量发展的新阶段，美丽中国建设离不开全体人民共建的行动自觉和磅礴合力	以普及环保知识为切入口，通过厘清美丽中国建设与全体人民之间的关系，引导学生以习近平生态文明思想为导向，用绿色行动守护生态文明，在自身专业领域成长为高水平生态环境科技人才
实践升华	走入更广阔的实践：理论联系实际；完成知行合一	反思观点；反哺人生	指点议题凝练；观照现实生活	以甄辨议题为手段，运用实践感悟具体生活，实现"实践—认识—实践"的升华

课后环节			
笃行	结合环境工程技术专业知识，撰写一份校园垃圾分类情况调研及其垃圾处理方式可行性分析报告，将理论落实到青春实践	融会贯通	运用所学知识解决现实问题，考查应用

教学反思
思政课教学是科学，要遵循客观教学规律；思政课教学也是艺术，要充满创造力。本项目通过走进光大环保能源（常州）有限公司，带领学生参观垃圾焚烧发电的生产展示区和环保科普区，帮助学生深化对建设社会主义生态文明意义和举措的认识。在思政大课堂和思政活课堂中，注重理论与实际相结合、与环境工程技术专业相融合，引导学生以绿色行动守护生态文明，努力做高水平生态环境的建设者和维护者。通过课前实践准备、课中实践开展、课后实践升华，基本达到了课前预设的教学目的。 　　但仍存在如下问题：在教学过程中，学生中关注所用浙江省安吉县的案例的人很少，在后续的课前、课后教学过程中，要通过课上课下联动，引导学生关注

项目九　脱贫攻坚篇：
探索脱贫地区　感悟非凡成就

一、项目导引

2021年7月1日，习近平总书记在庆祝中国共产党成立100周年大会上的讲话中指出，"经过全党全国各族人民持续奋斗，我们实现了第一个百年奋斗目标，在中华大地上全面建成了小康社会，历史性地解决了绝对贫困问题，正在意气风发向着全面建成社会主义现代化强国的第二个百年奋斗目标迈进。"

摆脱贫困，是中国人民千百年来的梦想。脱贫攻坚，是新时代最伟大的历史壮举，是新时代最生动最壮丽的中国故事，也是新时代思政课最鲜活的教科书。我们在享受胜利带来喜悦的同时，更应用心感悟脱贫攻坚精神，大力弘扬脱贫攻坚精神，将脱贫攻坚精神有机融入思政课实践教学，上好脱贫攻坚这堂"大思政课"，正如习近平总书记强调的："脱贫攻坚不仅要做得好，而且要讲得好。"脱贫攻坚是一堂生动的国情教育课，当代大学生要积极投身脱贫攻坚的社会实践，将感悟脱贫攻坚成果作为强化实践育人的重要载体，让脱贫攻坚主战场成为大学生思想成长、感恩国家、塑造三观的绝佳课堂，切实增强高校思想政治教育的针对性和实效性，提升大学生报效祖国的责任感和使命感。

二、实践准备

（一）实践基地介绍

善港村位于张家港经开区（杨舍镇）西大门，2012年4月，善港村与杨港村、五新村、严家埭村四村合并，村域面积9.07平方公里，户籍人口8300余人，外来流动人口1万余人。近年来，善港村始终着力推进农业农村现代化建设和乡村振兴发展进程，坚守"富农民、美农村、强农业"的初心，因地制宜、差异发展，绘制了脱贫攻坚示范新图景。先后获得全国脱贫攻坚先进集体、全国"一村一品"示范村、江苏省生态村、江苏省民主法治示范村等多项荣誉称号。

善港村协调发展三次产业，建成并提升村级工业园，现有入驻工业企业147家，村集体建办国家级生态农场、省级农业龙头企业——江苏善港生态农业科技有限公司，现有产业规模3500余亩，建有可追溯蔬菜、有机水稻和有机瓜果等9大生产基地，并与新疆、陕西、湖北、贵州等地开展结对帮扶，建成养殖、玉枣、山地苹果、茶叶等种植基地。先后获国家级绿色食品、有机产品认证50余个，300多名本村农民实现了在家门口就业。

2018年5月，善港村创办苏州村政学院，先后获批和挂牌"全国贫困村创业致富带头人培训基地""江苏省党支部书记学院农村分院""江苏省乡村振兴培训基地"，成为全国农村乡村振兴创业致富带头人、基层党建带头人培育的孵化器，迄今已面向西藏、青海、贵州等全国16个省（自治区、直辖市），培训学员3.1万余人次。2023年3月，获批省级"大思政课"实践教学基地。突出"农民是教员，田园是课堂，合作为纽带，共富为目标"的特色，融"扶志、扶智、扶市、扶管"四位一体，科学整合长三角地区丰富的革命传统红色教育资源、改革开放与现代化建设实践资源，开发形成了1500多个"一点多题"和"一题多点"、点面结合、模块组合的现场教学点。

善港村通过发展现代农业、生态农业，以及与全国其他贫困村建立结对帮扶关系，实现了从贫困村到富裕村的转变。善港村不仅在经济上取得了显著成就，而且在精神文明建设上也取得了显著成效，成为当代大学生感悟脱贫攻坚成果的实践教学阵地。善港村承载着丰富的社会实践资源和教学资源，在这里，学生可以深入了解脱贫攻坚政策的落地实施情况，亲身感受乡村振兴的成果和变化，通过亲身体验村里的日常生活、参与扶贫项目及与当地居民的交流互动，促进理论知识与现实问题结合，增强社会责任感和实践能力，真正把课堂学习和现实问题相结合，形成对国家扶贫政策及其成效的深刻理解，对坚持以人民为中心、促进共同富裕的深刻认同，同时为善港村的发展注入了新的活力。

（二）实践教学主题

本项目紧紧围绕"习近平新时代中国特色社会主义思想概论"课程第四章"坚持以人民为中心"第二节"坚持人民至上"的相关内容。习近平总书记指出："中国共产党自诞生之日起，就把为中国人民谋幸福、为中华民族谋复兴确立为自己的初心和使命。"脱贫攻坚是中国共产党和中国政府将全体人民的福祉放在首位、致力于消除贫困、实现共同富裕的具体实践，这一战略行动不仅关注经济增长和物质改善，而且强调社会公平与正义，保障每个人都能享有发展成果。通过实施精准扶贫、精准脱贫策略，确保政策措施能够直接惠及最需要帮助的群体，让贫困群众显著改善了生活，进一步擦亮了我们党人民至上理念的鲜明底色。

本项目运用善港村脱贫攻坚的案例，引导大学生站稳人民立场，练就过硬本领，把个体的小我融入祖国的大我、人民的大我之中，与时代同步伐、与人民共命运，更好地实现人生价值、升华人生境界。

（三）实践教学目的

通过探索善港村脱贫攻坚战的艰辛历程和伟大成就，引导学生深入理解和把握以人民为中心发展理念的科学内涵，以及巩固拓展脱贫攻坚成果、全面推进乡村振兴的重大意义，增强对中国特色社会主义事业的认同感和自豪感，消除历史虚无主义对大学生的负面影响，筑牢意识形态主阵地，提高学生的社会责任感和历史使命感。

（四）实践教学设计

① 参观善港村。

② 聆听葛剑锋脱贫攻坚事迹，现场互动交流。

③ 走进农户家庭开展调研访谈。

④ 走进田间地头开展实践劳作。

⑤ 云端连线高峰村进行线上访谈。

⑥ 开启"助农直播"。

⑦ 撰写调研方案。

三、实施过程

（一）教学分析

1. 教学目标分析

通过参观善港村、学习善港村脱贫致富历程，以及善港村与高峰村进行整村帮扶的探索，见证我国脱贫攻坚的丰硕成果，透过善港村和高峰村从经济薄弱村到全国示范村的发展历程，深入了解坚持人民至上的重大意义，深刻理解"以人民为中心"的发展理念是我们实现夺取脱贫攻坚全面胜利、扎实推进共同富裕的重要法宝，以鲜明的人民立场和价值导向帮助学生涵养人民至上情怀，树立为人民服务信念，锤炼实干能力，勇担时代重任。

（1）知识目标。论述新时代坚持人民至上的重大意义。

（2）能力目标。运用"以人民为中心"的发展理念分析中国实现夺取脱贫攻坚全面胜利、扎实推进共同富裕的逻辑内涵。

（3）素质目标。认可"人民至上"是脱贫攻坚战中的核心思想；形成对人民群众是历史创造者和共同富裕道路的认同。

2. 教学内容分析

坚持以人民为中心，是贯穿于习近平新时代中国特色社会主义思想的一根红线，习近平总书记关于坚持以人民为中心的重要论述，深刻回答了"为了谁""依靠谁""由谁享有"等一系列基础性、原则性、根本性的问题，深刻理解并把握坚持以人民为中心的深层理论内涵和丰富实践要求，对于帮助学生深学笃用习近平新时代中国特色社会主义思想，一以贯之地坚定中国特色社会主义道路自信、理论自信、制度自信、文化自信，激励其从中汲取强大的精神动力，以更高昂的精神状态，为实现中华民族伟大复兴贡献青春力量，具有十分重要的意义。

以人民为中心的发展观是社会主义的本质要求，贯穿于习近平新时代中国特色社会主义思想的各个部分，也体现在脱贫攻坚伟大实践的方方面面。本项目采用一案到底的教学方法，用善港村脱贫致富实践这一个案例贯穿整个实践教学，理清逻辑，环环相扣，回答好"为了谁""依靠谁""由谁享有"三个议题。发展为了人民、发展依靠人民、发展成果由人民共享，三者之间互相联系，形成一个整体。首先，讲清楚"为了谁"，葛剑锋为何要带领善港村村民一起富？揭示发展的出发点。其次，讲清楚"依靠谁"，善港村翻天覆地的变化是否仅仅依靠"能人领导"就能实现？揭示发展的动力。最后，讲清楚"由谁享有"，善港村为何要与高峰村进行整村帮扶？揭示发展的归属。

3. 教学重难点分析

（1）教学重点。掌握脱贫攻坚实践中的人民至上理念。

（2）教学难点。理解为什么要推动全体人民共同富裕取得更为明显的实质性进展？

（二）教学策略

1. 课前实践导学

云平台推送视频资料：纪录片《脱贫路上的"善港号"》，阅读习近平总书记《在全国脱贫攻坚总结表彰大会上的讲话》，引导学生学习善港村脱贫致富案例，关注脱贫攻坚成果。

2. 课中实践开展

（1）走进善港村。善港村是全国脱贫攻坚先进集体，"村强、民富、景美、人和"远近闻名。带领学生走访善港村船坞里特色田园乡村、现代农业基地、农村干部学院，聆听善港村党委书记事迹，倾听村民心声，品尝善港蔬果，投身劳动实践，亲身体验善港村从"经济薄弱村"到"先进村"的巨变，在田间地头探寻脱贫攻坚的成功密码。

（2）走向议题。

议题一：发展为了谁

"现行标准下9899万农村贫困人口全部脱贫，832个贫困县全部摘帽，12.8万个贫困村全部出列，区域性整体贫困得到解决……"2021年2月25日，全国脱贫攻坚总结表彰大会上的庄严宣告，意味着我们完成了消除绝对贫困的艰巨任务，创造了又一个彪炳史册的人间奇迹！这是中国人民的伟大光荣，是中国共产党的伟大光荣，是中华民族的伟大光荣！

这背后，离不开数百万扶贫干部的倾力奉献、苦干实干。他们同贫困群众想在一起、过在一起、干在一起，将最美的年华无私奉献给了脱贫事业，涌现许多感人肺腑的先进事迹。

善港村党委书记葛剑锋就是其中的一员。他在人生的黄金时期回到农村，十年如一日奔走在田间地头,顺民意、解民忧、惠民生,在把一个贫困村变成经济强村的同时,将扶贫的目光伸向偏远贫困的山区。他说:"光我富了不行,我要帮助大家共同致富。"葛剑锋立志要为打赢脱贫攻坚战贡献自己全部的力量。

走进张家港善港村的有机农场,一颗颗硕大的奶油草莓娇艳欲滴,惹人垂涎,市场上更是卖到 200 元 1 公斤。然而,十多年前,这里还只是一片荒废地,杂草丛生,无人问津。有机农场的巨变也是善港村变化的一个缩影。

"晴天一身灰,雨天一身泥。"曾经的善港村是张家港出了名的经济薄弱村。2009 年,年仅 32 岁的企业家葛剑锋"临危受命",当选善港村党支部书记。从这时起,善港村正式步入脱贫致富的"快车道"。

邀请善港村党委书记葛剑锋分享脱贫攻坚故事。葛剑锋是土生土长的善港人。虽然常年在外经商,事业做得风生水起,但家乡的落后是他心头一直的痛。2009 年,葛剑锋选择回村担任村党支部书记。上岗之后,他把家搬到了村委办公室,白天带着村干部在村子里寻找善港村贫困的症结,晚上坐在办公室想方案,困了就趴一会儿,几乎都没睡过一个好觉。为了理清村里集体资产账目,葛剑锋邀请专业的经济师和法务人员来查清账目、规范合同;为了解决村里大面积耕地撂荒的问题,他反复找村民小组长、村民代表做工作……短短一年时间,善港村就走上了发展正轨。村里的糊涂账理清了,集体账目上也有钱了。周边的经济薄弱村看到善港村的变化,纷纷前来取经。

2012 年 4 月,善港村与杨港村、五新村、严家埭村"四村合一"。如何将这四块"边角料"缝出"新衣服"?结合村情实际,葛剑锋确定了一条建造高标准工业集中区、发展高质量现代农业的新路子,想法有了,但是如何实现,又成为一道难题,但这没有难倒敢想敢干、敢为人先的葛剑锋,于是有了"三顾茅庐"请来农技专家赵亚夫的故事。

一请赵亚夫。2012 年 10 月,葛剑锋前往镇江拜访赵亚夫,吐露了想在村里开设有机农场的想法。当时,慕名前来的人很多,赵亚夫没有松口,但留了一句话:"土地先整整看!"回到村里,葛剑锋立刻行动起来,带着村干部用三个月完成了土地流转、除草复耕等准备工作。

二请赵亚夫。2013 年初,葛剑锋又追到南京,请赵亚夫到村里看看。这一次,赵亚夫不由得对他刮目相看,当场给出发展有机大棚蔬菜的建议。2013 年 5 月,葛剑锋再次上门拜访,请赵亚夫前去考察建好的大棚。看到他身上那股干劲儿,赵亚夫当即答应担任顾问,不仅每月坚持到现场指导,而且牵线搭桥,帮助村里引进日本的先进农业技术。

三请赵亚夫，善港走上了现代农业发展之路。曾经撂荒的土地，如今长出了一个又一个"金疙瘩"。经过多年的苦心经营，如今的善港村，聚集各类企业147家，建成特色农业基地9个。2019年，善港村可用财力达到2500万元，农民人均年收入超过4.8万元。

作为一名共产党员，葛剑锋始终把老百姓的幸福挂在心上。2017年，在村党委、村民议事会联席会议上，村民议事会议事长邵国芳提出关于村民重大疾病救助的提案。议事会的这个提案得到葛剑锋的积极响应，他多次召集村两委班子讨论村民重大疾病的补助方案，并带领村干部到全国各地学习先进经验。

2017年8月27日，在善港村"善福康"医疗基金正式成立的前一天，葛剑锋在北京的医院静养时，还在对基金方案进行审阅打磨。第二天一早，他匆匆从北京往回赶。在当天下午召开的发布会上，他的手上还插着留置针管，戴着二维码手环。虽然面露疲色，但"善福康"医疗基金成功发布后，他的脸上露出了欣慰的笑容。截至目前，"善福康"医疗基金累计受益2600余人次，发放补助金220余万元，成为村民的"第二医保"，为因病致贫家庭送来及时雨。

"输血"能缓一时之难，而"造血"才能解长久之困。葛剑锋认为村民要致富，关键看干部，帮钱帮物，不如帮建一个好班子、好队伍。

2018年，葛剑锋决定在善港建立一个农村干部学院，把创业致富的经验带给更多的能人。没有人手，他四处求才；来不及新建场地，他向上争取，要来了办学场所；没有办学经验，他就带人到各地取经。仅仅三个月，善港农村干部学院正式落成。创办至今，成功举办培训班102期，学员超过1万名，培训的创业致富带头人创业的成功率达到83.5%。从带着善港的村民富，到带着各地的村民富，10多年来，葛剑锋在扶贫道路上步履匆匆。忙于工作的他，常常无暇顾及自己的身体。多年的忙碌奔波使他积了一身病，但即使是肾病最严重的时候，他的脚步也没有停过。年轻时，他挣钱让自己和家人过上好日子；而现在，他带领更多人努力拼搏，让大家都过上好日子。

学生聆听善港村党委书记事迹，带着"为何放弃经商带领群众一起富"的疑问与葛剑锋书记进行了采访探讨，思考扶贫干部奋战在扶贫一线的目的。

葛剑锋常说："我是一名共产党员。老百姓富了，幸福了，就值了！"赵亚夫也被葛剑锋一颗为农民着想的心所打动，成为善港村脱贫路上的一大助力，他评价葛剑锋："挣钱比他多的人有很多，能力比他强的人也有，但是能一心为农民着想的，很难得。"可以看出，作为共产党员，葛剑锋有强烈的人民情怀，眼中有百姓、脑中有群众、心中有人民，想群众之所想、急群众之所急，把满足村民对美好生活的向往作为毕生的追求，把人民群众高不高兴、满不满意作为工作的重心，既是善港村脱贫致富的领路人，也是人民的好公仆。葛剑锋书记的事迹鲜明地回答了"发展为了谁"的根本问题，答案是为人民利益谋发展。

民生无小事，枝叶总关情，为民造福是脱贫攻坚的强大共识。从"政策好不好，要看乡亲们是哭还是笑"，到"在扶贫的路上，不能落下一个贫困家庭，丢下一个贫困群众"；从"打赢脱贫攻坚战不是搞运动、一阵风，要真扶贫、扶真贫、真脱贫"，到"小康不小康，关键看老乡，关键在贫困的老乡能不能脱贫"，脱贫攻坚的伟大实践最为生动地诠释了"人民至上"的执政理念。习近平总书记在全国脱贫攻坚总结表彰大会上的重要讲话中多次提及"人民"一词，深情而深刻地阐释了"人民至上"的思想，正是在"人民至上"思想指导下，中国这个14亿多人口的发展中大国，创造了又一个彪炳史册的人间奇迹！

"人民对美好生活的向往，就是我们的奋斗目标"，为人民谋幸福，是中国共产党一直高扬的政治追求，人民至上是中国共产党所形塑和践行的最根本价值观。习近平总书记指出："我们党团结带领人民进行革命、建设、改革，根本目的就是为了让人民过上好日子，无论面临多大挑战和压力，无论付出多大牺牲和代价，这一点都矢志不渝、毫不动摇。"中国共产党人始终将人民是否真正得到实惠、人民生活是否真正得到改善、人民权益是否真正得到保障作为检验发展成效的根本标准，既着力解决好人民群众最关心、最直接、最现实的问题，又着重解决发展不平衡不充分的问题，使人民群众不断获得实实在在、真真切切的权益，不断增强获得感、幸福感、安全感。

议题二：发展依靠谁

组织学生开展劳作体验，以自行车骑行拉力赛的形式拉开帷幕，从善港村新时代文明实践站出发，一路边骑行边欣赏稻田、花海、农场的田园丰收美景，到达善港蔬菜基地。在蔬菜基地开启劳作趣味PK赛，以小组为单位，分别进行捡豆子、扒玉米、运粮等活动，使学生感受劳作之辛苦与收获之不易。引导学生在蔬菜基地大棚参观善港农产品，以蔬菜基地为切入口，了解善港村新型农村集体经济发展情况和经验特色。

组织学生设计访谈提纲和调查问卷，以探寻善港村从过去的经济薄弱村发展为今天的全国示范村的成功密码。带领学生到村民家中进行访谈和问卷调查，了解善港村过去的生活状况，调研善港村村民对当前村级集体经济发展的满意程度和建议。对问卷的数据和访谈的结果进行整合分析，归纳善港村跑出脱贫加速度的内生动力。

　　结合葛剑锋书记分享的事迹及实地参观体验，引导学生思考问题："善岗村何以能发生翻天覆地的变化？""能人带领"和"群众参与"，哪个在善港村脱贫致富过程中发挥了更重要的作用？引导学生自由选择正反两方观点进行组队，查阅资料准备论据，开启小组辩论赛。

　　正方观点："能人带领"更重要。如果没有葛剑锋，没有善港村的党员干部，就不会有如今生机勃勃的善港村。

　　善港村有361名党员，在发展村级经济过程中，这支由党员干部组成的能人队伍积极发挥先锋模范作用，时刻冲在发展经济第一线。善港村从贫困村到富裕村的转变，离不开这支担当有为、情系村民的党员干部队伍，他们特别能吃苦，也特别能战斗。

　　在开设有机农场时，为了请中国十大"三农"人物、全国劳动模范赵亚夫研究员前来进行指导，葛剑锋拖着病体"三顾茅庐"；在遭受暴雨袭击时，善港村东区的道路被淹没，村民出行不便，是村民小组的党员冒雨赶到葡萄园，徒手搬来一块块水泥板，为村民铺出一条通行的道路；在建设农业基地时，也都是党员干部带头天天驻扎在田头，常常晴天一身土、雨天一脚泥；为了让全村群众共享生态农业的甜美果实，他们凭借"撞到南墙也不回头"的执着，挨家挨户讲政策、做工作，推行"村流转、村经营"的农业模式，推动成立土地股份专业合作社、农民专业合作社，培育建立生态农业科技公司；他们还带领村民创新推动农业文旅融合发展，以"水、林、田、村"为本底，以"乐植有机、知善乡村"为理念，成功地创建了江苏省特色田园乡村、苏州市精品特色乡村，营造了浓厚的农业文旅氛围感。

　　党建引领，以上率下。至此，善港村走上了发展的正轨，成功地甩掉了"穷根"，累计集聚各类企业147家，并建成9个特色农业基地，善港产的日本越光大米、无花果冻果、美国金瓜等产品成为市场上的抢手货。据统计结果显示，2019年，善港村年总产值超20亿元；村级可用财力达2500万元，村级财政收入实现3年翻两番，村民人均年纯收入突破4.8万元。

　　以上一系列措施都表明，"能人带领"是善港村在10年间从扶贫村一跃成为现代农业脱贫致富样板村的关键，葛剑锋及村党员干部充分发挥了先行示范作用，是善港村"产业强、村庄美、村民富"的乡村振兴美丽画卷的重要创作者。

　　反方观点："能人带领"固然重要，但"群众参与"才是在善港村脱贫致富历程中起决定性作用的关键因素。

　　治理出效能，治理见新风，乡村治理必须广泛发动群众，让村民参与乡村建设，集民智聚民力，提高群众参与感、获得感。当市镇两级领导找到葛剑锋，提出希望他这个"专家"回村帮乡亲一把时，是老百姓主动上门与葛剑锋"谈心"，一声又一声"我信你""我跟着你干"，让葛剑锋下定决心干一场，回村当起了村支部书记；葛剑锋上门请来农技"大咖"赵亚夫后，也是得到了村民的纷纷响应，让美国金瓜、高架草莓、有机蔬菜在善港落地生根，长成"金疙瘩"；希望的田野上，乡亲们就业创业、持续增收，积极参加农业职业培训，以特色田园"大文旅"产业发展为契机，宜工则工、宜农则农、宜副则副、宜重则重、宜轻则轻，大力推动善港村规模化、产业化、市场化发展。

由此可见，推动乡村发展不仅要汇聚党员干部之力，引领乡村全面进步；而且要调动乡村群众之力，激发乡村内生活力。失去人民群众的努力和参与，善港村的脱贫致富路也无从谈起。一切为了人民，一切依靠人民，在脱贫攻坚进程中，增进人民福祉是出发点和落脚点，充分调动人民积极性、主动性、创造性是关键点和着力点。

教师总结：善港村的发展离不开葛剑锋这个"能人"的带领，不可否认，这也是善港集体经济发展的一大特色标签。从带领善港村"退工还农"，发展生态农业实现产业振兴；到发布村民自治"小宪法"，设立"善福康"医疗基金，打造基层"善治"样本；再到打造"村官学校"，培养乡村致富带头人……葛剑锋从知名企业家到扶贫书记的转变，既改变了他的命运，也改变了善港村的命运。但仅仅依靠"能人带领"就能使善港村"摘穷帽"了吗？是葛剑锋书记个人创造了善港奇迹吗？答案显然不是。人民是历史的创造者、是社会变革的决定力量。如果没有村民的共同参与，善港村就没办法7天完成25.6公里灌溉河渠的疏浚，10天完成276亩抛荒地的翻土复耕，30天完成2562亩土地流转；如果没有村民的信任和决心，土地股份专业合作社、农民专业合作社、生态农业科技公司不会顺利实现，"公司+合作社+基地+农户"产业化经营模式更是无从谈起，"善港"品牌也不会越走越远。"村里的事情村民自己管，村民的事情村民自己说了算。"善港村的发展更离不开村民群众之力，如今的鱼米之乡是善港所有村民共同努力的结果。

习近平总书记在全国脱贫攻坚总结表彰大会上的讲话中指出，"人民是真正的英雄，激励人民群众自力更生、艰苦奋斗的内生动力，对人民群众创造自己的美好生活至关重要。"从全面深化改革到脱贫攻坚，再到构建社会治理新格局，人民支持和参与是取得成功的关键。在脱贫攻坚征程上，贫困群众既是脱贫攻坚的对象，更是脱贫致富的主体。善港村就是充分认识到贫困群众"自主脱贫"的重要性，打通了贫困群众"智志"关，使群众从"要我脱贫"转变为"我要脱贫"，从"要我富"转变为"我要富"，让群众在脱贫攻坚中"靠双手吃饭，凭能力致富"，真正"为自己战贫困"。"没有人民支持和参与，任何改革都不可能取得成功。无论遇到任何困难和挑战，只要有人民支持和参与，就没有克服不了的困难，就没有越不过的坎。"坚持人民主体地位，充分调动人民积极性，依靠人民创造历史伟业，要把人民群众作为智慧和力量的源泉，把发展深深扎根于人民的创造性实践之中。

议题三："发展成果""由谁共享"

善港村从经济薄弱的扶贫村一举发展成为经济强村，截至 2019 年，村可用财力达到 2500 万元，上演 3 年翻两番的"逆袭大战"。但一个村富了不算富，全国的村庄都富了才是真的富。

东西部扶贫协作和对口支援，是推动区域协调发展、协同发展、共同发展的大战略，是加强区域合作、优化产业布局、拓展对内对外开放新空间的大布局，是打赢脱贫攻坚战、实现先富帮后富、最终实现全面建成小康社会和共同富裕目标的大举措。2018 年 3 月，在全国东西部协作"携手奔小康"大背景下，江苏省张家港市善港村与贵州省沿河县高峰村结对子，率先探索村村结对的"整村帮扶"新模式，派出精准脱贫工作队，从党的建设、文化建设、乡村治理、产业致富四个方面开展全方位、立体式驻村帮扶，探索出精准扶贫工作的"善港思路"，也就是"整村帮扶体系"。

组织学生和高峰村村民进行网络视频采访，聆听高峰村脱贫攻坚的成果和脱贫群众的幸福生活，弄清楚什么是"整村帮扶"？以及在崇山峻岭之间，人们的生活到底是什么样的？有了哪些变化？高峰又何以能成为贵州的"善港"？

2014 年，高峰村贫困发生率为 34.56%，是沿河自治县 50 个深度贫困村之一。高峰村村民全部散居在海拔 1100 米的山坡上，当地石漠化严重、水资源缺乏，村民主要以种植小麦、玉米和薯类农作物为生，年轻人不愿"望天吃饭"，都纷纷外出务工。只要提到高峰村，人们能想到的形容词就是"石旮旯"、山路"十八弯"、缺水、穷……

2013 年 2 月，国务院办公厅印发《关于开展对口帮扶贵州工作的指导意见》，明确苏州市"一对一"结对帮扶铜仁市。2018 年 3 月，张家港市善港村响应号召，与沿河土家族自治县高峰村建立了整村推进帮扶协议。随后，善港村派出精准脱贫驻村工作队进驻高峰村。此后，善港村驻村工作队和高峰村干部一道，在脱贫攻坚一线用心用情用力工作，精准选择产业，在石旮旯里创造了奇迹，打造出东西部扶贫协作的"高峰样板"。

善港村扶贫工作队进驻高峰村后的第一件事就是"拿规划"，即如何运用自身先进农业产业经验，结合高峰村的土地资源条件，帮助该村实现从传统农业向现代农业转变。针对高峰村的发展困境,善港村扶贫工作队聘请南京农业大学的教授团队,对高峰村的气候、土壤及种植环境进行实地勘测,根据实际情况,建设了如今的有机农业产业园,主要种植灵芝、日本阳光玫瑰、爱媛红美人橘子、法国无花果等20个高端果树品种,这些产品投放市场后,深受广大消费者欢迎。

产业园开始运行后,善港村扶贫工作队组织将试种的作物交给贫困户和致富带头人管理,使他们学到了技术、挣到了工钱。在产业园的孵化和带动下,成功地培育出致富带头人10名,另有30余名劳动力常年在产业园务工。2019年,在几个项目带动下,高峰村群众务工增收30万元,带动增收35万元。

产业园覆盖高峰村全部50户贫困户197人,通过与建档立卡贫困户、致富带头人建立利益联结机制,签订利益联结机制协议书,贫困户按照总投资的70%分红,2019年每户贫困户分红2400元。除高峰村有机农业产业园,高峰村生态养殖场还为2名致富带头人和村集体经济增收15万元以上,高峰村生态有机茶叶公园也步入了正轨。

扶贫协作开始后,高峰村发生了翻天覆地的变化,村里有了产业,村民在家门口可以就业。2019年,高峰村贫困发生率已降低到零,人均收入达到9000元以上。

村民的理念也发生了变化,从最开始的干部干群众看,到后来的干部领着群众干,再到现在的群众争着抢着干,东西部扶贫协作以心换心,激发了群众的内生动力。

走进今天的高峰村,一幅幅生动活泼的3D巨幅画作、一幕幕怡然自得的山村生活场景、目之所及一望无际的绿意葱茏,美景诱人、村民笑意盎然,在群山包围下,恍若置身"世外桃源"。高峰村凭借东西部扶贫协作及整村帮扶的东风,大踏步迈入了奔小康的征程,成为先富带动后富的生动实践。

整村帮扶,如同灿烂的阳光照耀在高峰村这片饥渴的土地上,不仅带来了温暖,更带来了丰富的营养物质,滋养着这片土地。善港村扶贫工作队临时支部与高峰村支部建立联系后,干部的工作方式发生了转变,将工作做到了群众心坎里,群众的主动性、创造性被激发。善港村扶贫工作队不仅带来了劳动力,而且带来了先进的农业发展理念,高峰村村民免费在产业园学技术,先进的生态产业、绿色产业在高峰村生根发芽。此外,高峰村还与善港村共享福利,高峰村村民可以到善港村看病就医和报销,参加善港村的新型农村养老保险,高峰村孩子可以到善港村读书。不论是理念、技术、产业还是福利,都说明高峰村村民在整村帮扶过程中得到了真正的实惠,善港村通过"整村帮扶"

将发展成果带给了高峰村。

结合善港村与高峰村"整村帮扶"的探索，引导学生思考问题：脱贫攻坚成果如何更多更公平惠及全体人民？作为大学生，可以贡献哪些青春力量？

组织学生运用电子商务专业知识，把手机变成"新农具"，把数据变成"新农资"，把田间地头变成直播间，化身主播，开启"助农直播"，通过直播平台将"善港"品牌农产品销售到全国各地，帮助农民提高销量。为更好实现"直播带货"预期效果，引导学生设计直播文案，向善港村民请教关于农产品采摘、销售问题，学习直播运营机制及规则，了解直播拍摄前期准备流程、直播间所需要设备的使用等相关内容。

脱贫攻坚的出发点和落脚点是实现共同富裕，让贫困群众和全国人民一起迈入全面小康社会。"全面建成小康社会，一个不能少；共同富裕路上，一个不能掉队"，这是以习近平同志为核心的党中央坚持以人民为中心所兑现的庄严承诺。共同富裕是社会主义的本质要求，是人民群众的共同期盼，我们推动经济社会发展，归根结底是要实现全体人民共同富裕。中国共产党始终将发展成果共享、带领人民实现共同富裕作为最终目的，"消除贫困、改善民生、逐渐实现共同富裕，是社会主义的本质要求，是我们党的重要使命"。我们追求的发展是造福人民的发展，追求的富裕是全体人民共同富裕，因此，把脱贫攻坚作为促进全体人民共同富裕的一项重大举措，把群众满意度作为衡量脱贫成效的重要标尺，彻底改变贫困地区的面貌，根本改善生产生活条件，大幅提高群众生活质量，切实增强人民群众获得感、幸福感、安全感，让发展成果更多更公平地惠及全体人民。

时代是出卷人，我们是答卷人，人民是阅卷人。为了人民而发展，发展才有意义；依靠人民而发展，发展才有动力；发展成果由人民共享，发展才有归宿。发展为了人民，使得发展依靠人民有了充分理由；发展依靠人民，也就决定了发展成果由人民共享；人民共享发展成果，则进一步落实了发展为了人民。以人民为中心的发展思想，不是一个抽象的、玄奥的概念，也不只停留在口头上、止步于思想环节，它体现在经济社会发展的各个环节，贯穿于脱贫攻坚全过程。我们历史性地解决了绝对贫困问题，实现了中华民族几千年的梦想，兑现了我们党向人民、向历史作出的庄严承诺，体现在其中的以人民为中心的发展思想，将继续为中国的经济社会发展提供价值指南，不断推动全体人民共同富裕取得更为明显的实质性进展。

3. 课后实践拓展

结合电子商务专业知识，调研善港村生态农业发展情况，围绕"互联网+"农产品出村进城工程和"数商兴农"，撰写销售推广方案，为善港村经济发展建言献策。

四、教学成效

本专题采用"一案到底"教学法，以善港村具体的典型"一案"为载体贯穿课堂，从善港村支部书记葛剑锋不做老板做村支部书记带领全村一起致富，到善港村上下一致搞集体经济脱贫致富，再到善港村"1+6"带动高峰村等一起夺取脱贫攻坚胜利，一步步组织学生对这一核心案例进行深入挖掘和探讨，通过情境的创设激发学生学习热情，引导学生从情境中汲取有效知识，前后贯通地分析事物发展的逻辑和脉络，增强思维品质，培养学生分析问题和解决问题的能力，一环扣一环地提高其对教学的关注度，调动其参与实践的积极性和主动性，进而提升实践教学的实效性。

将脱贫攻坚精神融入思想政治理论课实践教学，通过案例讲述、故事分享、实地调查、劳作体验等方式，见证脱贫攻坚成果，增强了思政课的思想性、鲜活度和实践感，让学生更好地理解和认识到中国特色社会主义制度的优越性，增强了制度自信，激发了学生的民族自豪感和历史使命感，培养了学生的为民情怀，使他们更加关心国家和人民的福祉，愿意为实现中华民族伟大复兴的中国梦贡献自己的力量。

五、实践教案

课程名称	习近平新时代中国特色社会主义思想概论		实践基地	张家港善港村
教材章节	坚持以人民为中心		授课专业	电子商务专业
教学分析	教学内容分析	党的十八大以来，习近平总书记创造性地提出以人民为中心的发展思想，作出"江山就是人民、人民就是江山""人民对美好生活的向往就是我们的奋斗目标""全面建成社会主义现代化强国，人民是决定性力量"等一系列重要论述，深刻地体现了发展目的论、动力论、价值论的有机统一，回答了"为了谁""依靠谁""由谁享有"的问题。本项目通过走访善港村，深入了解该村脱贫道路，引导学生找到上述问题的答案		

		知识和技能基础	认知和实践能力	学习特点	评估结果
	学生情况分析	掌握群众路线观点，初步把握以人民为中心理念，但对其理论依据和逻辑内涵还缺乏深入认识	认同坚持人民至上的重大意义，对于大学生在推进共同富裕进程中扮演的重要角色缺乏一定的认识和行动	缺乏透过现象看本质的能力，学习迁移能力相对较弱	需进一步增加学生对案例、实践项目的投入度，通过亲身体验、面对面对话、上手劳作等手段，提升深度思考、增强情感认同
教学重难点及解决措施	教学重点：掌握脱贫攻坚实践中的人民至上理念				
	教学难点：理解为什么要推动全体人民共同富裕取得更为明显的实质性进展？				
	解决措施：采用一案到底教学法，围绕"发展为了谁""发展依靠谁""发展成果由谁共享"议题链，分析善港村跑出脱贫攻坚加速度的原因和价值旨归				
教学目标	知识目标：论述新时代坚持人民至上的重大意义				
	能力目标：运用"以人民为中心"的发展理念，分析中国实现夺取脱贫攻坚全面胜利、扎实推进共同富裕的逻辑内涵				
	素质目标：认可"人民至上"是脱贫攻坚战中的核心思想；形成对人民群众是历史创造者和共同富裕道路的认同				
教学方法	①"问题链"教学法；②理论讲授法；③归纳法；④一体化教学法				

教学过程				
教学环节	教学内容	实践活动		设计意图
		学生（主体）	教师（主导）	
实践准备	走近脱贫攻坚记忆：观看纪录片《脱贫路上的"善港号"》	聚焦脱贫攻坚成果；关注人民福祉	要求学生阅读习近平总书记《在全国脱贫攻坚总结表彰大会上的讲话》；指导深度阅读	以善港村的成功案例为切入口，初步了解、认识、体悟脱贫攻坚的重大成就及其意义
实践开展	走进善港村	穿越时空；走访善港村	组织学生参观；引导学生共情	参观善港村书屋、善见花海、种植园基地及善港农村干部学院，了解善港村发展现状，推进实践探索
	走向议题：确立教学议题；完成认知升华	议题探讨；关切困惑	启发观察视角；引发问题意识	以教学议题为桥梁，构ância对话平台，产生时代疑问，深化实践主题
	议题一：发展为了谁	乡间思政课：善港村党委书记葛剑锋分享脱贫攻坚故事；思维碰撞：为何要带着群众一起富？收获新知：人民对美好生活的向往就是党的奋斗目标	① 总结各组观点；② 诠证：以人民为中心理念在脱贫攻坚实践中的坚持和运用	聆听葛剑锋书记先进事迹，探寻他始终奋战在扶贫一线的原因，认识为人民谋幸福是党始终坚守的初心，让人民过上好日子是党一贯的追求

	议题二：发展依靠谁	以劳育心：果园劳作体验； 走访调研：探寻善港村的过去和现在； 思维碰撞：善港村何以能发生翻天覆地的变化？ 收获新知：党永远要依靠人民创造新的历史伟业	① 总结各组观点； ② 诠证：善港村的脱贫攻坚事业能取得成功正是因为依靠了人民	走进农户家庭、田间地头，采访村民、老党员，通过对比善港村的过去和现在，感受善港村发生的变化，通过劳动实践体悟人民群众在其中扮演的重要角色，认识打赢脱贫攻坚战最大的依靠是人民群众
	议题三：发展成果由谁共享	焦点连线：视频连线高峰村村民，挖掘"整村帮扶"背后的故事。 思维碰撞：脱贫攻坚成果如何更多更公平惠及全体人民？ 乡村直播间：利用网络直播让善港村自产有机食品走向千家万户； 收获新知：推动共同富裕，促进发展成果由人民共享	① 总结各组观点； ② 诠证：共同富裕在社会主义现代化征程中的重要作用	以善港村和高峰村结对帮扶的案例为切入口，探寻脱贫攻坚战的价值目标，引导学生利用电子营销专业知识帮助村民直播带货，进而认识共同富裕不仅仅是一个口号，而是看得见、摸得着、真实可感的事实
实践升华	走入更广阔的实践：理论联系实际；完成知行合一	反思观点； 反哺人生	指点议题凝练； 观照现实生活	以甄辨议题为手段，运用实践感悟具体生活，实现"实践—认识—实践"的升华

课后环节				
笃行	调研善港村农产品"互联网+"销售模式，结合大数据模型优化方案，为善港村村民建言献策		**融会贯通**	运用所学知识解决现实问题，考查应用

教学反思

通过参观善港村，走访村民、村干部，调研果园、花园、公园、书园等生态项目，了解善港村的过去和现在，体会善港脱贫致富历程，从中认识到以人民为中心理念在脱贫攻坚、共同富裕进程中发挥的重要作用。本项目以脱贫路上的善港村为切入口，引导学生站稳人民立场，厚植人民情怀，项目进展顺利。

但仍存在如下问题：为人民谋幸福是中国共产党人的初心，人民对美好生活的向往就是党的奋斗目标。要紧紧依靠人民创造历史伟业，把人民作为党的工作的最高裁决者和最终评判者。全面落实以人民为中心的发展思想，必须贯彻党的群众路线，把为人民造福的事情真正办好办实，推动全体人民共同富裕取得更为明显的实质性进展。以上是本项目需要掌握的要点，但这些都是从国家、社会层面出发的宏观论述，从个体角度出发，大学生应该在其中扮演何种角色、发挥何种作用，需要更多的探索

项目十　社会主义先进文化篇：
走进城市规划馆　厚植文化自信

一、项目导引

党的二十大报告指出，"以社会主义核心价值观为引领，发展社会主义先进文化，弘扬革命文化，传承中华优秀传统文化，满足人民日益增长的精神文化需求"。

党的十九届四中全会审议通过的《中共中央关于坚持和完善中国特色社会主义制度　推进国家治理体系和治理能力现代化若干重大问题的决定》提出："发展社会主义先进文化、广泛凝聚人民精神力量，是国家治理体系和治理能力现代化的深厚支撑。"这一重要论断深刻阐明了以坚定的文化自信推动社会主义先进文化发展，凝聚全体人民团结一心、奋勇前进的强大精神力量，具有重要意义。

文化自信是一个国家、一个民族发展中更基本、更深沉、更持久的力量。社会主义先进文化是在马克思主义指导下，在中国特色社会主义伟大实践中逐步形成的，是面向现代化、面向世界、面向未来的，民族的、科学的、大众的文化。社会主义先进文化代表着时代进步潮流和历史发展要求，彰显着中华民族的精神内核，是中国特色社会主义事业不断前进的重要动力和支撑。将思政课实践教学置于社会主义先进文化引领下，能够进一步深化文化育人功能，以文化人培育价值认同，彰显思政教育的文化自觉，进而培养建设中华民族现代文明的时代新人。

文化自信也是一座城市发展的内生动力，是大学生在传统文化、现代文化和世界文化多样性中树立信心、坚守立场的思想认同和文化态度。城市规划馆作为城市的一张靓丽名片，不仅是承载着城市演化前史的物质容器，扮演着城市之窗的角色，而且以更为多样性与复合型的展示手段诠释人与城市的深层联络，以更为特征性与关联性的呈现方式体现城市的内涵性格与精神特质，是适合当代大学生沉浸式探寻城市历史文化脉络、汲取文化自信力量的实践场域。一方面，城市规划馆展示了城市的发展历程、规划构想和未来愿景，走访城市规划馆可以让学生深入了解城市的规划历史、文化传承和城市形象塑造，在感知城市风貌的同时，增强对所在城市的归属感和认同感。另一方面，城市规划不仅涉及城市布局设计，更是社会主义先进文化在城市建设中的具体体现，是社会主义核心价值观的实践传承，也是国家文化精神和价值观念的生动诠释，行浸式走访城市规划馆能够帮助学生在感受社会主义先进文化对城市建设的影响和引领作用的同时，激发学生对中华优秀传统文化、社会主义先进文化的认同和热爱，对文化自信的理解和坚守，并将其内化为行动和自觉，运用所学数字媒体技术专业知识，积极投身城市发展和社会主义建设，成为推动社会主义文明进步的新生力量。

本专题基于"毛泽东思想和中国特色社会主义理论体系概论"课程中毛泽东思想篇内容，走进城市规划馆，透过城市规划馆内城市发展变迁的历史素材和展示物料，理论联系实际，回应学生对于教学重点毛泽东思想活的灵魂，即实事求是、群众路线、独立自主的困惑，引导学生通过行浸式参观城市规划馆增强历史自觉，坚定文化自信，成为毛泽东思想、社会主义先进文化的坚定信仰者、积极传播者和模范践行者。

二、实践准备

（一）实践基地介绍

常州市规划馆是一座集城市规划展示、文化传承和教育培养于一体的现代化展馆，坐落于江苏省常州市，是展示城市发展脉络和未来愿景的重要场所。常州市规划馆以丰富的展示内容、独特的设计风格和深厚的文化内涵而吸引着许多游客和学生前来参观体验，是常州市对外宣传的重要窗口，也是市民了解规划、参与规划的重要平台，更是开展爱国主义教育的重要基地之一。

常州市规划馆共分四层。

一层是序厅、历史厅。序厅为常州市社会经济发展简要介绍，陈列了常州市近年来获得的部分国家级荣誉奖牌和中央领导视察常州时的影像资料，序厅中心徐徐转动的地球用视频投射出不断发展的常州。历史厅分为五个板块：《龙城沿革》板块运用历史怀旧的氛围重温了常州的过去，以"延陵""毗陵""晋陵""兰陵"构成纵深的展厅空间，古代行政区划沿革年表、龙城来历、城垣演变图和电子图表再现了常州古城几度变迁的过程，淹城模型和高浮雕的季子像直观地展示常州悠久的历史；《毗陵古韵》板块用实景结合绘画营造环境气氛，再现老常州的水乡街景，幻影成像——"老常州的一天"以新颖的形式呈现了常州传统市民生活和民族风情，紫铜浮雕长卷"毗陵古韵"展现了清末民初常州老城厢的规模；在《旧照集粹》板块挥手翻动电子书，可以了解半个世纪的风雨沧桑，勾起人们对历史的回忆，动态视频和静态幻灯片新旧对照呼应常州城市历年来的发展变化；《运河沧桑》板块运用多媒体技术令常州京杭运河的繁荣过往触手可及；《180°环幕厅》板块采用多屏无缝拼接180°环幕技术，生动呈现了常州悠久的历史、今天的成就和未来发展的蓝图。

二层注重沉浸式交互体验。景点成像将恐龙园、市民广场、天宁宝塔等代表性景点通过数字媒体技术呈现给观众，参观者可以选择感兴趣的景点合影留念，打印成册或传送至邮箱。VR绿色出行通过模拟骑行和绿道三维场景屏幕构建常州版city walk，让参与者沉浸式感受常州魅力。

三层采用U形折幕搭建全景常州，让参观者身临其境体验未来城市便捷的交通。在城市望远镜中，观众可以任意选择景点，直观地、多角度地观看城市景观效果，了解常州近年来城市面貌的发展。

四层总体规划模型厅按照1:1000的比例将常州市高速公路环内650千米范围制作成动态沙盘模型，采用声、光、电结合视频演示，将常州市未来发展的宏伟蓝图呈现在观众面前。

常州规划馆以丰富多样的展示内容为观众呈现了常州城市的发展历程、规划愿景和未来发展方向。常州市规划馆内城市规划的实景模型、图片资料、多媒体展示等，生动展示了常州在城市规划建设方面的成就和未来规划。

常州规划馆的展示内容涵盖了从城市土地利用规划、交通规划、建筑规划到环境保护和市民生活等多个方面。观众可以深入了解常州城市规划的各个方面，包括城市绿化环境、交通便利性、文化设施等，从而全面把握城市的发展脉络和未来愿景。

思想政治教育元素贯穿于常州市规划馆每一个展示内容中。在展示中穿插了大量中国传统文化元素，如中国古代建筑、传统工艺和民俗文化，引导参观者热爱祖国的历史文化传统。常州市规划馆还设置了专门的展示区域，介绍了常州人民的奋斗历程和爱国情怀，激发观众对祖国的热爱和对城市发展的责任感。

参观者在常州市规划馆内可以通过多种互动体验方式，如沙盘模拟、虚拟现实技术等，深入了解城市规划的技术细节和实践应用，加深对城市规划的认识和体验。此外，常州市规划馆每年还举办各类讲座、展览和活动，吸引了大量学生、城市规划师和市民参与，推动城市规划知识的普及和传播。

常州规划馆作为城市规划展示和爱国主义教育结合的典范，为大学生提供了一个全面了解城市规划、热爱祖国和激发文化自信心的平台。通过参观常州市规划馆，人们可以深刻领悟爱国主义与城市规划的紧密联系，激发社会责任感和城市建设的参与热情，为推动城市文明进步和实现中华民族伟大复兴贡献力量。

（二）实践教学主题

本项目紧紧围绕"毛泽东思想和中国特色社会主义理论体系概论"课程第一章"毛泽东思想及其历史地位"第二节"毛泽东思想的主要内容和活的灵魂"的相关内容。习近平总书记在纪念毛泽东同志诞辰130周年座谈会上的讲话中指出："毛泽东同志把辩证唯物主义和历史唯物主义运用于无产阶级政党的全部工作，在中国革命和建设的长期艰苦斗争中形成了具有中国共产党人鲜明特色的立场、观点、方法，体现为实事求是、群众路线、独立自主三个基本方面。这是毛泽东思想活的灵魂。"坚持好和运用好毛泽东思想活的灵魂，是大学生理解和掌握毛泽东思想的关键所在，更是大学生参与强国建设，成为有理想、敢担当、能吃苦、肯奋斗的新时代好青年，为中华民族伟大复兴事业贡献青春力量的重要理论原则。

实事求是，是马克思主义的根本观点，是中国共产党人认识世界、改造世界的根本要求，是我们党的基本思想方法、工作方法、领导方法。不论过去、现在和将来，我们都要坚持一切从实际出发，理论联系实际，在实践中检验真理和发展真理。群众路线是我们党的生命线和根本工作路线，是我们党永葆青春活力和战斗力的重要传家宝。不论过去、现在还是将来，我们都要坚持一切为了群众，一切依靠群众，从群众中来，到群众中去，把党的正确主张变为群众的自觉行动，把群众路线贯彻到治国理政全部活动之中。独立自主是我们党从中国实际出发、依靠党和人民力量进行革命、建设、改革的必然结论。不论过去、现在还是将来，我们都要把国家和民族发展放在自己力量的基点上，坚持民族自尊心和自信心，坚定不移走自己的路。习近平总书记强调，"新形势下，我们要坚持和运用好毛泽东思想活的灵魂，把我们党建设好，把中国特色社会主义伟大事业继续推向前进。"

本项目需要和学生突出强调的是，把毛泽东同志开创的事业继续推向前进，需要把毛泽东思想活的灵魂放在新时代的坐标系中进行传承，切实把毛泽东思想的世界观、方法论和贯穿其中的立场观点方法转化为工作和学习方法，以更好地指导强国建设、民族复兴的青春实践。

（三）实践教学目的

组织学生参观城市规划馆，从思政小课堂走进社会大课堂，通过挖掘书本理论知识与实践史料的逻辑关系，充分认识坚持实事求是、理论联系实际的必要性和重要性；通过探寻城市镜头背后的故事，深入了解常州市的发展和变迁，感受从温饱不足走向全面小康、从贫困落后走向富强开放的城市风貌，使学生深刻体会常州市有今天的成就，靠的是生活在这座城市里一代又一代老百姓，即人民群众是这座城市历史的创造者，是城市发展的源泉和动力，从而领会坚持群众路线的真谛；结合VR虚拟现实、立体显示、沉浸式互动等技术在城市规划馆中的应用，结合数字媒体技术专业在中国的发展历程，引导学生坚持走独立自主的发展道路，增强对中国特色社会主义的道路自信、理论自信、制度自信、文化自信，激励学生真抓实干、埋头苦干，为城市建设、民族复兴伟业贡献青春力量。

（四）实践教学设计

①组织学生参观常州市规划馆。

②由常州市规划馆工作人员进行现场讲解。

③任课教师围绕"从思政小课堂走进社会大课堂看实事求是"、"从城市发展变迁看群众路线"、"从数字媒体技术创新看独立自"主三个议题讲授毛泽东思想活的灵魂。

④组织学生自由参观，并与常州市规划馆工作人员进行互动交流。

三、实施过程

（一）教学分析

1. 教学目标分析

毛泽东思想活的灵魂是"毛泽东思想和中国特色社会主义理论体系概论"

课程第一章"毛泽东思想及其历史地位"重要内容，在毛泽东思想科学体系中占有重要地位，主要目的是通过参观城市规划馆，进一步加深对实事求是、群众路线和独立自主科学内涵的认识，结合数字媒体技术专业所学，用实际行动理解和把握毛泽东思想活的灵魂，为坚持和运用毛泽东思想，进而深刻领会马克思主义及其中国化创新理论的理论品格，特别是学习掌握习近平新时代中国特色社会主义思想的世界观、方法论和贯穿其中的立场观点方法，打下坚实理论基础和实践基础。具体教学要求是充分认识实事求是、群众路线和独立自主的重大意义，认同毛泽东思想活的灵魂对历史发展、现实生活的指导作用，充分把握其中的核心要义，以主人翁精神将火热的青春投入到中国式现代化建设进程中，把毛泽东同志开创的事业继续推向前进。

（1）知识目标。结合数字媒体技术专业知识讲述实事求是、群众路线、独立自主思想的基本内涵。

（2）能力目标。运用数字媒体技术专业知识进行毛泽东思想的传播实践；灵活运用创新创造思维进行专业学习。

（3）素质目标。增进对党的创新理论的政治认同、思想认同、理论认同、情感认同；增强运用所学数字媒体技术专业知识报效祖国的使命感和责任感。

2. 教学内容分析

作为马克思主义中国化时代化第一次历史性飞跃的重要理论成果，毛泽东思想是一个内容丰富、博大精深的思想体系。毛泽东同志把辩证唯物主义和历史唯物主义运用于无产阶级政党的全部工作，在中国革命和建设的长期艰苦斗争中形成了具有中国共产党鲜明特色的立场、观点、方法，体现为实事求是、群众路线、独立自主，这是毛泽东思想活的灵魂，将长期指导我们的行动。

实事求是是毛泽东思想的基础，群众路线和独立自主两个方面是构成毛泽东思想活的灵魂不可缺少的重要组成部分，三者相辅相成、辩证统一。实事求是是群众路线、独立自主的理论基础和实践前提，群众路线为实事求是、独立自主提供根本途径和力量源泉，独立自主是两者的立足点和归宿。以城市规划馆为载体，从城市发展变迁的历史视野，了解毛泽东对实事求是、群众路线、独立自主的科学阐释，了解毛泽东思想活的灵魂的丰富发展，对我们坚持和运用好毛泽东思想活的灵魂、纪念毛泽东同志、传承毛泽东思想，具有重要启示作用。

3. 教学重难点分析

（1）教学重点。解决学生对于实事求是、群众路线、独立自主思想的认知困惑。

（2）教学难点。如何结合新的形势和历史条件理解和掌握实事求是、群众路线和独立自主的科学内涵；如何运用所学数字媒体技术专业坚持和运用毛泽东思想活的灵魂。

（二）教学策略

1. 课前实践准备

首先，确定教学重难点。在校内，关于毛泽东思想篇的理论课程结束以后，在智慧云平台上发布测试题，评估学生学习成效，学生借助课程平台，完成本项目知识测评，教师对测评结果进行统计分析，发现学生对于毛泽东思想活的灵魂掌握不够，因此确定实践课教学重点为毛泽东思想活的灵魂。

其次，选定实践教学基地。理解和掌握毛泽东思想活的灵魂的难点在于真正意识到其对历史发展和现实生活的指导作用，从这个层面出发，以城市规划馆为实践场域，通过体验和感受城市发展变迁的历史进程，进而认识和感悟实事求是、群众路线和独立自主的重大意义是一个非常好的切入口，因此选定城市规划馆为本项目实践教学场所。

最后，推送课前导学。为学生精准推送案例资源，通过平台推送纪录片《常州城市记忆》，阅读资料《坚持和运用好毛泽东思想活的灵魂》（牛先锋，《红旗文稿》，2024第1期27—31页）、《毛泽东思想活的灵魂的由来》（毛胜，《新湘评论》，2023第24期29—32页），布置思考题"如何在新时代新征程中，面向中国式现代化的生动实践，坚持和运用好毛泽东思想活的灵魂"引发学生思考，预热课堂主题。

2. 课中实践开展

（1）走进常州市规划馆。在常州市规划馆讲解员带领下，参观常州市规划馆，通过生动的图片、逼真的模型、鲜活的数据、振奋的成绩，系统地了解常州市人文地理和社会经济发展情况，回顾常州市2800多年城市发展的悠久历史，见微知著地了解党情国情民情和常州市情，领略英勇的常州人民在中国共产党领导下进行革命、建设、改革的伟大实践。

（3）走向议题。

议题一：从思政小课堂走进社会大课堂看实事求是

教师发布云课堂任务：挑选一张最吸引你的照片，进行照片墙展示，思考思政小课堂与社会大课堂的关系。

学生选择感兴趣的历史照片进行课堂展示，结合史料挖掘照片背后的故事，以小见大地探寻常州城市发展脉络，从中找出历史演进规律，教师进行点评总结。

通过对展陈展品的观摩、探索和挖掘，引导学生辨析理论知识和实践事实的逻辑关系，进而引发其对实事求是的思考。比如在旧照集粹陈列区，有一张照片提到1930年日军轰炸城市，有学生提出疑惑，既然历史照片表明1930年中日战争冲突已经发生，那为何我们常常讲"十四年抗战"，即将中日冲突界定在1931年到1945年这个阶段，事实上，我们跟日本人的战争不仅仅是"十四年抗战"，"十四年抗战"也并不意味着中日矛盾始于1931年，也不意味着日本对中国的侵略和掠夺仅限于这十四年，更不意味着中国人民对于日本的反抗囿于这十四年。"十四年抗战"概念是基于当时中国社会面临的主要矛盾的判断，九一八事变是中日民族矛盾开始成为中国社会主要矛盾的转折点。

从1840年鸦片战争以来，随着西方列强的入侵，中国逐步沦为半殖民地半封建社会，处于"几个帝国主义国家共同支配的局面"。中国社会的主要矛盾是帝国主义同中华民族、封建主义和官僚资本主义同人民大众之间的矛盾。九一八事变爆发后，日本帝国主义武力入侵中国，独占中国东北并逐步向山海关内逼进，企图把中国从几个帝国主义国家都有份的半殖民地状态变为日本独占的殖民地状态，从而加深了日本与其他帝国主义之间的矛盾，也使得日本和中国的矛盾在各帝国主义与中国的矛盾中突显，中日矛盾迅速成为中国各种矛盾中最主要的矛盾，抗日救亡成为时代的最强音。由此可见，在思政小课堂中，学生对于历史的认识是孤立地从书本上的某个时间点到另一个时间点，但是真实的历史却是具体的连续的过程，也就是说，不光要从书本上学习知识，还要通过实践来深化理论认知，一切从实际出发，理论联系实际，坚持在实践中检验真理和发展真理。也就是实事求是，要求我们要理论联系实际，以理论来指导实践，以实践来印证理论。如果只抓住书本概念，而不去与现实生活相联系，就会陷入"知而不行，等于不知"的囹圄。

坚持实事求是是党的理论创新的基本经验，也是进一步推进马克思主义中国化时代化遵循的基本规律。坚持好和运用好实事求是思想路线，就要坚持一切从实际出发，分析思考中国式现代化实践中面临的重大现实问题、思想问题，在解决实际问题过程中不断总结经验，提升理论，推进理论创新。毛泽东同志解释说："'实事'就是客观存在着的一切事物，'是'就是客观事物的内部联系，即规律性，'求'就是我们去研究。"毛泽东思想就是在运用马克思主义基本原理解决中国革命和建设的实际问题、在同各种错误倾向斗争的过程中创立的。

党的十八大以来，以习近平同志为核心的党中央，就新时代"坚持和发展什么样的中国特色社会主义、怎样坚持和发展中国特色社会主义，建设什么样的社会主义现代化强国、怎样建设社会主义现代化强国，建设什么样的长期执政的马克思主义政党、怎样建设长期执政的马克思主义政党"等重大时代课题，提出一系列原创性的治国理政新理念新思想新战略，创立了习近平新时代中国特色社会主义思想，实现了马克思主义中国化时代化新的飞跃，极大地推进了强国建设和民族复兴伟业。

议题二：从城市发展变迁看群众路线

教师发布云课堂任务：寻找"你的城市镜头"，运用数字媒体技术专业所学，利用手机镜头，寻找令你印象最深刻的场景，以小组为单位录制短视频上传至云平台，思考城市发展因为谁，为了谁？

学生以小组为单位分享了各自印象深刻的展陈场景。第一小组分享了"故乡的一天"，实景结合绘画营造了环境氛围，再现了常州城市的水乡街景，以一种新颖的形式令过去城市老百姓生活历历在目。第二小组分享旧照集粹的场景，在这里挥手翻动电子书，动态视频和静态幻灯片新旧对照的形式，使参观者更加直观地感受到城市半个世纪的发展变化。第三小组用镜头记录了运河沧桑，站在复原古桥上，仿佛真的置身运河历史长河中，从古老沧桑的古运河到珠点玉翠的新运河，新老运河交相辉映，在其中思绪徜徉，见证历史变迁。

教师发布围读思考题，这些展陈各有侧重，但却有共同之处，体现在什么方面？

这些展陈、这些场景背后都有一个共同的主人公，那就是这座城市的人民。城市规划馆的功能是反映城市发展的历史变迁、建设风貌及城市建设的现状与未来规划，不论是城市发展，还是沧桑巨变，人民始终是城市建设的主体，也是城市建设成果的共享者。"城，所以盛民也。"历史反复证明，人民群众是历史发展和社会进步的主体力量。正如毛泽东所说："中国的命运一经操在人民自己的手里，中国就将如太阳升起在东方那样，以自己的辉煌的光焰普照大地"。所谓人民城市人民建、人民城市为人民。今天，我们之所以能在城市规划馆里感受这座城市的沧桑巨变，是因为我们始终如一地坚持群众路线，坚持相信群众、依靠群众、从群众中来、到群众中去，站在广大人民群众的立场上，为人民求福利、谋利益。

人民城市人民建，人民城市为人民。建设好人民城市，要倾听人民群众呼声，聚焦人民群众需求。实践证明，想群众之所想，急群众之所急，善于从群众的建议甚至批评中审视工作、衡量得失、发现问题，城市建设就能经得起实践的检验，经得起历史和人民的检验。建设好人民城市，要激发人民群众参与城市建设的积极性。作为新时代大学生，要充分发挥人民群众的主体性，激发与城市共发展的责任感和使命感，变"要我参与"为"我要参与"。建设好人民城市，归根结底是要让人民群众共享城市发展和建设成果。习近平总书记强调，检验我们一切工作的成效，最终都要看人民是否真正得到了实惠、人民生活是否真正得到了改善、人民权益是否真正得到了保障。通过分享和思考，引导学生真正感知城市建设成果正在由这座城市的老百姓所享有，认识坚持群众路线的重要性和历史必然性。

坚持和运用好群众路线，就要坚持一切为了群众、一切依靠群众，从群众中来、到群众中去，从人民群众的实践中汲取力量和智慧。毛泽东同志说："我们共产党人好比种子，人民好比土地。我们到了一个地方，就要同那里的人民结合起来，在人民中间生根、开花。"人民群众的创造性实践是理论创新的不竭源泉。党的理论来自人民、为了人民、造福人民。习近平总书记高度重视坚持和运用党的群众路线。在纪念毛泽东同志诞辰130周年座谈会上的讲话中，习近平总书记从充分激发人民的历史主动精神角度指出，中国式现代化是全体中国人民的事业，必须紧紧依靠人民，才能不断创造新的历史伟业。

坚持群众路线，就要坚持人民主体地位，充分尊重人民所表达的意愿、所创造的经验、所拥有的权利、所发挥的作用，把实现好、维护好、发展好最广大人民根本利益作为一切工作的出发点和落脚点，让现代化建设成果更多更公平惠及全体人民。

坚持群众路线，就要健全人民当家作主的制度体系，发展全过程人民民主，保证人民的民主权利和自由。坚持群众路线，就要完善维护社会公平正义的制度机制，保障人民平等参与、平等发展权利。坚持群众路线，就要着力保障和改善民生，增强人民获得感、幸福感、安全感。坚持群众路线，就要把握新形势下群众工作的特点和规律，把工作做到人民群众心坎上，始终保持同人民群众的血肉联系，始终接受人民批评和监督，始终与人民同呼吸、共命运、心连心，使中国式现代化拥有最可靠、最深厚、最持久的力量源泉。

邀请社区干部上讲台，介绍坚持群众路线的做法和经验。常州市武进区高新北区以"温暖北区，幸福小城"为目标，打造"小北课堂"品牌项目，开展线上党史宣讲、领读红色经典、讲述暖心故事等内容，让党的理论飞入寻常百姓家，始终坚持群众路线，凝聚着温暖北区的强大力量。通过高新北区的现实案例及社区干部的现身说法，使学生进一步深化对于坚持走群众路线的政治认同和思想认同。

群众路线是我党永葆生机活力的源泉。党的十九大报告中，人民一词出现了203次，可以说，体现在报告的方方面面。坚持走群众路线不是停留于笔墨之间、口头之上，而是落实到具体的实际行动中，在经济建设、政治建设、文化建设、社会建设、生态文明建设的各个环节，都能够扑下身子，真正与人民群众打成一片。

议题三：从数字媒体技术创新看独立自主

教师发布云课堂任务：一双发现专业的眼睛，找一找常州市规划馆里的数字媒体技术，思考我国数字媒体技术如何实现从跟跑、并跑到领跑的跨越？

学生以小组为单位分享对于常州市规划馆内数字媒体技术的发现。绿色出行场景中运用VR虚拟现实技术，实现360°全方位沉浸式交互体验。景点成像利用3D动影成像、光影叠加技术，使参观者不仅置身城市风光，而且能根据自身兴趣打印照片作为留念。全景城市的U形折幕通过立体显示器的技术，形成了逼真的效果，让参观者沉浸体验城市规划项目建设。引导学生通过分享和感受我国数字媒体技术的蓬勃发展。

教师发布围读思考题，是什么使我国的数字媒体技术实现从跟跑、并跑到领跑的跨越？

就拿VR虚拟现实技术来说，已然进入全新的发展阶段，冬奥会就采用了VR全景直播设备，观众轻松扫描二维码，能获得生动的观赛体验，但这样的成就并不是一蹴而就的。20世纪90年代，钱学森敏锐地察觉到VR技术的重要性，并将其翻译为灵境。国家"863"计划将虚拟现实技术立项，但进展缓慢。2016年是VR元年，西方国家已形成规模市场，但我国与国外存在巨大差距。直到2021年，我国才在制造、教育、旅游、健康、商贸等多领域实现了VR虚拟现实技术的广泛运用，有了重大突破，其中的关键在于华为的5G技术。华为用白手起家，三十多年自主创新，攻坚克难，一次次突破技术"无人区"，弯道超车拿下5G时代。三十多年中，唱衰者有之，质疑者有之，打压者亦有之，但华为最终立于不败之地，"华夏千秋事，风雨亦为之"，这是独立自主带给华为的硬气和豪情。基于独立自主的探索和实践精神，我们国家在众多领域实现了从跟跑到并跑再到领跑的超越。计算机汉字激光照排技术、北斗系统、抗疟药品等，一代代科技人、产业人在独立自主的大路上迎难而上、勇毅前行，才有了今天民族产业应对贸易霸凌的豪气与底气！

独立自主不仅仅是科技自立，它还意味着道路自觉，走自己的路。决不能照搬照抄他国的政治制度，要把马克思主义的普遍真理同我国的具体实际结合起来，坚持走中国特色社会主义道路。它意味着价值自觉，中国的事情必须由中国人民自己处理。抗战时期既达成与国民党的合作，又保持在统一战线中的独立性；革命和建设时期不把中华民族的命运交给共产国际，不做苏联的附庸；新时代捍卫国家主权与领土完整，不容霸权国家置喙，在长期实践中，历来坚持独立自主开拓前进道路。它意味着实践自觉，把国家和民族发展放在自己力量的基点上。要强调的是，这不是关起门来搞建设，而是强调对外合作中的主动性与主导权。当前，以国内大循环为主体、国内国际双循环相互促进的新发展格局，就是我们把握未来发展主动权的战略性布局和先手棋。独立自主是毛泽东思想活的灵魂，中国共产党百年奋斗的历史就是一部坚持独立自主、走向辉煌创造奇迹的历史。

党的十八大以来，面对复杂多变的国际形势，习近平总书记更加重视独立自主的价值，指出："我们党在领导革命、建设、改革长期实践中，历来坚持独立自主开拓前进道路，这种独立自主的探索和实践精神，这种坚持走自己的路的坚定信心和决心，是我们党全部理论和实践的立足点，也是党和人民事业不断从胜利走向胜利的根本保证。"当前，面对世界百年变局，经济全球化遭遇逆流，我们更要深刻地认识和理解"坚持独立自主"的宝贵经验，始终坚持独立自主，把中国发展进步的命运掌握在自己手中，交出新时代坚持和发展中国特色社会主义的合格答卷。

3. 课后实践拓展

以数字媒体技术发展为切入口，寻找数字媒体技术领域的青年担当与青春力量典型事迹，讲述青年故事，引导学生学习榜样，将理论落实到青春实践。

四、教学成效

利用常州市规划馆的展陈展品，以具象化、接地气的现场教育教学形式，将社会主义先进文化、毛泽东思想活的灵魂与城市建设、城市发展结合起来，在见人见事、见微知著的具象化认知中，进一步地学习和深化对毛泽东思想的深度理解和准确把握，更好地引导其坚持毛泽东思想的世界观和方法论，运用辩证唯物主义和历史唯物主义正确回答时代和实践提出的重大问题，回答中国之问、世界之问、人民之问、时代之问，作出符合中国实际和时代要求的正确回答，得出符合客观规律的科学认识。

将课堂搬到常州市规划馆，引导学生从城市发展汲取奋进力量，用眼睛发现中国精神，在实践中坚定理想信念。通过对"从思政小课堂走进社会大课堂看实事求是""从城市发展变迁看群众路线""从数字媒体技术创新看独立自主"三个议题的探讨和围读，将城市规划馆讲解话语体系转化为党领导城市发展的教材体系，形成特色化的思政课实践教学体系，使思政课更加多元化、形象化、生动化，深化党史、新中国史、改革开放史、社会主义发展史的教育教学效果，增强学生的文化归属感和思想认同感，增进历史自觉和行动自觉，引导其更加紧密地团结在以习近平同志为核心的党中央周围，统一思想、统一意志、统一行动，以只争朝夕、顽强奋斗的精神，以"拼命向前"的姿态，沿着中国特色社会主义道路，为以中国式现代化全面推进城市发展战略、强国建设、民族复兴伟业而奋勇前进。

五、实践教案

课程名称	毛泽东思想和中国特色社会主义理论体系概论		实践基地	常州市规划馆
教材章节	毛泽东思想及其历史地位		授课专业	数字媒体技术专业
教学分析	教学内容分析	通过走访常州市规划馆，围绕城市发展史及展馆数字媒体技术，以数字媒体技术专业知识为切入口，理论结合实际，回应学生对于第一章"毛泽东思想及其历史地位"的学习困惑，引导学生与时代同呼吸、与祖国共命运，运用所学数字媒体技术专业知识，为实现中华民族伟大复兴贡献青春力量		
	学生情况分析	**知识和技能基础** 通过对第一章"毛泽东思想及其历史地位"的理论学习，基本掌握了毛泽东思想的理论精髓，但局限于抽象的理论认识，尤其对毛泽东思想活的灵魂缺乏与现实相观照的能力	**认知和实践能力** 认同个人命运与国家发展、社会发展紧密相连，但缺乏将个人所学专业知识与国家建设发展相融合的实际行动	**学习特点** 相对于课堂理论教学，学生参与课外实践的积极性较高，但对实践的态度娱乐性大于学习性
				评估结果 既要注重教学内容本身的理论阐述，又要紧密联系学生日常生活实际，使学生在分析和认识实际问题过程中，加深对理论的理解，实现理论和实践的统一
教学重难点及解决措施	教学重点：解决学生对于实事求是、群众路线、独立自主思想的认知困惑			
	教学难点：如何运用数字媒体技术专业知识帮助学生解决认知困惑			
	解决措施：以数字媒体技术专业知识为切入口，以城市发展为主题，领悟毛泽东思想活的灵魂，观照现实，贡献青春力量，实现知行合一			
教学目标	知识目标：结合数字媒体技术专业知识讲述实事求是、群众路线、独立自主思想的基本内涵			

	能力目标：灵活运用创新创造思维进行数字媒体技术专业学习		
	素质目标：增强运用所学数字媒体技术专业知识报效祖国的使命感和责任感		
教学方法	① "问题链"教学法；② 理论讲授法；③ 归纳法；④ 一体化教学法		

		教学过程		

教学环节	教学内容	实践活动		设计意图
		学生（主体）	教师（主导）	
实践准备	走近城市记忆：观看纪录片《常州记忆》	聚焦历史；关注社会	提供学习书目；指导深度阅读	以重温历史为起点，徜徉城市发展，增加认知乐趣，点燃实践热情
实践开展	走进城市规划馆	穿越时空；参观城市规划馆	组织学生参观；引导学生共情	以追寻城市历史为路径，感受发展成果和数字媒体技术运用，推进实践探索
	走向议题：确立教学议题；完成认知升华	议题探讨；关切困惑	启发观察视角；引发问题意识	以教学议题为桥梁，构筑对话平台，产生时代疑问，深化实践主题
	议题一：从思政小课堂走进社会大课堂看实事求是	沉浸体验：通过视觉沉浸、听觉沉浸、触觉沉浸体验城市规划馆；思维碰撞：围读思政小课堂与社会大课堂的关系；收获新知：沟通历史与现实、贯通理论与实践，坚持实事求是，把握历史主动	① 总结各组观点；② 诠证：实事求是是马克思主义的根本观点，是认识世界、改造世界的根本要求	通过对走进城市规划馆意义的探讨，思考思政小课堂和社会大课堂的关系，引导学生理论联系实际，坚定实事求是的信念，增强实事求是的本领，时时处处把实事求是牢记于心、付诸于行
	议题二：从城市发展变迁看群众路线	城市镜头：探寻城市发展变迁史；思维碰撞：城市发展因为谁，为了谁？收获新知：人民群众是历史发展和社会进步的主体力量	① 总结各组观点；② 诠证：运用不同数字媒体技术进行呈现的共同主体是人民群众，人民群众是历史的创造者	通过对城市变迁发展的探讨，结合数字媒体技术以"人"为本的特征，引导学生认识人民才是创造世界历史的动力，把群众观点和群众路线深深根植于思想中

	议题三：从数字媒体技术创新看独立自主	发现专业：寻找城市规划馆里的数字媒体技术； 思维碰撞：我国数字媒体技术如何实现从跟跑、并跑到领跑的跨越？ 收获新知：独立自主的探索和实践精神，是党和人民事业不断从胜利走向胜利的根本保证	① 总结各组观点； ② 诠证：数字媒体技术的新实践与新突破是我们把国家和民族发展放在自己力量的基点上，增强民族自尊心和自信心，坚定不移走自己的路的印证	通过分析我国在本专业数字媒体技术的探索和实践，论证独立自主的重要性，引导学生坚持独立思考，坚定不移地维护民族独立、捍卫国家主权，把立足点放在依靠自己力量的基础上
实践升华	走入更广阔的实践：理论联系实际；完成知行合一	反思观点； 反哺人生	指点议题凝练； 观照现实生活	以甄辨议题为手段，运用实践感悟具体生活，实现"实践—认识—实践"的升华

课后环节			
笃行	寻找数字媒体技术领域的青年担当与青春力量典型事迹，讲述青年故事，引导学生学习榜样，将理论落实到青春实践	融会贯通	运用所学知识解决现实问题，考查应用

教学反思
通过带领学生实地参观常州市规划馆，结合沉浸体验、专家讲堂，解答学生对于实事求是、群众路线、独立自主的学习困惑。本项目注重将思政小课堂与社会大课堂相联系，注重把理论与城市发展实际相结合、与数字媒体技术专业相融合，寓理论于实践，课程进展顺利。通过课前实践准备、课中实践开展、课后实践升华，基本达到了课前预设的教学目的。 　　但仍存在如下问题：现场教学存在注意力易分散、教学秩序难维持等客观因素，在一定程度上给教学带来了干扰，须在日后实践教学环节中，注重教学氛围营造，将学生注意力集中在课堂，做到形散而神聚

项目十一　优秀校友篇：
访谈优秀校友　撑起理想风帆

一、项目导引

理想信念教育是培养时代新人的核心命题，是贯穿思政课教育教学的一条红线。2019年3月18日，在学校思想政治理论课教师座谈会上，习近平总书记从理想信念教育的角度强调了思政课的职责任务，明确指出："思政课要解决学生理想信念问题。"思政课实践教学要把大学生理想信念教育放在首位。

一方面，充分发挥榜样教育示范作用，是新时代大学生理想信念教育的有效路径。优秀校友作为大学生的身边榜样，与大学生有共同的教育背景、相似的求学经历，他们跨出校门、走向社会的奋斗历程和成长经历，对大学生来说，有较强的吸引力、说服力和引导力。另一方面，优秀校友的先进事迹和高尚品德往往蕴含着理想信念教育的内在要求。因此，把优秀校友案例融入思政课实践教学，用校友的先进事迹激励大学生，有利于增强大学生的实践体验，汲取榜样力量，深化对理想信念的认识，树立共同理想和远大理想，将其转化为自身精神追求，进而成为行动自觉。

二、实践准备

（一）实践基地介绍

常州工程职业技术学院校史馆建成于2017年，面积约850米^2。常州工程职业技术学院校史馆取名匠心：一是寓指常州工程职业技术学院办学60年来，呕心沥血、精雕细琢培养高素质技术技能型人才。二是寓指从常州工程职业技术学院走出的学子，需常怀工匠之心，认真做人、专注做事，止于至善。

常州工程职业技术学院校史馆由学校设计、学院师生自主设计建设，分为"孕育""孵化""展翅""翱翔"四部分。

第一部分"孕育"主要介绍了学校的起源。学校的办学历史可以追溯到1958年，其间，几度更名、数迁校址，经过几代师生的不懈努力，实现了跨越式发展。2002年6月28日，国家级重点中专——常州化工学校与省部级重点中专——江苏建筑材料工业学校两校合并，开启了新的征程。中专校建设时期，在办学体制机制改革、教研教改、高职人才培养、科技服务、信息化建设、素质教育、文化建设等方面的探索实践，为高职教育积累了经验。

第二部分"孵化"回顾了学校发展举措。2004年，学校整体迁入常州科教城。学校党委充分发挥领导核心作用，全面推进党的政治建设、思想建设、组织建设、作风建设和纪律建设，将制度建设贯穿始终。定期或不定期地召开党建与思想政治工作会议，每年进行党建与思想政治工作优秀论文评选，创新党建与思想政治教育活动，夯实基层党建工作责任体系，激活了基层党组织的生机与活力。

近年来，师资队伍建设取得显著成果，通过外引内培，使学院双高人才数量快速增长；柔性引进一批劳动模范、能工巧匠，使师资队伍的结构得到了进一步优化。教师的科研能力的增强带动了学校科研与服务社会能力的提高，形成了"一中心三平台"科技研发与社会服务体系，积极开展产学研用对接活动。每年为企业提供"四技服务"超百项，科技服务经费年均4000万元左右。连续三年入选"高等职业院校服务贡献50强"。学校为企业提供咨询和技术指导，年均培训量1.6万人次。

学校推动课程改革，从2007年起，在全国高职院校中率先启动项目化课程教学改革，教师职教理念发生了根本转变。20余个专业构建了项目化课程体系，公开出版项目化教材20多种，200余门课程实施项目化教学。项目化教学团队先后应邀赴70余所院校介绍课改经验、指导课改工作，举办了五期全国"项目化课程设计与实施演练"训练班。对数学、英语等基础课程实行分层教学，做到教学内容、授课、课后作业与辅导、考核评价分层次。学生学习兴趣得到激发，在全国江苏省大学生数学建模、英语等比赛中屡获佳绩。

学校加强内涵建设，构建了"五纵五横"内部质量保证体系，质量生态基本形成，各项工作由"粗放型"向"精益型"转变，内生动力得到有效激发，招生就业进出两"旺"。2016年，学院被确立为全国整改试点院校和全国整改专委会秘书处单位。

学校加强信息化平台建设，打造智能校园。建成多个业务、应用系统，打通各应用系统信息孤岛，实现多系统统一身份认证、统一门户信息展示，提供一站式访问等个性化信息服务。建成公共用交互型智慧教室、智能录播教室等信息化教学环境，多媒体教室设备和应用系统实现操作一键化，建成教学云平台，助力教学资源库建设和线上线下一体化教学。

第三部分"展翅"主要反映了学校在专业建设、素质教育、国际交流等方面的积极探索、匠心育人，取得了初步成果。学校设有7个二级学院41个专业。化工技术类专业是学院办学历史最长的专业，2005年创办了国家级赛事化工职业技能大赛，11次获得团体冠军。2009年获国家教学成果一等奖。制药技术类专业为江苏省重点专业，与诺华制药、扬子江药业等20多家大型药企开展合作。检验检测技术类专业与世界排名第一的瑞士SGS公司合作，开设订单班。装备制造类专业以焊接技术与自动化专业为核心，引进德国技术标准，学院师生研制的江苏省第一台巴哈大赛赛车，拥有多项专利，学院巴哈车队在历届中国汽车工程学会巴哈大赛中，屡获佳绩。智能装备类专业建有物联网工程中心、楼宇智能化实训中心、制冷与中央空调实训中心，信息工程类专业与天峋（常州）智能科技有限公司共建无人机学院。建筑工程类专业以建筑工程和地下与隧道工程技术为主要方向，与上海城建集团等企业共建盾构技术、建筑工业化、建筑信息化等实训基地，共同进行人才培养。建筑装饰专业群主要包括建筑装饰工程技术专业、艺术设计专业和建筑动画与模型制作专业，建有装饰设计及材料展示中心省级实训基地、装饰工程技术中心、工匠技艺中心实训中心。工商管理类专业在现代学徒制方面进行了积极探索；体育健康服务类专业主动适应现代健康产业快速发展需要，为健身中心、康复中心等培养紧缺人才，是学院颇具特色的专业。

在中专时期，学校就坚持以素质教育为特色；升格为高职院后，形成了"能力为本，素质为魂"高职人才培养"一二三、四个四"模式，推进素质教育进人才培养方案、进教学大纲。创建了大学生思想政治教育工作的新载体，建成"一站式"大学生事务与服务大厅和大学生发展中心，与专业运营机构合作共建"大学生创新创业实训基地"。开展"三爱"主题教育，建立了4维度、20要素的学生发展自测指标，促进学生自我认识、自我教育、自我发展，努力让学生成长、成才、成人、成功。在国际化办学方面学校进行了探索。一是走出去，组织骨干教师与优秀学生赴国外境外培训，引进国外先进职教资源或课程标准；二是引进来，招收"一带一路"沿线10余个国家留学生。专门为海外中资机构培养当地人才。

第四部分"翱翔"展出了学校在人才培养、创新办学体制机制方面取得的成绩。近年来，一批学生成为职业教育的品牌和代言人。樊鹏飞等3名毕业生荣获"全国技术能手"称号，毕业生谢美获评2019年全国模范教师，毕业生高兆洲获评"大学生志愿服务西部计划全国优秀志愿者"，袁冬根等2名毕业生获评2021年江苏省劳动模范，毕业生王海浪荣获"江苏省青年五四奖章""江苏工匠""江苏省岗位学雷锋标兵"称号，崔恒祥等3名毕业生荣获"全国工程建设系统技术能手"称号。应用化工技术学生团队14次蝉联全国化工生产技术大赛团体一等奖，黄志宇等学生研发的"蜘蛛一号"小型焊接机器人获得第七届中国国际"互联网+"大学生创新创业大赛金奖，黄志宇荣获2022年度江苏省大学生就业创业年度人物（全省共10人），3名在校生被评为"中国大学生自强之星"。近5年，240名学生在省技能大赛中获奖，11名学生在江苏省大学生职业规划大赛中获奖。学生就业形势喜人，近5年毕业生年终就业率、满意度稳居98%以上。

（二）实践教学主题

本项目紧紧围绕"思想道德与法治"课程第二章"追求远大理想　坚定崇高信念"第三节"在实现中国梦的实践中放飞青春梦想"的相关内容。习近平总书记在庆祝中国共产主义青年团成立100周年大会上的讲话中强调："青年最富有朝气、最富有梦想，也最富有创新活力。历史和现实都告诉我们，在实现中华民族伟大复兴的道路上，青年一代有理想、有担当，国家就有希望，民族就有未来。"现在，我们比历史上任何时期都更接近实现中华民族伟大复兴的目标，比历史上任何时期都更有信心、更有能力实现这个目标。展望未来，青年一代必将大有可为。要引导广大青年学生勇敢肩负起时代赋予的重任，志存高远，脚踏实地，努力在实现中华民族伟大复兴的中国梦的生动实践中放飞青春梦想。

以常州工程职业技术学院校史馆校友案例为切入点，开展内容教学。

（三）实践教学目的

通过剖析优秀校友的成长经历和思想状态，分析理想信念在其中发挥的作用，通过对榜样成长路径的思考，反思"我"该如何实践，以榜样的力量助推自我发展，让青春在全面建设社会主义现代化国家的火热实践中绽放绚丽之花。

（四）实践教学设计

① 组织学生参观常州工程职业技术学院校史馆；

② 收听学生志愿者的现场讲解；

③ 组织学生展开议题讨论，学生代表发言，教师总结；

④ 校友沙龙，现场互动交流；

⑤ 云端访谈，组织学生写一封信。

三、实施过程

（一）教学分析

1. 教学目标分析

通过参观常州工程职业技术学院校史馆了解优秀校友事迹，引导学生在访谈、交流与思辨中找到校友成功的共通之处，解锁成长成才的青春密码，认识理想信念的重要意义，增强实现理想的自信心，认同新时代"自找苦吃"的必要性和重要性，大力传承和弘扬艰苦奋斗精神，把握个人理想和社会理想的辩证关系，强化使命担当，积极投身新时代中国特色社会主义伟大实践，为实现中华民族伟大复兴中国梦贡献聪明才智。

（1）知识目标。阐释个人理想与社会理想的辩证关系。

（2）能力目标。能辩证看待理想与现实的矛盾；能树立与社会理想相统一的个人理想。

（3）素质目标。树立崇高的理想信念，自信自励；在学习和工作中发扬艰苦奋斗的实干精神。

2. 教学内容分析

"在实现中国梦的实践中放飞青春梦想"作为"思想道德与法治"课程的航标，对于帮助学生树立正确的世界观、人生观、价值观，引导学生树立远大理想具有重要作用，其中包含了个人理想与社会理想的关系、为实现中国梦注入青春能量等重要内容。

首先讲清楚理想信念的重要意义，使学生弄明白为什么说理想信念是精神之"钙"，解决为什么的问题，为树立远大理想提供理论基础。其次讲清楚理想和现实的辩证关系，使学生理解实现理想的长期性、艰巨性和曲折性，认识艰苦奋斗在实现理想过程中扮演的重要角色，为实现青春理想提供方法论。最后讲清楚个人理想和社会理想的辩证关系，解决怎么做的问题，使学生自觉将个人理想融入国家和人民的命运，立为国奉献之志，立为民服务之志，找到成长成才的参考路径。

3. 教学重难点分析

（1）教学重点。使学生认同新时代发扬艰苦奋斗精神的重大意义。

（2）教学难点。引导学生将个人理想与社会理想有机结合。

（二）教学策略

1. 课前实践导学

通过智慧平台推送课前学习资料，视频资料学校纪录片，文本资料《二十年校长生涯的甜酸苦辣》、《坚定理想信念　补足精神之钙》（习近平《求是》，2021年第21期4—15页）、《习近平论坚定理想信念》，预热课堂主题，引发学生思考。

2. 课中实践开展

（1）走进校史馆。在教师带领下，参观常州工程职业技术学院校史馆，通过一幅幅校史变迁的老照片、一个个承载建校记忆的老物件、一块块记录发展历程的精美展板，深入了解自1958年建校以来各重大时间节点发生的重大事件，全方位领略学校党的建设、师资队伍、学科建设、人才培养、社会服务、校园文化、国际交流等方面内容，学习优秀校友的先进事迹和成长经历，汲取奋进力量。

（2）走向议题。

议题一：上了职校，人生就毁了？

在传统的教育观念中，职业教育一直被视为一条次等路线，是那些学习成绩较差的学生所选择的道路，这种"差生教育"的偏见使得高职学生普遍自卑，不仅缺乏自我认同感，而且缺少对学校的认同感和归属感，很多进入职业学校的学生进校门时是低着头的，内心缺少积极向上的能量。针对此学情，在开展本项目时，首先要打破的是学生对于职业教育"低人一等"的思想偏见。为了帮助学生树立自信，追求远大理想，在参观常州工程职业技术学院校史馆环节,借助VR资源、模拟场景、图文数据,从所学专业出发,让学生畅想大学生活和人生理想,探讨作为高职学生的无限可能性。

教师发布实践任务:畅谈理想,结合参观常州工程职业技术学院校史馆体验,谈谈你的理想。引导学生将学校作为梦想启航的地方,在学校的发展历程和优秀校友的成长道路中找到自身定位,把所知所感所见所闻转化为成长驱动力,谋划人生蓝图。根据学生的回答,基于理想超越性、实践性、时代性等特征,教师给予鼓励或点评。此环节意在开宗明义地点明主题,奠定以学生为中心的实践教学基调,将课堂从灌输式的知识传授主导型课堂,转变为"启发式、研讨式、探索式"的课堂,调动学生的参与性与自主性。

由谈理想引入对职业教育成长路径的探讨,进而引导学生开启对"职业教育是否'低人一等'"的思考。以小组为单位,让学生展开围读辩论,充分讨论当前职业教育面临的社会困境以及职业教育的发展前景,破除对职业教育"学生学习差""学校名声不好"的刻板印象,深刻理解"职业教育前景广阔,大有可为","职业教育也能成就出彩人生",提升身份认同感,通过大讨论解放思想,在学生心中播下理想的种子。

长久以来,在社会偏见中,职业院校只是考不上本科高校的学生转而谋取一个"饭碗"的选择。而实际上,职业教育让人人都有人生出彩的机会,扬帆起航的青春不只为一个"饭碗"。一个变化正悄然发生:职业院校的学生正在从谋取"饭碗"转而追逐"梦想"。

教师导入校友黄志宇案例,以其为切入口,引导学生树立对职业教育的信心,坚定理想信念,筑牢信仰之基,补足精神之钙,把稳思想之舵。

黄志宇,常州工程职业技术学院智能制造学院物联网技术专业2019级学生。入学前,保留学籍参军入伍,曾服役于中国人民解放军"光荣的临汾旅",期间多次获部队嘉奖,被授予"全能枪王""优秀义务兵"称号。曾获评2021年度中国大学生自强之星、江苏省"最美职校生"称号。先后荣获第七届中国国际"互联网+"大学生创新创业大赛国赛金奖、"挑战杯"江苏省大学生课外科技学术作品一等奖、江苏省大学生机器人大赛一等奖等。

黄志宇的爷爷曾是空军第一批战斗机飞行员,父亲亦曾服役于军中,"光荣之家"的牌匾从小看到大,军营的那一抹绿色就是使命在召唤。2017年9月,黄志宇毅然前往素有"最苦最累最强"之称的野战部队服役,在徐向前麾下战斗力最强的劲旅——"光荣的临汾旅"中开启了他的军人梦。在新兵集训期间,克服重重考验,屡获佳绩,荣获"神枪手"称号。他勤于思考,敢于创新,凭借优异的表现担任连队副班长,多次带领班集体获得"最佳战斗小组"

称号。在一次实战化对抗演习中，黄志宇的眼睛意外被火药灼伤，他不惧疼痛，坚持带伤作战，出色地完成了任务，被授予"全能枪王""优秀义务兵"称号。

如果说军营"绿"是他青春的开始，那么军魂"红"便是他人生的信念。黄志宇说："从18岁开始，我的愿望就是能加入党组织"。他对党的赤诚始终深埋内心，指引着他对己、对人的责任行动。2019年9月，黄志宇退伍回到学校，担任物联网1921班团支部书记，在学院党组织的关怀和培养下，2021年12月，黄志宇成为一名中共预备党员。在学期间，他创造性地将支部建在专业工作室上，打造"服务型、学习型、创新型"支部，实现青年思想建设和专业发展的同向同行。他开办"青年成长讲堂"，协同全国劳动模范、全国优秀志愿者，先后开展理论学习10余场、主题团日活动20余场。他建立校外志愿服务基地，带领支部成员参与献血、疫情防控、科技培训等各类志愿服务，服务总时长超过1000小时，献血量超1万毫升，1名成员获抗疫先锋荣誉称号。作为无人机创新工作室负责人，他组建退役军人研究团队，带领20余名青年开展研究。

万色归一，回到最初之"白"，就是黄志宇身上那股永远保持重新出发的勇气和敢于开拓创新的干劲。2019年，他发现传统企业由于技术原因，无法转型升级，便组建了机器人研发团队，攻坚技术难题。在退役士兵教育资助政策扶持下，他带领团队成员走访企业、收集信息、分析痛点、确定研发方案。最终，黄志宇凭借军人意志，突破瓶颈，完成了一代产品的研发。与此同时，他参与教师横向科研项目20余项，累计到账经费100余万元，获软件著作权2项，实用新型专利3项，发明专利5项已实审公开。

2020年，他申报并主持"'蜘蛛一号'焊接机器人"项目后，研发出"一种基于导纳控制方法的智能焊接机器人随动示教平台"，致力于研究人工智能焊接核心技术，解决国内传统焊接技术品质不稳定、劳动力成本高、工作环境差、生产效率低等问题。以上项目分别斩获第十四届ICAN国际创新创业大赛江浙沪赛区一等奖、"创青春"江苏青年创新创业大赛一等奖等，获批"江苏省高校创新创业'金种子'孵育项目"五星级项目。

2020年7月，黄志宇注册柳成荫（常州）智能科技有限公司，担任CEO，致力于传统机器制造业的高技术转型升级。目前，该公司获政府资助10万元，研发产品已被应用至20余家金属加工企业，销售总额达300余万元，累计纳税30余万元，在企业提质增效上作出了巨大贡献。

在2022年江苏省大学生就业创业年度人物评选中，校友黄志宇从众多本科院校选手中脱颖而出，他既怀抱梦想又脚踏实地，既敢想敢为又善作善为，用实际行动证明了职业教育并不"低人一等"，高职学生同样可以成为各行各业的佼佼者，成为改革创新的领跑者。以常州工程职业技术学院校史馆内"蜘蛛一号"焊接机器人模型为切入点，教师讲述黄志宇的故事，用榜样力量激发学生点燃青春梦想，做志存高远的筑梦人、坚定信念的追梦人、攻坚克难的圆梦人。

通过黄志宇校友的成长路径，帮助学生树立信心，引导他们认识作为高职学生的无限可能性，并以黄志宇为榜样，树立敢为人先的意识，更新观念、开阔思路，大胆尝试、勇于探索，抓住一切机会，为梦想启航。

教师总结。习近平总书记指出："心有所信，方能行远。面向未来，走好新时代的长征路，我们更需要坚定理想信念、矢志拼搏奋斗。"理想信念昭示奋斗目标，一旦确立，就可以使人方向明确、精神振奋，即使前进的道路曲折、人生的境遇复杂，也能使人看到未来的希望和曙光，永不迷失前进的方向。理想信念催生前进动力，大学生人生目标的确立、生活态度的形成、知识才能的丰富、发展方向的设定、工作岗位的选择，以及如何择友、如何面对挫折、如何克服困难等，问题的解决都需要一个总的原则和目标，都离不开理想信念的指引和激励。理想信念提供精神支柱，没有理想信念的支撑，人的精神世界就如同无根之木、无基之塔，理想信念能够使人们在遭遇挫折、经受考验的时候，做到知难而进、迎难而上，顽强奋斗，直至战胜艰难险阻。理想信念提高精神境界，作为精神世界的核心，一方面能使人的精神生活的各个方面统一起来，使人的精神世界成为一个健康有序的系统，避免精神空虚和迷茫；另一方面能引导人们不断地追求更高的人生目标，并在追求和实现理想目标的过程中，提升精神境界、塑造高尚品格。

在新时代征程中，人人皆可成才，人人尽展其才。在青春的赛道上，高职学生要自信自强，敢于筑梦，勤于追梦，努力把习近平总书记对职业教育"大有可为"的殷切期盼转化为"大有作为"的生动实践，以黄志宇优秀事迹为参考坐标，钻研技术技能，勇当创新尖兵，创造出更多高水平的原创成果，为学校增光添彩。勇当创业闯将，敏锐感知时代发展变化的脉搏，在发展新产业、新业态、新模式上大胆探索、各展所长，努力闯出一片新天地。厚植家国情怀，涵养进取品格，以奋斗姿态激扬青春，不断收获更大的成长与进步，丰盈自己的青春答卷。

议题二：新时代还需要艰苦奋斗吗？

按照教育部关于《普通高等学校马克思主义学院建设标准》中选聘高水平

专家担任特聘教授，统筹好地方党政领导干部、企事业单位负责人、社科理论界专家、各行业先进模范，以及高校党委书记校长、院（系）党政负责人、名师大家和专业课骨干教师、日常思想政治教育骨干等八支队伍登上思想政治理论课讲台的要求，本项目邀请行业劳动模范王海浪开展校友沙龙，分享奋斗成长经历。

王海浪，新时代的先锋产业工人，特殊工种的排头兵，"南京市五一劳动奖章"获得者，"江苏省青年五四奖章"获得者，"全国技术能手"。他用最普通的方式，创造出不普通的业绩。他善于细微之处见真章，在螺蛳壳里做道场，无论是石油化工项目林立的容器管道，还是大厦楼宇内的钢梁骨骼，只要有焊缝的地方，都离不开这名"钢铁医生"一丝不苟的"望闻问切"。成千上万的细小角落，都要经过他逐个"把脉"勘查，才能确保质量安全，才能最终成器。

6年时间的打磨，从上海中国博览会项目到广西文化艺术中心项目，他的足迹遍布全国各地；从中国建筑（无损检测）技能大赛第二名到中国技能大赛无损检测员个人第一名，"90后"的他，以蓬勃的朝气和专一求精的态度悄然完成了从一名职场萌新到技术先锋的华丽蜕变。如今，准确检测、改进方案、提高效率，已是王海浪的工作日常，作为"90后"的他，也渐渐成为无损检测的"老把式"。但在2010年考入常州工程职业技术学院时，他连自己将要就读的无损检测专业具体做什么都不知道。通过课堂学习，王海浪慢慢了解到，高温高压的化工设备、高楼大厦等，都需要"体检"合格后，才能投入使用，他认识到："这些设备、建筑的正常运行，少不了我们这样的人。"

工作之初，王海浪在上海中国博览会会展综合体项目从事钢结构焊缝超声波检测工作。该项目包含了3.5万米的检测量，工作量巨大，加上工程质量要求均达到了行业最高标准。在其他同事看来，学生稚气未褪的他，能坚持项目日常工作，学到一些基本技能就很不错了，但他却如一头充满犟劲儿的牛，扎根工地，近乎不眠不休地埋头苦干，拼命钻研。碰到不懂的，就向前辈请教，不断追问，不断总结，努力汲取专业知识，提高工作能力，老同事都说，第一次见这么上进的学生娃，给他起了个"十万个问什么"的绰号。经过近乎偏执的努力，王海浪在短时间内成为无损检测专业的中坚力量，基本可以独立完成所有的工作任务。该项目竣工后，得到了业主单位和监理单位的一致好评。王海浪这个毛头小子，也凭借自己踏实认真的工作态度，过硬的检测技能，得到了大家的认可。

钢结构、压力容器等设备焊缝结构复杂、种类多、需要检测的方法多样。

为了更好地完成检测任务，王海浪在工作之余，通过自学、送培等方式，先后取得了UT-Ⅱ（脉冲反射法超声检测）、RT-Ⅱ（射线胶片照相检测）检测技术资格证书等四项资格证书，拓展了业务能力。2017年9月，王海浪带头负责华电至实友化工、大连化工蒸汽管道工程（二标段）无损检测工作。这是全国首例输送距离长且具有耐高温高压特性的蒸汽管道工程，检测质量要求极高。在工作过程中，他带领检测人员，不但运用了射线检测、超声检测、磁粉检测、渗透检测等常规检测技术，而且运用了TOFD、相控阵等先进的无损检测新技术，节省了检测时间，提高了检测效率和缺陷检出率，完美助力工程的顺利推进。

经过不断的实践积累和理论学习，在2017年中国建筑工程总公司（无损检测员）职业技能竞赛中，王海浪崭露头角，取得第二名的优异成绩。同年4月，他又参加了全国工程建设系统职业技能竞赛——中国技能大赛。在来自省（自治区、直辖市）各行业和解放军代表队的209名选手中脱颖而出，取得了无损检测员个人总分第一名的好成绩，被授予"个人总成绩金奖和全国工程建设系统技术能手"称号，并在2019年1月被人力资源和社会保障部授予"全国技术能手"称号。

在谈及梦想时，王海浪说："年少时，我最向往的地方是绿色的军营。携笔从戎，保家卫国，在那时是男孩儿最大的浪漫。后来我成为一名中建人，发现铺展蓝图，建设祖国未尝不是好男儿矢志舍身的沙场。身着这身天蓝色的工作服之后，最大的梦想就是成为让一座座楼宇广厦弹指间拔地而起的优秀工程师，成为一名光荣的劳动者。我想说的是，从一名普通的大学生，到如今的'全国技术能手'，到今天的'南京市五一劳动奖章'获得者，没有捷径，只有努力和勤奋，国家繁荣形势正好，我们年轻人建功立业正当时，中国梦正在我们手中实现。"

"精心、耐心、细心"的工作态度以及追求卓越的自我要求使王海浪一步步走上工匠之路。他以"善积微者大成"座右铭勉励学弟学妹要"干一行，爱一行，钻一行，精一行"，既不要好高骛远，也不要妄自菲薄，要勤奋刻苦地走过每一步。他提到愿自己做一颗永不生锈的螺丝钉，服务工作岗位、服务祖国建设、服务人民发展。真诚的分享感染了在场的每一名学生，引导学生与王海浪交流心声，王海浪以"过来人"的角度为大家答疑解惑。

"你们在信中说，走进乡土中国深处，才深刻理解什么是实事求是、怎么去联系群众，青年人就要'自找苦吃'，说得很好。新时代中国青年就应该有这股精气神。"这是习近平总书记给中国农业大学科技小院的学生回信中说的话。"自找苦吃"这四个字，习近平总书记不止一次提到过。这四个字不仅是总书记对自己的要求，也承载了总书记对新时代青年的殷切期望。在王海浪的分享中，"难活""累活"才是最好的训练场，艰苦奋斗是他成长路上的青春底色。以"青年人是否要'自找苦吃'"为主题，开展小组辩论，教师进行点评总结。

青春，不仅是那股积极向上的少年心气，也少不了这道苦味的"成长剂"。任何一种理想的实现都不是轻而易举的，必然会遇到各种各样的困难和波折，充满艰险和坎坷。艰苦奋斗是实现理想的重要条件，艰苦是相对的，而奋斗是绝对的、永恒的。当代青年沐浴着新时代的阳光雨露，有了更好的生活条件，但肯吃苦、能吃苦的优良传统不能丢。温室大棚养不出参天大树，风雪磨砺方能成就松柏挺立。"吃苦"是青年人成长成才过程中不可或缺的重要"修炼课"，越是在艰难的环境、严峻的形势、复杂的局面中经受历练，越能练就大心脏、宽肩膀、硬本领。"自找苦吃"，就要在困难中磨砺坚定理想信仰，砥砺自身品质，锻炼成事本领，使人生由苦至甜，走向理想的彼岸。

结合习近平总书记"自找苦吃"的殷切期盼和王海浪的故事，通过对"自找苦吃"的思辨，引领学生在思想上"准备吃苦"，引导他们认识到，幸福生活不会从天而降，社会主义是拼出来、干出来的，中华民族伟大复兴不会轻轻松松地实现，新征程上必须继续艰苦奋斗。战胜困难、解决难题的过程，是真正长本事的过程。只有真正长了本事，才能担当重任、创造更大成绩。

议题三：青春有一百种模样，怎样才能不负青春

"从学校出发，向祖国报到。"总有学子选择把青春与理想放在西部，不约而同地奔赴西部、奔赴基层，到祖国最需要的地方奉献青春、建功立业。他们，以奋斗者的姿态向祖国告白，我们身边也有这样的榜样，优秀校友高兆洲就是其中一员。

云端视频连线高兆洲，分享交流志愿服务西部的体会和收获。

高兆洲，常州工程职业技术学院精细1611班学生。2019年6月毕业后，参加了"大学生志愿服务西部计划"（简称"西部计划"），用青春热血书写对祖国最清澈的爱。

2019年5月，他看到了辅导员在班级群里转发的"大学生志愿服务西部计划"项目后，再次激发了他服务基层的想法。因为读高中的时候，他就有了这样的想法。抱着试一试的心态，他报名了，通过一系列的流程，同年7月，被江苏省团委派遣到新疆参加基层服务。"西部计划"的派遣通知和实习期满转

正通知接踵而至。公司的培训师和同事都劝他不要去,他们说:"西部那么遥远、贫穷、艰苦、落后、不安全,大城市的发展机会那么多,别因为一时冲动就去了……","恐吓"着让他不要去。但是他最终还是选择了到基层服务,他说自己还很年轻,做点有意义的事才能不悔青春。家人那边,他从报名就一直瞒着,直到派遣通知出来,他才敢说。虽然父母也觉得有一个安稳的工作比较好,但通过他的解释,最终也得到了父母的认可和支持,让他无牵挂地奔向了西部。

从江苏到服务地的路程跨越4500公里,堪比"西天取经"。他说:"新疆,虽然没有江南温柔乡里的缥缈柔情,但我反而就喜欢上他广袤的土地,充满神秘而又诱惑的色彩"。刚到服务地,团委书记就带着他们大吃一顿,坐在毡房里,吃着羊肉串喝着马奶子酒,饭后在雪山与白云的作陪下跳起了"扭脖子舞",让他深深地感受到新疆人民的热情好客和风情万种。在一次晚会表演时,有过大学舞蹈团训练基础的他,表演民族舞《黑走马》时,因为标准的动作和自信的表情,以至于很多人以为他是少数民族,纷纷要给他介绍女朋友。对于组织的活动,他也积极参加,几乎没有一次落下过。

按照专业划分,他被分配到县农业农村局参加志愿服务。虽然之前有学生会的工作经历,但是和党政机关的工作还是有很大的差别。怎么听,怎么学,怎么做,都让他无所适从;对于领导安排的工作,只会接着,不知道怎么做、找谁问。不熟悉的面孔,不一样的口音,让他一个初出茅庐的"小白"很是迷茫。最长一段时间,他两个月就休息了4天,基层的工作第一次让他感觉到压力。

农业农村局作为基层中最接近基层的单位,20年的"脱贫攻坚战"已圆满结束,第21年的"乡村振兴"也已启动。作为办公室人员,接踵而来的工作文件一会儿就可以接好几个。拿起电话,一个个地通知各个乡镇,一遍遍地催着他们交材料。办公室的工作远比学生会的更多更复杂更突发。作为实验室业务员,他与实验室同事完成了自治区"双认证"考核和抽样任务,配合州级单位开展农产品农药残留速测检测任务,协助实验室人员开展日常工作。他说,虽然工作很多也很累,但是最终学到脑子里的东西都是以后的财富。

2020年7月中旬,新疆爆发了新一轮的疫情,他所在的地方也采取了封闭式管理,由于工作人员极度稀缺,作为"西部计划"志愿者,他主动配合社区干部,担起了志愿者无私奉献的使命。每天早起挨家挨户地敲门给居民扔垃圾,顶着烈日,在小区内巡逻,给居民送生活用品,有时从半夜1点工作到凌晨6点。因为小区的居民大部分是少数民族老同志，为了方便交流，他还特地跟着民族的志愿者学了几句简单的当地话。虽然很累，但是听到群众说一声谢谢或者"热合麦特"的时候，他的心里觉得这一切都是值得的。

毕业于化工专业的他，正好符合单位新建设的站所的专业所需，因为没有专业技术人员的指导，他便和同事上网研究仪器设备的操作流程，经过不断地在尝试总结，慢慢地，弄清一台设备的操作流程；再邀请乡里的干部来实验室交流学习或者带着设备到乡里进行教学。每次去蔬菜大棚抽样时，他都会带上几份宣传单，为种植户科普禁用农药的相关政策。

他说："我觉得自己还没有真正地了解基层，深入基层，真正地为基层做出点什么。"他秉承"励志践行"校训，用行动诠释"知行合一"的校风。他用"青春之火，点燃西部"。正如习近平总书记对当代青年的寄语"青春由磨砺而出彩，人生因奋斗而升华"一样，他不畏艰险、冲锋在前、真情奉献，展现了当代中国青年勇于担当的精神。

高兆洲扎根基层唱响青春之歌，用实际行动践行习近平总书记对青年人的谆谆教诲，他无私奉献、勇挑重担的精神体现了大学生的责任与担当，展现了新时代青年应有的面貌。

缕缕微光点亮西部希望，2024年是西部计划实施的第21年。自2003年发起至今，这项由共青团中央、教育部等部委联合实施的青年人才工程，共选拔派遣超过50万名高校毕业生到西部地区，开展脱贫攻坚、乡村教育、民族团结、基层治理等方面的志愿服务。"到西部去，到基层去，到祖国和人民最需要的地方去。"这些大学生毕业后，志愿援助西部地区。在山区、在高原、在荒漠，他们体验着艰辛，因为被需要而奋斗。"青春在奉献中会有意义。"21年来，这群年轻人上演着青春的接力，在奋斗与奉献中，感悟人生价值、找寻人生航向、体味人生成长。

2022年4月25日，习近平总书记在中国人民大学考察时强调："希望全国广大青年牢记党的教诲，立志民族复兴，不负韶华，不负时代，不负人民，在青春的赛道上奋力奔跑，争取跑出当代青年的最好成绩！"青春有一百种模样，基于议题一环节中谈到的理想，结合常州工程职业技术学院校史馆内荣誉墙上优秀校友取得的各项荣誉，引导学生思考怎样才能不负青春，如何"不负韶华，不负时代，不负人民"，以高兆洲的青春为切入点，讲清楚"西部计划"背后的意义，从个人理想和社会理想辩证关系的角度，讲清楚青年一代为什么要树立共同理想和远大理想。

每个人都在追寻自己的理想，但个人理想追求永远不是孤立存在的，而是与社会理想,与党和国家事业发展紧密相连的。个人理想以社会理想为指引。个人的理想通常基于个人的需求和志向,体现了个体的主观愿望和追求,但同时追求个人理想的实践活动都是在社会中进行的,个人理想的确立不能仅凭个人的主观意愿,而是要顺应社会发展的客观规律和趋势要求。社会的进步和发展为个人实现自身理想提供了条件和机会,个人理想只有同国家的前途、民族的命运相结合,个人的向往和追求只有同社会的需要和人民的利益相一致,才可能变为现实。社会理想是个人理想的汇聚和升华。社会理想是对社会整体利益和共同价值的追求,是社会集体意识和文明进步的体现,但社会理想不是凭空产生的,而是建立在广大社会成员的个人理想基础上的。个人理想为实现社会理想贡献力量,社会理想归根到底要靠全体社会成员的共同努力来实现。个人通过实现个人理想可以实现个体的自我价值和成长,促进个人的全面发展,当个人理想和社会理想产生冲突的时候,我们应该在个人发展和社会进步之间寻求平衡点,使个人的理想服从于全社会的共同理想。

当前,我们正处于实现中华民族伟大复兴的关键时期。我们应把个人理想追求有机融入党和国家事业发展,既要在科学认识党和国家事业发展的历史规律中定位个人理想追求,也要在深刻领悟党和国家事业发展的实践经验中校准个人理想追求,更要在自觉把握党和国家事业发展的现实要求中实现个人理想追求。

教师布置课堂任务,给远在西部的高兆洲学长写一封信。

3. 课后实践拓展

常州工程职业技术学院校史馆由设计学院师生设计而成。结合艺术设计专业知识,访谈优秀校友,围绕校训"励志践行"和校友精神,撰写常州工程职业技术学院校史馆规划设计建议报告。

四、教学成效

"水有波而明其流,车有辙而后可循。"校史是学校特殊的文化资源,承载着丰富的文化内涵和教育意义,把思政课"搬"进校史馆,有助于帮助学生在了解学校发展历程和辉煌成就的同时,深刻领会学校的历史底蕴、浓郁的家国情怀和独特的精神文脉,进一步增强学生的归属感和知校爱校情怀,从而坚定理想信念,感悟初心使命,汲取前进力量。

优秀校友的故事是贴近学生、适合时代发展、符合学生需求的育人素材,把优秀校友事迹作为思政课教学案例融入思政课实践教学中，能够让学生更深刻地感知优秀校友的榜样力量，引起学生思想共鸣，引发共同话题，缩小课堂教学与学生认知之间的距离，引导和激励大学生树立正确的价值理念，助力思政课教学改革，提升思政课实践教学育人实效，增强大学生获得感。

五、实践教案

课程名称	思想道德与法治			实践基地	常州工程职业技术学院校史馆
教材章节	追求远大理想 坚定崇高信念			授课专业	艺术设计专业
教学分析	教学内容分析	通过参观校史馆帮助学生了解校情校史，进而关注个人成长发展，结合优秀校友事迹，引导学生思考个人理想和社会理想的辩证关系，在访谈与围读中，解锁成长成才的青春密码			
	学生情况分析	知识和技能基础	认知和实践能力	学习特点	评估结果
		基本掌握个人理想和社会理想的含义及特征，但还未把握个人理想和社会理想的辩证关系	理解理想的重要性，但对于实现理想的长期性、艰巨性和曲折性的特征缺乏一定的认识，存在"躺平""摆烂"心理	实践参观大多表现为"走马观花"，访谈浮于表面，缺乏理论和思想深度	要把道理讲深讲透讲活，忌心灵鸡汤式的感动，而是把要讲的道理与情理、现实与事实，用学生认可和接受的方式呈现出来，变感动为行动
教学重难点及解决措施	教学重点：使学生认同新时代发扬艰苦奋斗精神的重大意义				
	教学难点：引导学生将个人理想与社会理想有机结合				
	解决措施：以身边人身边事为切入口，充分发挥优秀校友作为榜样的激励作用，为在				
教学目标	知识目标：阐释个人理想与社会理想的辩证关系				
	能力目标：能辩证看待理想与现实的矛盾；能树立与社会理想相统一的个人理想				
	素质目标：树立崇高的理想信念，自信自励；在学习和工作中发扬艰苦奋斗的实干精神				
教学方法	①"问题链"教学法；②理论讲授法；③归纳法；④一体化教学法				
教学过程					
教学环节	教学内容	实践活动		设计意图	
		学生（主体）	教师（主导）		
实践准备	走近学校记忆：观看学校宣传片	聚焦校史；关注校情	提供学习书目《二十年校长生涯的甜酸苦辣》；指导深度阅读	以了解校情校史为起点，认识梦想启航的地方，点燃实践热情	

	走进校史馆	穿越时空； 参观校史馆	组织学生参观； 引导学生共情	以追寻学校发展脉络为路径，感知学校传承、校友事迹，推进实践探索
	走向议题： 确立教学议题； 完成认知升华	议题探讨； 关切困惑	启发观察视角； 引发问题意识	以教学议题为桥梁，构筑对话平台，产生时代疑问，深化实践主题
实践开展	议题一：上了职校，人生就毁了？	畅谈理想：你的理想是什么？ 思维碰撞：职业教育低人一等？ 收获新知：职业教育，前途广阔，大有可为，作为高职生，不仅要提高知识水平，增强实践才干，更要树立崇高的理想信念	① 总结各组观点； ② 诠证：理想信念对大学生成长成才的重要意义	通过参观常州工程职业技术学院校史馆，了解和认识学校和自身所在专业，畅想成长路径，以黄志宇校友案例为切入口，引导学生树立对职业教育的信心，坚定理想信念，筑牢信仰之基，补足精神之钙，把稳思想之舵
	议题二：新时代还需要艰苦奋斗吗？	校友沙龙："90后""钢铁医生"王海浪校友分享逐梦之路； 思维碰撞：为什么"青年人就要'自找苦吃'"？ 收获新知：人类的美好理想，都不可能唾手可得，都离不开筚路蓝缕、手胼足胝的艰苦奋斗	① 总结各组观点； ② 诠证：新时代青年要接好艰苦奋斗的"接力棒"	通过与校友王海浪面对面访谈，结合其成功经历，引导学生认识实现理想的长期性、艰巨性和曲折性，牢固树立艰苦奋斗思想
	议题三：青春有一百种模样，怎样才能不负青春？	云端访谈：连线校友高兆洲，聆听他到西部报到的故事； 思维碰撞：如何"不负韶华，不负时代，不负人民"？ 收获新知：坚持个人奋斗目标与国家、民族的奋斗目标相统一，把个人理想融入社会理想之中	① 总结各组观点； ② 诠证：个人理想与社会理想的辩证关系，个人只有把人生理想融入国家和民族事业中，才能最终成就一番事业	通过对校友高兆洲选择把青春与理想放在西部的探讨，学习他以奋斗者的姿态向祖国告白的精神，引导学生肩负历史使命，把个人命运与国家和民族的命运联系在一起，为实现中国梦注入青春能量

实践升华	走入更广阔的实践：理论联系实际；完成知行合一	反思观点；反哺人生	指点议题凝练；观照现实生活	以甄辨议题为手段，运用实践感悟具体生活，实现"实践—认识—实践"的升华

课后环节			
笃行	访谈优秀校友，结合校训"励志践行"和校友精神，撰写常州工程职业技术学院校史馆规划设计建议报告	**融会贯通**	运用所学知识解决现实问题，考查应用

教学反思
通过参观校史馆，校友面对面、键对键访谈等活动，激励学生拓宽专业视野，汲取榜样力量，立志成长成才，相信梦想的力量，并自觉肩负起实现中华民族伟大复兴中国梦的历史重任，把实现理想的道路建立在脚踏实地的奋斗上，立鸿鹄志，做奋斗者。本项目立足校情校史，以身边人身边事为切入口，引入项目主题，学生认同感深，项目进展顺利。 　　但仍存在如下问题：优秀校友事迹固然是一种榜样效应，但校友过于突出的成绩和荣誉在一定程度上也会使学生产生距离感，认为其成长路径存在不可复制性，容易出现"听时感动，听完激动，时间长了一动不动"，如何选择更具代表性、更接地气的校友案例，如何引导学生将本项目所想所感所悟落实到行动中，是本项目亟须解决的问题

项目十二　社区文化篇：
走进基层立法点　探索全过程人民民主

一、项目导引

　　没有民主就没有社会主义，就没有社会主义的现代化，就没有中华民族伟大复兴。中国共产党领导人民对民主的实践探索不断塑造着中国式现代化民主政治建设的发展样态，党的二十大报告指出，发展全过程人民民主是中国式现代化的本质要求，并强调："全过程人民民主是社会主义民主政治的本质属性，是最广泛、最真实、最管用的民主。"

　　全过程人民民主是一种民主新形态和国家治理新形式，是社会主义民主政治建设的重大创新，为中国式现代化提供了重要政治支撑和价值指引。在当前全面建设社会主义现代化国家的关键时期，发展全过程人民民主具有重大意义。这一理论认识和实践方向，既能保障人民当家作主，广泛凝聚起全党全国各族人民团结奋斗、全面推进中国式现代化的磅礴力量，又为突破西方民主的视域局限贡献了中国智慧和中国方案，引领人类政治文明形态向更高水平跃迁。

　　大学生是中国民主政治发展的未来和希望，但大部分学生对于民主的理解往往停留在西方的释意上，即将民主等同于选举，将民主固化为少数服从多数，混淆国家制度的民主与具体的民主原则。基于这样的学情，通过学生走出课堂、走进社区，让抽象的民主理论形象化、可感知，帮助学生沉浸式感受"全过程人民民主"，理解中国特色社会主义民主是人类民主政治的新形态，认识"全过程人民民主"在我国社会治理中的政治逻辑与巨大优势，认清世界百年变局中人类民主文明"东升西降"的时代趋势，引导学生增进对中国特色社会主义政治制度的理解和认同，积极投身中国特色社会主义现代化的民主实践，是十分重要且必要的。

二、实践准备

（一）实践基地介绍

长宁区虹桥街道古北市民中心，坐落于上海长宁区富贵东道99号，2013年9月29日正式启用，总面积约为2500米²，共三层楼。集事务受理、生活服务、文化交流、社区共治等服务功能于一体，立足古北、辐射虹桥，为生活和工作在古北的中外人士打造一个便利、温馨、精彩、融合的市民之家。

（1）事务受理。创新建设"五站合一"，即境外人员服务站、虹桥海外人才荟、移民融入服务站点、蒲公英双语税收服务站、"一网通办"古北市民中心服务站，为生活和工作在虹桥的中外居民提供30余项业务受理和咨询服务，使古北新区的境内外居民感受到"家"的便利。

（2）生活服务。设有美好生活服务站。通过在古北市民中心设点引进生活类、医疗类、法务类等一批专业机构，为居民提供生活服务、健康医疗、法律咨询等。为社区老年人提供助餐服务，如机器人烹饪，每客"五件套"：一份米饭、一大荤、一小荤、一素、一汤。兼具垃圾分类积分兑换功能，向国际社区居民宣传绿色环保理念，让生活在古北的居民感受到"家"的温暖。

（3）文化交流。培育了昆腔京韵俱乐部、古北民星艺术团等民间文化社团，提供图书馆、文化沙龙、民星戏台等中外文化交流项目，引进了22家文化类社会服务组织和专业机构，形成56个服务项目。通过项目合作、购买服务和公益性收费的方式，实行无偿和低偿服务，每月为居民提供丰富多彩的文化服务，做到每季有主题、每月有活动、每日有课程，各年龄段、各层次、各地区的居民都可在此找到兴趣，让生活在古北的居民感受到"家"的精彩。

（4）社区共治。建立古北市民议事厅，由11名热心于社区事务的中外居民为主，逐步探索出一套以"自主提事、按需议事、约请参事、民主评议、跟踪监督"为特色的议事厅运作规则。通过立法意见征询、规划决策意见征询、人民意见征询、社区公共事务协商等，积极探索中国特色社会主义全过程人民民主的基层实践，让生活在古北的居民感受到"家"的融合。

古北市民中心不仅是服务民众的场所，而且是全国人大常委会法工委设立的首批基层立法联系点之一。自2015年7月起，它承担着将法律草案直接分发到群众中征询意见的任务,让普通百姓实实在在地参与到国家立法中。

2019年11月2日,习近平总书记来到长宁区虹桥街道古北市民中心考察调研,听取社区开通社情民意直通车、服务基层群众参与立法工作等情况介绍,首次提出"人民民主是一种全过程的民主"。这一理念强调了民主不仅仅是选举和投票,而是一个涵盖立法、决策、管理、服务、监督等全过程的民主实践。

古北市民中心的全过程人民民主实践,不仅丰富了中国特色社会主义民主政治的实践形式,而且在提升民主参与度、服务基层治理、讲好民主故事、促进政策民主化和增强法治意识等方面作出了显著贡献。古北市民中心成为高校开展思政课实践教学的重要场所,在这里,学生可以直观地了解到全过程人民民主的具体实践,如基层立法联系点的工作流程、社区居民参与立法意见征询的情况等,为当代大学生提供了沉浸式感受中国民主的平台和机会,不仅可以知道中国民主是什么样子,更明白中国民主为什么是最广泛、最真实、最管用的民主。

(二)实践教学主题

本项目紧紧围绕"习近平新时代中国特色社会主义思想概论"课程第八章"发展全过程人民民主"第二节"全过程人民民主是社会主义民主政治的本质属性"的相关内容。作为"全过程人民民主"重大理念的发轫地,古北市民中心为我们提供了近距离、全方位感受"全过程人民民主"深刻内涵和生动实践的最佳场所。

(三)实践教学目的

在实践教学中强化对全过程人民民主理念的学习,提升学生政治认同、公共参与等核心素养,既是引导学生理解和认同党的大政方针的认知前提,也是解决为谁培养人、培养什么人的重要路径,具有重要的现实意义。

(四)实践教学设计

① 组织学生参观古北市民中心,收听古北市民中心讲解员现场讲解;
② 组织学生展开议题讨论,学生代表发言,教师总结;

③ 基层立法联系点信息员吴新慧面对面分享；

④ 角色演绎立法信息员；

⑤ 与人大代表盛弘零距离交流；

⑥ 模拟市民议事厅；

⑦ 撰写社区治理"金点子"。

三、实施过程

（一）教学分析

1. 教学目标分析

循着习近平总书记的足迹，参观古北市民中心基层立法联系点、市民议事厅、数字化"二十大专区"、老年助餐点及虹桥街道社区事务受理服务中心"办不成事"窗口，引导学生沉浸式体验全过程人民民主在社区的伟大生命力，通过与立法信息员、人大代表、社区居民面对面交流访谈，帮助学生理解把握全过程人民民主最广泛、最真实、最管用的显著特征，通过模拟立法信息员、模拟市民议事厅进一步激发学生参与社会主义民主政治建设的热情，坚定走中国特色社会主义政治发展道路的信心和决心。

（1）知识目标。阐明全过程人民民主是最广泛、最真实、最管用的民主。

（2）能力目标。提高政治敏锐性和政治鉴别力，在此基础上，提高政治参与能力。

（3）素质目标。培养学生的民主意识、法治意识；激发学生关注民主政治建设的热情；坚定走中国特色社会主义道路的决心。

2. 教学内容分析

发展全过程人民民主是习近平新时代中国特色社会主义思想的重要内容，充分展示了中国特色社会主义民主的时代特征和政治优势，是最广泛、最真实、最管用的社会主义民主。

党的十八大以来，以习近平同志为核心的党中央深化对社会主义民主政治发展规律的认识，全面发展全过程人民民主，我国社会主义政治制度优势得到充分发挥，社会主义民主政治展现出旺盛的生命力。最广泛、最真实、最管用是用最凝练最精准的语言对我国社会主义民主政治的全新表述，表征着社会主义民主更加科学有效、更加可感可行。怎样理解全过程人民民主是最广泛、最真实、最管用的民主，讲清楚这三点鲜明特征，讲清楚全过程人民民主相较于西式民主的显著优势，使学生在生动的民主实践体验中，不断从内心深处增进思想认同和实践认同，是本项目的教学重点和教学难点。

3. 教学重难点分析

（1）教学重点。如何评价一种民主形式好不好。

（2）教学难点。为什么说全过程人民民主是最广泛、最真实、最管用的民主。

（二）教学策略

1. 课前实践导学

通过智慧云平台推送课前学习资料：视频资料《一条网红街的背后》、文本资料《全过程人民民主是最广泛、最真实、最管用的社会主义民主》（习近平，《习近平著作选读》，人民出版社，2023年），导入课堂主题，引发学生思考。

2. 课中实践开展

（1）走进古北市民中心。在古北市民中心讲解员带领下，沿着习近平总书记的足迹，学习参观基层立法联系点、虹桥海外人才荟、社区老年人助餐点、凝聚家·在职党员报到站、市民议事厅、数字化"二十大专区"和"一网通办"古北市民中心服务站等。通过观看图文展、服务专区、专题片等，详细了解国际化社区中外居民"家门口"的优质公共服务和良好社区共治实践，深刻体验"全过程人民民主"理念的伟大生命力。

（2）走向议题。

议题一：民主不等于选举

教师发布实践任务，对"民主＝选举"的观点进行思辨讨论。引导学生对西方"选票至上"的观点进行批判性思考，结合历史叙事对比，分析中国全过程人民民主的优势。西方民主的核心是选举，各政党为了上台执政，在选举时不顾实际地漫天许诺，竞相开具空头支票，一旦上台执政，就将选举时的许诺抛诸脑后，这种"选票至上"抽掉了民主政治制度丰富的内涵，不承认民主是历史的产物，不让人民打造自己的民主，其弊端是"人民只有在投票时被唤醒，投票后进入休眠期"，而"国家权力是被少数精英所把持""由政党轮替分配利益"。民主没有刻板的模式，更不存在放之四海皆准的评判标准，但民主不等于选举。我们承认选举，但反对西式民主的"选票至上"。选举是民主的重要表现和实现形式之一，但并非民主的全部。选票只是民主的工具，而不是民主的指挥棒。

发布小组讨论：除了选举，我们还可以通过哪些途径和方式参与民主生活？例如，近年来广泛开展的网络问政、开门立法、"院坝协商"等活动，以多种形式和渠道，有力推动了人民意愿得到充分反映。

教师分析点评总结学生观点。习近平总书记指出："古今中外的实践都表明，保证和支持人民当家作主，通过依法选举、让人民的代表来参与国家生活和社会生活的管理是十分重要的，通过选举以外的制度和方式让人民参与国家生活和社会生活的管理也是十分重要的。"西方民主话语叙事重视"选举民主观"的塑造与传播，他们把民主的内涵"窄化"为"民主＝选举"，忽视了人民当家作主的核心内涵，具有迷惑性和误导性。人民是否享有民主权利，既要看人民是否在选举时有投票的权利，也要看人民在日常政治生活中是否有持续参与的权利；既要看人民有没有进行民主选举的权利，也要看人民有没有进行民主决策、民主管理、民主监督的权利。社会主义民主不仅需要完整的制度程序，而且需要完整的参与实践。当我们谈"民主"的程序时，民主是"全过程"的程序民主，是着眼于全过程、全链条民主参与的全过程人民民主。中国的全过程人民民主贯穿于社会生活的方方面面，人民可以通过包括选举在内的多种途径参与国家事务，实现全方位的政治参与。

在发展全过程人民民主方面，基层立法联系点已然成为其中的重要平台和载体，发挥了独特作用和优势。2015年7月，以古北市民中心为基地的虹桥街道立法联系点，成为全国人大常委会法工委在东部地区设立的唯一一个基层立法联系点，这也是全国唯一设立在城市街道的基层立法联系点。经过几年的实践摸索，虹桥街道基层立法联系点开通了最高国家立法机关和普通老百姓之间的直通车，生活和工作在这里的人们都可以到立法点畅所欲言，让人民的声音直达全国人大，实实在在地让普通百姓参与到立法中。除了普通居民，立法的征询也走进了商务楼宇，开通了企业和员工对立法提出意见和建议的渠道。作为上海国际化程度最高的社区之一，居住在古北市民中心周围的境外人士也成为新基层立法联系点听取意见的重要对象。自虹桥街道立法联系点设立以来，对《中华人民共和国民法典》各编的草案、《未成年人保护法（草案）》、《反家庭暴力法（草案）》等法律中有关法条提出的修改建议，在这些法律正式颁布时已经被采纳。架起彩虹桥，开启直通车，基层立法联系点为老百姓提供了一条非常好的提出诉求的通道，使人民的意见在立法层面被听取到，让人民群众感受到他们是社会的主义大家庭中的一员。

邀请古北市民中心基层立法联系点信息员吴新慧讲述国家立法"直通车"的故事。"你们这里是全国人大常委会法工委设立的基层立法联系点,你们立足社区实际,认真扎实开展工作,做了很多接地气、聚民智的有益探索。"自从2019年习近平总书记来过这里,古北市民中心所在的虹桥街道基层立法点声名远播。

作为最早一批立法信息员,上海长宁萍聚工作室党支部书记、负责人朱国萍见证了基层立法联系点从无到有、从有到兴的飞跃。"当年,全国人大常委会法工委来上海选点,我力荐虹桥街道。在居民构成上这里很有优势,既有古北涉外居民区,又有传统居民区,有助于听到方方面面的居民意见。"她对参加民法总则的意见征询活动印象深刻。民法总则草案二次审议稿中有这样一条:"不具有监护资格的人的,监护人由被监护人住所地的居民委员会、村民委员会或者民政部门担任。"全国人大常委会法工委到基层立法联系点来听取意见时,朱国萍提出,居委会人少事杂,直接照顾无自理能力的老人和小孩,万一出事怎么办?2017年10月1日起实施的《中华人民共和国民法总则》第三十二条规定:"没有依法具有监护资格的人的,监护人由民政部门担任,也可以由具备履行监护职责条件的被监护人住所地的居民委员会、村民委员会担任。""过去,我们感觉立法工作的层次比较高,法律的制定有些高深莫测,基层立法联系点的设立打破了这种神秘感。"家门口的立法联系点让群众真切地感受到法律与自己密切相关,也将群众的意愿充分体现在法律中。

在古北市民中心的"法条墙"上,展示着一份对国歌法立法的建议。当初在对国歌法草案征求意见时,年过八旬的夏云龙和其他居民在座谈会上提议:"公民在参加重大会议时,不仅要升国旗、奏国歌,而且还要唱国歌,更好表达对祖国的热爱。"这一建议最终被采纳,国歌法第五条规定:"国家倡导公民和组织在适宜的场合奏唱国歌,表达爱国情感。"夏云龙很有成就感:"人大立法不是讲讲的,不是摆摆样子的,不是欺负老百姓的,真的是民有所呼、法有所应。老百姓知道我提的建议管用,他们就信任我,愿意跟我讲,我也更信任(基层)立法联系点,这是互相之间的信任。"

开门立法离不开专业的力量。严敏祥是长宁区人民法院的一名退休法官,对基层法治建设感触颇深,退休后,他毫不犹豫地选择加入立法信息员队伍,继续耕耘在法律服务工作一线。"反电信网络诈骗与我们老百姓的生活息息相关,制定反电信网络诈骗法对打击电信网络诈骗意义重大。这是一部'接地气'的法律,也和我以前的工作相关,我很感兴趣。"严敏祥在反电信网络诈骗法草案调研座谈会上，提出了一系列"接地气"的意见，比如要加大对电信网络诈骗犯罪人员的惩罚力度，加强对老少群体关于电信诈骗防范知识的宣传教育，加大公安机关防范和增强他们打击电信诈骗的职责等。

在虹桥街道，4万多居民的各种意见建议，正是通过310名像朱国萍、夏云龙、严敏祥这样的立法信息员"原汁原味"地将意见建议直达立法机关。截至2023年5月底，虹桥街道基层立法联系点这辆接地气、察民情、聚民智的"立法直通车"，共完成了82部法律2566条意见建议的征集上报，其中166条建议被采纳。

基层立法联系点，一头连着最高国家权力机关，另一头系着基层群众，是我国开门立法、民主立法的生动缩影和鲜活载体。近年来，全国各地的"立法直通车"有了更多"班次"，截至2023年3月，全国人大常委会法工委已在31个省（自治区、直辖市）设立了32个基层立法联系点，辐射带动全国各地设立5500多个基层立法联系点，一辆辆"立法直通车"满载社情民意，驶向了立法机关。

党的二十大报告指出，"健全吸纳民意、汇集民智工作机制，建设好基层立法联系点。"基层立法联系点作为国家"立法直通车"，为表达基层群众立法诉求、汇聚民意民智提供了有效渠道、平台和载体，为发展全过程人民民主、推动人民有序参与国家立法发挥了重要作用。

全过程人民民主是最广泛的民主，是14亿多中国人民共同持续参与，56个民族共同平等享有，不同地域、不同领域、不同层级、不同群体均实现全面覆盖的民主体系，最广大人民享有广泛民主权利，具有广泛民主参与渠道。

民主参与的主体最广泛。全过程人民民主维护最广大人民根本利益，是多数人的民主，克服了西方民主重少数、轻大众的弊端。以民主选举为例，2022年6月底，全国县乡两级人大换届选举全面完成，涉及10.64亿选民，是全过程人民民主最生动的实践，也是世界上规模最大的民主选举。2977名新当选的十四届全国人大代表具有最广泛的代表性，每个地区、每个行业、每个领域、每个民族都有人大代表。

人民享有广泛权利。中国人民享有民主权利的内涵不断丰富、外延不断拓展，不仅体现在人民在选举时有投票的权利，更体现在人民在日常政治生活中有持续参与的权利；不仅体现在人民有进行民主选举的权利，更体现在人民有进行民主协商、民主决策、民主管理、民主监督的权利。全过程人民民主保证人民依法享有选举权利，享有对国家和社会事务的知情权、参与权、表达权、监督权，享有经济、政治、文化、社会、环境等方面广泛的权利和自由。

民主参与的渠道最广泛。全过程人民民主是保障人民主体地位、最大限度调动人民群众主体精神并发挥其主体作用的制度设计，为广大人民群众有序和有效参与国家政治经济生活提供了可靠渠道和根本保障。人民既通过党委、人大、政府、政协、监察机关、司法机关等渠道表达意愿，又通过人民团体、企事业单位、基层群众性自治组织、社会组织及其他组织等渠道表达诉求。通过一整套完整的环节设定与制度程序，将各个民主环节有效衔接、协同并举，有效避免了只关注民主选举而忽视民主协商、民主决策、民主管理、民主监督的间歇性弊端，从而保证人民群众全过程、全方位、全领域参与到社会主义民主实践中。

通过情景模拟和角色扮演的方式，模拟召开"中华人民共和国国防教育法（修订草案）"意见征询会。邀请吴新慧律师分析"中华人民共和国国防教育法（修订草案）"的背景及必要性，同时针对草案中的具体修改条款进行深入专业地解读。组织学生扮演立法信息员角色，结合法学专业背景和对于国防教育的感受认识，畅谈对"中华人民共和国国际教育法"（修订草案）的意见建议。吴新慧结合自身履职经历和感悟与大家分享交流，并对学生"立法信息员"的模拟发言作出点评。

议题二：民主就在百姓身边

随着形式不断丰富、渠道不断拓宽，"民主"这一话题越来越受到群众关注。2022年，"全过程人民民主"入选"全国两会调查十大热词"，从人民大会堂到百姓家门口，中国的民主越来越可知、可感、可及。

组织学生开展小组讨论：近看民主，有多近？接地气、聚人气的民主实践就在我们身边。群众提出的建议被采纳、反映的问题得到解决、自身的权益得到保障，全过程人民民主使国家政治生活和社会生活各环节、各方面都能听到人民声音、体现人民意愿。

谁来听人民的声音呢？人大代表扮演了重要角色。人大代表来自人民，代表人民的利益和意志依法行使国家权力，是全过程人民民主的积极践行者和宣传者。习近平总书记强调，"加强人大代表工作能力建设，密切人大代表同人民群众的联系"，"充分发挥人大代表作用，做到民有所呼、我有所应"。人大代表通过多种形式扎根一线，去了解最鲜活、最真实的一手数据，比如在群众家门口建立代表之家、代表联络站、网上代表家站等履职平台，通过这些群众身边的履职平台、载体，听取一个个来自群众的"金点子"，将它们不断转化为增进民生福祉、助推高质量发展的"好建议"。

全国人大代表盛弘就是其中的一员。在古北市民中心，人大代表工作室设在马路边上，没有门卫室，老百姓可以随时进出，这是人大代表与老百姓的零距离，是"家门口的民主"。在古北市民议事厅，盛弘把收集来的社情民意转化为立法建议、公共政策、民生实事和家园治理，使社区成为幸福的栖息地，居民的获得感和幸福感也大幅提升。这是全过程人民民主的具体优势和生动实践，也是"人民至上"的真实注脚。

邀请人大代表盛弘分享交流，寻找古北社区治理"金钥匙"。

2023年全国两会召开前夕，新当选的全国人大代表盛弘很忙碌，在市民中心召集座谈会、进社区收集民情民意，每天都忙得不可开交。2月17日下午，在上海市虹桥街道古北市民中心，全国人大代表、荣华居民区党总支第一书记兼古北市民中心主任盛弘，正和几名社区居民代表、长宁区政协委员座谈交流。每名代表都带着各自社区的心头关切，在座谈会上充分反映，由盛弘整理归纳并带上全国两会。

作为来自基层的全国人大代表，盛弘很关注邻里街坊的琐碎日常——家门口的社区服务够不够好、公共空间是否丰富多元、民生事项还有哪些短板，都是她调研的重点。新时代的美好生活有新图景，更多的老百姓希望美好生活就在身边。盛弘希望把自己调研收集的社情民意反映上去，在居民家门口打造更多一站式美好生活微空间，让居民共享经济社会发展的福利。

当日的座谈会气氛热烈，盛弘和居民代表认真讨论，既谈建议也提问题。老年代表和青年代表从不同视角出发，反映各自群体的声音。"我们这个时代技术发展飞快，尤其是对我们老年人来讲，可能还是有一些代沟。"一名老年居民代表谈道，如今家家户户都接通无线网络，电视机也变得更智能，上海有线、中国移动、中国电信、中国联通等几大运营商的运营范围基本覆盖了各个家庭，不过，老年人使用上还存在一些不便。"家里的智能电视、机顶盒，有不同的遥控器，经常要换着用来用去，挺不方便的。"这名居民代表说，"我有一个看法可以讨论，现在智能化发展得这么迅速，能不能把语音功能也嵌入电视机顶盒里，通过讲话进行控制，也许能方便很多老年人。"盛弘边听边记，她提出，一些电视已有这项功能，能通过语音控制，可能还有一些电视机、机顶盒没有开通这一功能或功能尚不完善。盛弘说，上海的社区中，许多老人和子女没有住在一起，因此老年人的服务需求特别值得重视。

一名青年居民代表反映，家门口的购物场所还需更加丰富。他说，他们社区门口原有一个大型超市，后来运营不佳，货品很不齐全，买东西有时要走很远。还有一名居民代表说，希望社区附近设置更多的医疗机构，上海中心城区人口密度很大，配药是一项很重要的服务，或许可以整合优化部分街区空间，开辟为医疗服务场所。"市民家门口的服务，已经不是有没有的问题，而是优不优的问题。"通过调研，盛弘认为，居民的生活圈还有提升空间，助餐、看病、健身、文娱等都是居民最关心的功能，有些社区的便民场所较为分散，居民生活还有不便之处。

一条条具体而紧贴民生的意见由居民代表提出，盛弘分门别类、认认真真地记在本子上。把服务居民过程中倾听到的最具普遍性的"民声"转化为代表建议，推动落地成为真正的"民生"，是这名人大代表肩负的使命。

"80后"的盛弘已扎根社区10多年，这些年间，处理繁杂多元的国际社区事务，她开创了许多新模式。她所在的荣华居民区是全国首家涉外居民区，居住着来自50多个国家和地区的1.2万户3.2万名中外居民，素有"小小联合国"之称。2014年起，盛弘搭建了一个名为古北市民议事厅的平台，吸引中外居民共同参与社区事务。在该议事厅，每个居民各抒己见，探讨基层治理、民主议题，然后达成共识。比如，围绕文明养宠、垃圾分类、小区停车等社区治理难题，中外居民开展过多次民主协商。全过程人民民主重大理念也被融入基层治理的点点滴滴中。

"古北市民议事厅、融·古北驿站、社区杂志……我们在不断拓展方式和平台，希望凝聚更多年轻人，调动他们积极性，在基层治理中发挥更多作用。"在这些年的实践中，国内外居民积极参与，人们切实感受到全过程人民民主为民生服务所带来的持续改进。

习近平总书记强调："在中国社会主义制度下，有事好商量，众人的事情由众人商量，找到全社会意愿和要求的最大公约数，是人民民主的真谛。"古北市民议事厅让居民说事、议事、主事，充分体现了群众的知情权、参与权和决策权，有利于增强社区群众的主人翁意识和归属感，是"有事好商量"的生动实践，也是群众身边的民主。

以小组为单位开展"模拟议事厅"，结合社区居民生活实际，围绕宠物管理、环境治理、医疗服务、文娱体验等方面设置议题，模拟居民代表、政府代表、专家代表、社区干部等角色，开展民主协商。教师及人大代表盛弘进行点评总结。

全过程人民民主是最真实的民主。衡量一种民主制度的真实性、有效性，关键看人民当家作主实现程度的真实性、有效性，人民是离民主实践越来越远，还是真实参与其中，人民能否成为民主过程的参与主体，又成为民主成果的享有主体。保证和支持人民当家作主不是一句口号、不是一句空话，全过程人民民主不仅有完整的制度程序，人民当家作主制度体系不折不扣地执行，而且有完整的参与实践，人民群众通过民主选举、民主协商、民主决策、民主管理、民主监督，参与国家治理和国家机关各个方面、各个层级的工作，在城乡社区治理、基层公共事务和公益事业中依法自我管理、自我服务、自我教育、自我监督，是最真实的民主。全过程人民民主真实反映人民的期盼、希望和诉求，从国家大政方针和治理到百姓的收入、就业、医疗、教育、养老、住房等，都有地方说、说了有人听、听了有反馈，都能落实到党和政府的施政措施中。比如，党中央在制定关于国民经济和社会发展第十四个五年规划和二〇三五年远景目标的建议过程中，中央有关部门通过互联网向全社会征求意见和建议，收到人民群众建言101.8万条，把人民呼声充分体现到党中央文件中。再比如，从城乡社区的村（居）民议事会、村（居）民论坛到民主恳谈会、民主听证会，从"小院议事厅"到"板凳民主"，从线下"圆桌会"到线上"议事群"，基层民主管理新形式不断涌现，民事民议、民事民定、民事民办渐成风尚。

议题三：民主不是装饰品

结合参观体验，组织学生谈谈古北社区何以能够打造网红一条街？古北市民中心提供了许多便民设施，比如老年助餐点，自2020年9月开业至今，在4年多时间里，凭借美味可口的餐食和细致周到的服务，受到社区老人的交口称赞，老人们在这里收获到满满的快乐和获得感；比如儿童交通安全教育，家长可以带着小朋友在这里度过愉快的亲子时光，学习交通标识，做到安全出行；再比如居民阅读角，让居民在闲暇之余尽享阅读之乐，拓宽视野，丰富知识；还有昆曲澎派艺术研习中心，为居民呈现专业化的昆曲体验，沉浸式体验非遗文化。最大限度满足了社区居民生活、文化、养老的多样化需求，切实做到了民有所呼、我有所应，把群众大大小小的事情办好，因而能够打造成为备受欢迎的网红打卡地。

组织学生在古北市民中心老年助餐点进行采访调研，了解社区居民对于社区公共服务的体验和感想。

多年来，虹桥街道老年助餐点增加至12个，服务不断延伸，开设了上海首座社区AI食堂，打造了社区综合为老服务分中心，提供为老助餐等服务，辐射周边长顺、虹欣等老龄化程度较高的居民区。"二十四节气都有不同的菜单，白露那天有豆腐虾仁，平时我们老两口最喜欢这里的冬瓜小排汤和叉烧，很合老年人口味。"88岁的唐阿婆经常同老伴来助餐点用餐，三菜一汤、荤素搭配的一餐只需15元，让本来为做饭发愁的高龄老人解决了日常生活中最大的后顾之忧。虹桥街道社区综合为老服务中心开启了深受居民欢迎的"嗨吃夏季"试吃会，70余名社区老人围坐一桌，试吃、讨论、投票，自己决定夏令助餐菜单，鸡心毛豆米、山楂红烧肉等特色菜品由此脱颖而出。

虹桥街道社区事务受理服务中心开设了上海市首个街镇层面"办不成事"反映窗口，市民办事过程中遇到的疑难事项、复杂问题，都能在这里进一步得到解决——居民异地就医需要报销，但发票与费用清单核验失败无法办理，"办不成事"窗口的工作人员耐心地从几十张发票单据中找到了可用的缴费收据，最终为居民线上获取了关键的报销凭证。半年多来，到"办不成事"窗口办事的居民越来越少，因为"办不成"的问题都已经转化为"能办成"的案例递交到前台窗口，促进公共服务更好地办成一件件民生实事。

在虹桥街道，有30个小区近800幢居民楼均为20世纪90年代前建成的老旧小区。街道在开展"精品小区"更新改造时，聚焦回应居民对小区改造的迫切需求，一张"征询单"被挨家挨户发放到每名居民手中，从中涌现出老房加梯、新建儿童乐园等需求集中的最大公约数。深受居民欢迎的街道综合为老服务中心，是在历经百余场恳谈会、征集千余人次居民意见后，从居民提出的300余条需求中梳理出用餐、看病、托养等26项服务。牢记习近平总书记嘱托，虹桥街道的民生实事一件接着一件干，让群众有了更多获得感和幸福感。

组织学生以小组为单位展开思辨讨论：虹桥街道为何要设立"办不成事"窗口？教师点评总结。在已有办事窗口的前提下，单设"办不成事"反映窗口有必要吗？既然"能办成"，为何要等相关事项流转到这个窗口才能办？"照章办事"是职能部门遵循的工作方法，但群众的诉求各式各样，现有规章制度无法完全覆盖所有诉求，导致某些合理诉求根据现有的"章"无法简单办成。当出现"难办"之事时，"办不成事"反映窗口即可发挥功能，为社会发展过程中出现的新问题、疑难事项提供兜底服务，依法依规维护群众利益、用心用情回应群众诉求，是全过程人民民主最管用特征的生动诠释。

全过程人民民主是最管用的民主。习近平总书记指出："民主不是装饰品，不是用来做摆设的，而是要用来解决人民需要解决的问题的。"因此，一种民主制度到底好不好，关键看在推动经济建设、国家治理、社会发展过程中的现实表现。当我们谈"民主"建设时，民主是与国家治理紧密结合的"管用"的制度建设，而不是简单的制度移植、徒有虚名的"制度框架"。鞋子合不合脚，自己穿了才知道；道路走得好不好，脚印最能证明。历史充分证明，我国全过程人民民主能够有效保证国家治理跳出治乱兴衰的历史周期率，能够把党的主张、国家意志、人民意愿紧密融合在一起，有利于集中力量办大事，有效促进社会生产力解放与发展，促进现代化建设各项事业，促进人民生活质量和水平不断提高，为党领导人民创造经济快速发展和社会长期稳定两大奇迹提供了重要制度保障，为保证权力运用得到有效制约和监督保驾护航，具有显著的实践优越性，堪称最管用的民主。

管用在解决人民问题，不同于"竞选时天花乱坠，竞选后毫无发言权""拉票时受宠，选举后就被冷落"的民主，我国全过程人民民主紧紧抓住人民最关心、最直接、最现实的利益问题，坚持把人民意愿有效实现作为检验民主成色成效的"试金石"，把回应人民的期盼、希望和诉求放在首位；管用在赋能国家高效治理，不同于空谈民主、议而不决、决而难行、行而低效的民主，全过程人民民主举全国之力、聚八方之智，实现了良政善治，推动了国家发展和社会进步；管用在促进社会和谐稳定，全过程人民民主强调有效协调利益矛盾、广泛凝聚社会共识，"求大同存小异"，实现了各方面在共同思想、共同利益、共同目标基础上的团结一致，人民安居乐业、心情舒畅，社会和谐稳定、生机勃勃；管用在保证权力运用得到有效制约和监督，全过程人民民主发挥制度的根本性、全局性、稳定性和长期性作用，把公权力关进制度的笼子，让权力在阳光下运行，确保人民赋予的权力用来为人民谋幸福。

3. 课后实践拓展

结合社区支部书记访谈及居民调研结果，围绕社区生活实际，撰写社区治理"金点子"，以提案形式上传至古北市民中心线上议事厅。

四、教学成效

古北市民中心是"全过程人民民主"首提地，在社会主义民主实践中，拥有丰富的经验和大量的真实案例，将思政课搬进这里，不仅可以赋能思政课实践教学，而且助力教师将思政课讲深讲透讲活。本项目教学既有教师的理论阐释，又有一线实践者现身说法，使全过程人民民主从书本上的概念跃然成为眼前具体可感的生动实践。同时，和人大代表面对面，引导学生了解人大代表怎样履职、怎样收集群众的建议，也能让学生知道今后在日常生活中可以关注哪些社会环节、怎样围绕社会治理提出他们的设想。模拟市民议事厅、立法信息员等沉浸式体验活动，也有利于引导学生感受"大家的事情大家商量着办"的民主氛围，认识全过程人民民主是怎样解决人民需要解决的实际问题的，激发其参与民主实践的热情与主体自觉性，让全过程人民民主重大理念入脑入心入行。

根据古北市民中心与学校的"社校联动",将书本知识融会贯通在鲜活生动的场景中,引导学生关注城市社区的发展变化,并主动参与其中,有利于激发学生的责任感和使命感,让学生认识到,他们也是城市建设和国家发展的践行者,进而帮助他们成为"人民城市人民建、人民城市为人民"这一城市发展重要理念的实践者及美好生活的缔造者。

五、实践教案

课程名称	习近平新时代中国特色社会主义思想概论			实践基地	古北市民中心
教材章节	发展全过程人民民主			授课专业	法学专业
教学分析	教学内容分析	通过参观古北市民中心,采访社区支部书记、基层立法联系点信息员,调研社区居民生活情况,了解"全过程人民民主"在虹桥街道古北国际社区的生动实践,深刻理解把握全过程人民民主的内涵和要求,深刻认识全过程人民民主是社会主义民主政治的本质属性,是最广泛、最真实、最管用的民主			
	学生情况分析	知识和技能基础	认知和实践能力	学习特点	评估结果
		对社会主义民主政治、人民当家作主的制度体系有一定了解,但还未完全掌握全过程人民民主的丰富内涵和特有优势	认为民主离我们的生活比较遥远,存在"民主=选举"的狭隘认知,对基层民主实践缺乏认识	具备新时代的主人翁精神,能用战略思维、历史思维、辩证思维学习和实践,主动融入全过程人民民主叙事和中华民族伟大复兴新征程	多途径、沉浸式引导学生参与和了解全过程人民民主重大理念,使全过程人民民主重大理念入脑入心入行
教学重难点及解决措施	教学重点:如何评价一种民主形式好不好				
	教学难点:为什么说全过程人民民主是最广泛、最真实、最管用的民主				
	解决措施:通过模拟议事厅、扮演立法信息员等手段,引导学生亲身体验全过程人民民主的生动实践,使抽象理论有了具象实践				
教学目标	知识目标:阐明全过程人民民主是最广泛、最真实、最管用的民主				
	能力目标:提高政治敏锐性和政治鉴别力,在此基础上,提高政治参与能力				
	素质目标:培养学生的民主意识、法治意识;激发学生关注民主政治建设的热情;坚定走中国特色社会主义道路的决心				
教学方法	①"问题链"教学法;②理论讲授法;③归纳法;④一体化教学法				

教学过程				
教学环节	教学内容	实践活动		设计意图
		学生（主体）	教师（主导）	
实践准备	走近网红街：观看纪录片《一条网红街的背后》	聚焦社区；关注民情	提供学习书目《全过程人民民主是最广泛、最真实、最管用的社会主义民主》；指导深度阅读	以长宁区虹桥街道网红街的升级改造故事为切入口，初步了解和认识全过程人民民主的丰富内涵，点燃实践热情
实践开展	走进古北市民中心	穿越时空；参观古北市民中心	组织学生参观；引导学生共情	沿着习近平总书记的足迹，学习参观基层立法联系点、市民议事厅、数字化的"二十大专区"和"一网通办"古北市民中心服务站，实地体验"全过程人民民主"理念的伟大生命力
	走向议题：确立教学议题；完成认知升华	议题探讨；关切困惑	启发观察视角；引发问题意识	以教学议题为桥梁，构筑对话平台，产生时代疑问，深化实践主题
	议题一：民主不等于选举	思维碰撞：除了选举，我们还可以通过哪些途径和方式参与民主生活？故事分享：社区干部面对面，吴新慧架起"彩虹之桥"——基层立法联系点信息员的故事；收获新知：人民既充分享有民主选举权利，又充分享有民主协商、民主决策、民主管理、民主监督权利；角色演绎：现在你是一名立法信息员，请对反电信网络诈骗法草案提出意见和建议	① 总结各组观点；② 诠证：民主不等于选举。"选举"是民主的重要表现和实现形式之一，但并非民主的全部。人民是否享有民主权利，既要看人民有没有进行民主选举的权利，也要看人民有没有进行民主决策、民主管理、民主监督的权利	参观古北市民中心基层立法联系点，收听吴新慧作为基层立法联系点信息员的故事，深入了解普通老百姓是如何参与国家立法的，通过模拟立法征询活动，深入理解和感受开门立法和民主立法的过程，进而深入认识全过程人民民主是最广泛的民主

实践开展	议题二：民主就在百姓身边	故事分享：人大代表零距离，盛弘寻找古北社区治理"金钥匙"； 思维碰撞：我们离民主有多近？ 情景模拟：结合市民生活实际，设计民主议题，围绕社区治理难题，模拟市民议事厅开展民主协商； 收获新知：民主好不好，人民最知道。全过程人民民主重大理念融入在基层治理的点点滴滴中	① 总结各组观点； ② 诠证：全过程人民民主把党的主张、国家意志、人民意愿紧密融合在一起，充分彰显了人民的主体地位，彰显了人民民主的真实性	通过面对面收听社区支部书记、全国人大代表盛弘的故事，模拟古北市民议事厅，深入了解社区居民是如何通过人大代表反映期盼、希望和诉求的，深入认识人民代表大会制度是如何保证人民当家作主的，进而深刻理解全过程人民民主是最真实的民主
	议题三：民主不是装饰品	社区采访：在古北市民中心老年助餐点采访社区居民，调研公共服务体验和感想； 思维碰撞：为何要设立"办不成事"窗口？ 收获新知：民主不是装饰品，不是用来做摆设的，而是要用来解决人民要解决的问题的	① 总结各组观点； ② 诠证：全过程人民民主具有显著的实践优越性，是最管用的民主	参观老年助餐点，通过采访社区居民了解虹桥街道社区生活、文化、养老等便民服务情况，探寻"办不成事"窗口设立背后的意义和价值所在，透过虹桥街道的民主实践深刻理解和把握全过程人民民主是最管用的民主
实践升华	走入更广阔的实践：理论联系实际；完成知行合一	反思观点；反哺人生	指点议题凝练；观照现实生活	以甄辨议题为手段，运用实践感悟具体生活，实现"实践-认识-实践"的升华
课后环节				
笃行	结合社区支部书记访谈及居民调研结果，围绕社区生活实际，撰写社区治理"金点子"，以提案形式上传至古北市民中心线上议事厅	**融会贯通**		运用所学知识解决现实问题，考查应用

教学反思

通过市民议事厅、小小立法信息员等体验，理解"全过程人民民主"在社区的生动实践，感受"全过程人民民主"在中华大地展示出的勃勃生机和强大生命力，让社会主义民主理念在学生心中生根发芽生长，让大学生的民主自信越来越坚定。本项目既有对古北市民中心的参观体验，又有沉浸式角色体验，学生接受程度高，项目进展顺利。

但仍存在如下问题：本项目带来的政治参与体验是否能有效提升学生的政治效能感，如何增加全过程人民民主中的"青年在场"，引导学生将青年议题融入政治社会生活场域、国家治理现代化过程，提高大学生的主体显示度，实现与具体环境之间的良性互动，是本项目实践课亟须解决的问题